THE RESEARCH OF CONSTRUCTION OF MODERN UNIVERSITY SYSTEM WITH CHINESE CHARACTERISTICS

中国特色
现代大学制度建设研究

孙霄兵　著
By Sun Xiaobing

教育科学出版社
·北　京·

前言

2010年颁布的《国家中长期教育改革和发展规划纲要（2010—2020年）》明确提出完善中国特色现代大学制度的目标。随后国务院办公厅印发了《关于开展国家教育体制改革试点的通知》（国办发〔2010〕48号），将建设现代大学制度作为一项改革试点。按照通知要求和国家教育体制改革领导小组办公室的具体部署，教育部政策法规司牵头负责现代大学制度试点工作。

为了深入贯彻落实《教育规划纲要》，推进现代大学制度试点，我们做了大量的工作，广泛开展调查研究，召开了一系列专题会议，并建立了工作机制。现代大学制度建设也取得了一些成绩。2011年，教育部颁布了《高等学校章程制定暂行办法》，与中华全国总工会一起颁布了《学校教职工代表大会规定》，推动了高等学校章程建设和治理结构的完善。

在我看来，中国特色现代大学制度建设的导向是高等教育的科学发展；基本内容是完善治理结构；重点是章程制定；基础是法制建设，依法办学，保障高校自主权的有效落实和正确行使。因此，全书分为四个部分。

一、中国特色现代大学制度建设要以科学发展观为指导。科学发展观是中国特色社会主义理论的重要组成部分，也是新时期指导我国社会主义事业的理论旗帜和思想武器。新时期我国高等教育的改革发展，必须在科学发展观的指导之下，更加注重内涵发展，更加注重提高质量，走科学发展的道路。表现在体制上机制上，就是要建立完善中国特色现代大学制度。本书第一部分，就是把现代大学制度纳入到我国高等教育改革的总体战略之中，进行更加宏观的、系统的把握。其中也有的是我多年前发表的文章，反映了我过去的一些思考，在此作为一种历史资料供参考。

二、中国特色现代大学制度建设要不断完善治理结构。治理结构是现代大学制度的核心，在很大程度上决定一所大学的格局、高度和潜力。没有现代的大学治理，就不可能有现代的大学制度。本书第二部分，主要围绕完善治理结构这一核心内容而展开，同时分析总结了有的高校在推进治理结构建设方面的成绩和经验。

三、中国特色现代大学制度建设要大力推进章程建设。在工作的过程中，既要整体部署，全面推进，也要突出重点，抓住关键。当前工作的重点就是大学章程建设。大学章程是现代大学制度的基本要素，既是高等学校的“宪法”，也是界定政府、学校、社会之间关系的“契约”。要通过大学章程建设，凝聚共识，明确权责，形成制度。目前，教育部正在大力推进大学章程的建设工作，本书也将有关章程建设的几篇文章单列为第三部分。

四、中国特色现代大学制度建设要切实加强法制建设。依法治国是我国的基本方略，建设法治政府也是政府管理体制改革的重要目标。中国特色现代大学制度的建设，同样要体现依法治教的要求。教育法制建设，将为中国高等学校进一步落实和正确行使自主权提供保障，也将为中国特色现代大学制度建设营造良好的制度环境。因此，本书将介绍高等教育法制建设的内容作为第四部分。

全书的各个部分虽有不同的侧重点，而且由于写作时间、写作体例以及发表场合的不同，不同篇章之间形式上难以统一，但是都是围绕着中国特色现代大学制度建设展开的，反映了对于中国高等教育和现代大学制度的学习认识发展过程，也在某种程度上反映了工作的进展情况。

虽然《教育规划纲要》明确提出建设中国特色现代大学制度的要求，但是如何具体推进这一制度，没有经验可依，没有老路可走，不仅需要我们思考研究，也需要我们不断探索实践。由于中国特色现代大学制度尚在探索之中，书中的一些观点可能不够深入、全面甚至不够妥当，算是大胆抛砖引玉，希望能引起读者朋友们对中国特色现代大学制度的思考。对于书中的不足之处，也希望得到同行和朋友们的批评指正。

孙霄兵

2012 年 3 月

Abstract

The construction of modern university system with Chinese characteristics needs not only conscientious consideration and research, but also continuous practice and exploration. This book is the result of author's years of deliberation and exploration around the development and reform of higher education, especially around the construction of the modern university system. This book says, the reform and development of China higher education in the new period must be guided by the Scientific Outlook on Development, pay more attention to the connotation development, pay more attention to improve the quality, and go by the way of scientific development. In institution and mechanism, that is to build and improve the modern university system with Chinese characteristics. The orientation of the construction of modern university system with Chinese characteristics is the scientific development of higher education, the substance of it is to improve the governance structure, the emphasis of it is to lay down the articles, the basis of it is the construction of legal system, running universities according to law, and guaranteeing the effective implementation and the correct exercise of the autonomy of university. This book is illuminating greatly for the practice and research on modern university system with Chinese characteristics, opening up a new view for the reform and development of higher education, and has an important reference value to the research of higher education.

目录

一　推动高等教育的科学发展

二　建设有中国特色现代大学制度

三　加强大学章程建设

四　推进高等教育法制建设

一

推动高等教育的科学发展

教育规划纲要：愿景、战略和意义①

2010 年 7 月，新世纪第一次全国教育工作会议也是改革开放以来第四次全国教育工作会议在北京隆重召开。历时两年制定的《国家中长期教育改革和发展规划纲要（2010—2020 年）》（以下简称《教育规划纲要》）会后以中共中央、国务院的名义发布，成为指导我国未来教育改革发展的纲领性文件。《教育规划纲要》在我国全面建设小康社会、加快推进社会主义现代化的关键时期，在全面落实科教兴国、人才强国和可持续发展战略的关键阶段，对我国教育改革发展作出了全面谋划和前瞻性部署。

一、《教育规划纲要》的制定过程

制定《教育规划纲要》，是我国政府面对新的历史机遇和挑战作出的重大决策。2008 年 8 月，国家科教领导小组召开会议，正式启动《教育规划纲要》研究制定工作。国务院成立了以温家宝总理为组长、刘延东国务委员为副组长、国家科教领导小组成员参加的领导小组，并成立了以刘延东国务委员为组长、14 个部门参加的工作小组。同时，组织了由 500 多位专家学者参加的 11 个重大战略专题组和 100 多位各领域高层次专家组成的咨询组。在境内外先后召开座谈会、研讨会 1 800 余次，参与人员 35 000 余人次。

研究制定工作大体分四个阶段：一是调查研究阶段。从 2008 年 8 月至 2009 年 2 月，重大战略专题组开展 36 项专题调研；工作小组各成员单位、各省（区、市）和 80 多所高校全面调研；8 个民主党派中央、4 个社会研究机构、6 个教育学会平行调研；驻外 60 个教育处组进行国际调研；委托联合国教科文组织、欧盟等国际组织开展比较研究；部署东中西部 9 省（区、

① 孙霄兵. 教育规划纲要：愿景、战略和意义［J］. Chinese Education and Society, HongKong 2012（5）.

市）开展分区域规划研究。同时，还针对人民群众关心的20个热点难点问题，组织力量进行深度调研。整个调研阶段形成500多万字的报告。二是起草论证阶段。从2009年3月至2010年2月，成立了专门起草小组，邀请200多位知名专家学者、有关部委司局长、地方教育部门负责同志、大中小学校长和教师等直接参与起草、修改和论证工作。文本初稿形成后，先后4次大范围征求意见。全国人大、全国政协、民主党派中央、中央有关部委、地方教育部门和学校、企事业单位以及海外教育界人士等660多个单位、1 800余名各界人士提出意见建议6 100多条。文本前后进行了40多轮大的修改。三是公开征求意见阶段。2009年1月至2月，向全社会公开征求意见。各界人士踊跃参与，通过各种渠道发表意见建议210多万条，发来信件14 000多封。2010年2月28日至3月28日，《教育规划纲要》征求意见稿全文公布，进行第二轮公开征求意见，直接收到意见、建议2.79万条；各界人士通过网络、媒体发表评论看法约249万条。四是送审完善阶段。经过一年零八个月的努力，《教育规划纲要》送审稿形成。2010年4—6月中央召开多次会议，审议并通过《教育规划纲要》送审稿。这次研究制定《教育规划纲要》，努力体现把满足人民群众愿望与遵循教育规律相结合、把立足国情与借鉴国外有益经验相结合、把广纳群言与专家咨询相结合、把听取教育系统意见与听取社会各方面建议相结合、把充分讨论与凝聚共识相结合，动员人力之多、覆盖范围之广、社会参与度之高，都是历次制定《教育规划纲要》所没有的。

二、《教育规划纲要》的核心理念

国家研究制定《教育规划纲要》一方面坚持科学民主决策，先后两次公开向社会公开征求意见，广纳群言、广集众智；另一方面将一系列重要理念贯穿研究制定过程的始终，从战略和全局高度牢牢把握改革发展的思路和方向，努力体现国家意志，回应群众关切，科学谋划国家教育事业改革发展的宏伟蓝图。

一是坚持科学发展。经过长期的不懈努力，我国教育事业的发展取得了举世瞩目的伟大成就，为经济社会发展作出了不可替代的重大贡献。然而，面对国际竞争、国内发展的新形势，教育还不完全适应国家经济社会发展和人民群众接受良好教育的要求。制定《教育规划纲要》的根本目的就在于推动教育事业在新的历史起点上科学发展。《教育规划纲要》将国家发展的要求、人民群众的愿望和对教育的规律性认识统一起来，坚持面向现代化、面向世界、面向未来，深入总结新中国成立60年特别是改革开放30多年来取得的成就和经验，借鉴世界各国的有益做法，努力把握教育规律、教学规律和人才成长规律，完善中国特色社会主义现代教育体系，推动教育事业全面协调可持续发展。

二是坚持以人为本。新时期教育工作的着力点应当转移到促进人的成长和发展上来，把坚持以人为本作为最基本、最重要的指导原则。《教育规划纲要》将坚持以人为本、推进素质教育作为教育改革发展的战略主题，把促进人的全面发展、办好人民满意的教育作为规划纲要的落脚点，提出解决人民群众反映强烈的择校、减负、农民工子女入学、高考改革、高校行政化等问题的政策措施，努力实现好、维护好、发展好最广大人民的根本利益。

三是坚持立足国情。当前我国教育发展的有利条件和积极因素不断增多，但处于社会主义初级阶段的现状仍将长期存在。“有学上”问题基本解决，但“上好学”问题依然突出；办学条件总体改善，但教育投入不足，特别是贫困地区、民族地区教育发展滞后；教育公平迈出重大步伐，但校际、城乡、区域间差距仍比较大。《教育规划纲要》坚持立足社会主义初级阶段基本国情，把握教育发展阶段性特征，统筹考虑各方面的需要和可能，既确定鼓舞人心的发展目标，又实事求是地选择可行路径，尽力而为，量力而行。

四是坚持改革创新。教育要发展，根本靠改革，这是改革开放30多年来中国教育事业发展的一条宝贵经验。当前，加快推进教育体制改革，是人心所向、大势所趋。《教育规划纲要》坚持解放思想、实事求是、与时俱进，突出改革创新，努力冲破陈旧观念和体制机制的束缚，强调以体制机制改革为重点，加快重要领域和关键环节改革步伐，鼓励地方和学校大胆探索和试验，为教育事业提供动力、增添活力。

五是坚持依法治教。法制是最重要、最稳定和最有执行力的制度。坚持依法治教、完善教育法制是推动和保障教育事业科学发展的客观要求，也是落实依法治国基本方略的具体体现。《教育规划纲要》把依法治教作为指导思想的重要内容，坚持在法治基础上推进改革，在法治理念指导下进行制度设计，注重体现教育法律法规的原则和精神，保持政策的系统性和连续性。

三、《教育规划纲要》的战略目标

《教育规划纲要》适应全面建设小康社会的时代要求，着眼中长期发展需要，提出了到2020年教育改革发展的宏伟战略和重要目标，系统规划和描绘了未来10年我国教育改革发展的美好愿景。

一是总体目标。《教育规划纲要》根据国家现代化建设总体布局、经济社会发展实际和未来人口发展变化，提出到2020年教育改革发展“两基本、一进入”的总体战略目标：即基本实现教育现代化，基本建成学习型社会，进入人力资源强国行列。其中，“基本实现教育现代化”是十七大关于优先发展教育、提高教育现代化水平的重要体现，“基本形成学习型社会”是十六大、十七大提出的重要目标，“进入人力资源强国行列”是实现全面建设小康社会目标、进入创新型国家和人才强国行列的重要基础。“两基本”是前提和基础，“一进入”是结果和远景。

在总体战略目标下，《教育规划纲要》还提出了实现更高水平的普及教育、形成惠及全民的公平教育、提供更加丰富的优质教育、构建体系完备的终身教育、健全充满活力的教育体制的具体目标，分阶段描述了2015年、2020年的教育发展目标。

二是育人目标。《教育规划纲要》把育人为本作为教育工作的根本要求，提出要着力提高学生服务国家人民的社会责任感、勇于探索的创新精神和善于解决问题的实践能力，为每个学生提供适合的教育，培养造就数以亿计的高素质劳动者、数以千万计的专门人才和一大批拔尖创新人才。强调立德树人，把社会主义核心价值体系融入国民教育全过程。加强公民意识教育，树立社会主义民主法治、自由平等、公平正义理念，培养社会主义合格公民；强调能力为重，提高学生的学习能力、实践能力、创新能力。强调全面发展，促进德育、智育、体育、美育有机融合，提高学生综合素质，使学生成为德智体美全面发展的社会主义建设者和接班人。

三是发展目标。按照《教育规划纲要》的设计，各级各类教育事业的主要指标到2020年都要达到一个新的发展水平。到2020年，要普及学前一年教育，基本普及学前两年教育，有条件的地区普及学前三年教育；巩固提高九年义务教育水平；普及高中阶段教育，毛入学率达到90%；高等教育大众化水平进一步提高，毛入学率达到40%；扫除青壮年文盲。新增劳动力平均受教育年限从12.4年提高到13.5年；主要劳动年龄人口平均受教育年限从9.5年提高到11.2年，其中受过高等教育的比例达到20%，具有高等教育文化程度的人数比2009年翻一番。

《教育规划纲要》特别强调，未来教育的发展是惠及全民的公平发展和注重质量的内涵发展。为此提出要坚持教育的公益性和普惠性，保障公民依法享有接受良好教育的机会。建成覆盖城乡的基本公共教育服务体系，逐步实现基本公共教育服务均等化，缩小区域差距。努力办好每一所学校，教好每一个学生，不让一个学生因家庭经济困难而失学。提出要不断扩大优质教育资源总量，更好满足人民群众接受高质量教育的需求。使学生思想道德素质、科学文化素质和健康素质明显提高，各类人才服务国家、服务人民和参与国际竞争能力显著增强。

四是改革目标。《教育规划纲要》把改革创新作为教育发展的强大动力，对教育体制改革作出了科学谋划和总体设计，明确了今后一段时期教育改革的目标。突出人才培养体制改革在整个教育体制改革中的核心地位和引领作用，提出要推进人才培养体制改革，形成体系开放、机制灵活、渠道互通、选择多样的人才培养体制；推进考试招生制度改革，逐步形成分类考试、综合评价、多元录取的考试招生制度；构建政府、学校、社会之间新型关系，形成依法办学、自主管理、民主监督、社会参与的现代学校制度；坚持教育公益性原则，健全政府主导、社会参与、办学主体多元、办学形式多样、充满生机与活力的办学体制，形成以政府办学为主体、全社会积极参与、公办教育和民办教育共同发展的格局；深化教育管理体制改革，形成政事分开、权责明确、统筹协调、规范有序的教育管理体制；开展多层次、宽领域的教育交流与合作，提高我国教育国际化水平。通过环环相扣地整体推进这一系列教育体制改革，加快解决经济社会发展对高质量多样化人才需求与教育培养能力不足的矛盾、人民群众期盼良好教育与资源相对短缺的矛盾、增强教育活力与体制机制约束的矛盾，全面形成与社会主义市场经济体制和全面建设小康社会目标相适应的充满活力、富有效率、更加开放、有利于科学发展的教育体制机制，办出具有中国特色、世界水平的现代教育。

四、《教育规划纲要》的贯彻实施

要把《教育规划纲要》描绘的宏伟蓝图变为现实，关键在于贯彻落实。这次教育工作会议和《教育规划纲要》对做好贯彻落实工作的责任分工和推进策略作了明确部署，显示了我国政府努力开创教育改革发展新局面的坚定信心和决心。当前和今后一段时间，贯彻落实《教育规划纲要》重点要抓好几项工作。

一要突出政府责任。贯彻实施《教育规划纲要》，是各级党委和政府的重要职责。《教育规划纲要》突出政府责任是关键，要求各地区各部门在中央统一领导下，按照部署和要求，明确责任分工，切实承担起投入保障、组织领导等方面的责任。

在投入责任上，《教育规划纲要》提出了国家财政性教育经费支出占国内生产总值比例 2012 年达到 4% 的目标，而实现这一目标的主要责任在政府。《教育规划纲要》要求各级政府优化财政支出结构，统筹各项收入，把教育作为财政支出重点领域予以优先保障。严格按照教育法律法规规定，年初预算和预算执行中的超收收入分配都要体现法定增长要求，切实保证《教育法》规定的“三个增长”，即教育财政拨款的增长明显高于财政经常性收入的增长，并使按在校学生人数平均的教育费用逐步增长，保证教师工资和学生人均公用经费逐步增长。义务教育要全面纳入财政保障范围，非义务教育也要建立以政府投入为主、受教育者合理分担、其他多种渠道筹措经费的投入机制。各级政府都要承担起提供公共教育服务职责，完善各级教育经费投入机制，保障学校办学经费的稳定来源和增长。

在领导责任上，《教育规划纲要》要求各级党委和政府把推动教育事业优先发展、科学发展作为重要职责，把推进教育事业科学发展作为各级党委和政府政绩考核的重要内容。要求各级政府定期向同级人民代表大会或其常务委员会报告教育工作情况，建立各级党政领导班子成员定点联系学校制度，及时研究解决教育改革发展的重大问题和群众关心的热点问题，扩大人民群众对教育事业的知情权、参与度。

按照全国教育工作会议和《教育规划纲要》的要求，在贯彻落实过程中，各地区、各部门主要负责同志要亲自抓落实工作，明确责任要求和工作进度。分管领导要全身心投入组织实施有关具体工作，协调解决好重大问题。教育、发展改革、财政、人力资源和社会保障等部门和单位要根据《教育规划纲要》和任务分工方案的要求，按照各自职能分工，扎实做好责任范围内的工作。国务院教育行政部门要切实履行好统筹规划、政策引导、监督管理和提供公共教育服务的职责。其他部门将加强协调，积极配合，整合资源，形成合力，共同抓好贯彻落实。

二要推进重大项目和改革试点。《教育规划纲要》的实施，不仅要解决好10年的长远发展问题，更要拿出近期的政策措施，让老百姓看得见、得实惠、有信心。为此，《教育规划纲要》着眼于教育改革发展全局和人民群众关心的突出问题，以加强薄弱环节和关键领域为重点，提出了本届政府启动实施的10个重大项目和10项改革试点。

一是在深入调研和反复论证的基础上，提出实施义务教育学校标准化建设、义务教育教师队伍建设、推进农村学前教育、职业教育基础能力建设、提升高等教育质量、发展民族教育、发展特殊教育、家庭经济困难学生资助、教育信息化建设、教育国际交流合作等重大项目。这是本届政府推动教育改革发展的重要抓手，也是贯彻落实《教育规划纲要》的重要载体。重大项目的设计紧扣教育改革发展的重大目标和战略需求，旨在着力增强教育可持续发展的能力；围绕本届政府的中心任务，着眼于阶段性需求，力求在较短时期内见效。为推进重大项目的实施，全国教育工作会议要求各地区各有关部门制订实施计划，明确责任单位和责任人，落实工作力量和工作经费，提出进度要求和考核指标，确保项目质量和效益。

二是根据统筹规划、分步实施、试点先行、动态调整的原则，提出选择部分地区和学校开展推进素质教育改革试点、义务教育均衡发展改革试点、职业教育办学模式改革试点、终身教育体制机制建设试点、拔尖创新人才培养改革试点、考试招生制度改革试点、现代大学制度改革试点、深化办学体制改革试点、地方教育投入保障机制改革试点、省级政府教育统筹综合改革试点等重大改革试点。为保证改革试点工作的有序开展，国家还专门成立教育体制改革领导小组，研究部署、指导实施教育体制改革工作，研究制定《国家教育体制改革试点总体方案》，明确深化教育体制改革工作重点，鼓励各地各校紧密结合实际，大胆试验，积极探索，从人民群众关心的热点难点问题入手，努力解决深层次矛盾，着力破除体制机制障碍。

三要动员全社会共同推动教育发展。教育振兴，全民有责。要实现教育改革发展的各项目标，必须充分发挥人民群众的聪明才智，调动全社会关心和支持教育的积极性，共同担负起培育下一代的责任。为此，《教育规划纲要》提出要鼓励社会力量兴办教育，不断扩大社会资源对教育的投入；完善财政、税收、金融和土地等优惠政策，鼓励和引导社会力量捐资、出资办学。全国教育工作会议提出要鼓励和支持全社会参与教育发展，努力形成推动教育事业科学发展和促进人的全面发展的社会氛围；积极利用社会力量监督和评价教育、参与教育管理；鼓励和引导社会各界更新教育观、成才观、用人观，支持教育改革创新，形成共同推动教育事业科学发展的生动局面。

五、《教育规划纲要》的重大意义

《教育规划纲要》的颁布是我国教育改革发展史上一个新的里程碑，将推动我国教育事业实现从观念到发展模式和体制机制的深刻变化，并将在此基础上对进一步明确国家发展战略、提供发展动力、实现发展转型进而形成新的社会事业发展机制都将产生重大而深远的影响。

一是明确发展导向。回顾历史，20 世纪 80—90 年代相继发布的《中共中央关于教育体制改革的决定》、《中国教育改革和发展纲要》和《中共中央国务院关于深化教育改革　全面推进素质教育的决定》等纲领性文件都是在改革开放的关键时期所作出的战略部署，推动了教育改革发展实现历史性飞跃。当前，教育发展改革的环境、需求及各方关系都发生了很大变化，迫切要求立足新的形势和要求制定发展战略、明确发展导向。《教育规划纲要》

将以人为本作为推动教育改革发展的思想原则，将提高国民素质、促进人的全面发展作为教育的根本使命，立足于教育还不完全适应国家经济社会发展和人民群众接受良好教育需求的现实，从不同群体的特点和需求出发构建各项政策制度，进一步明确了以人的全面发展推动社会发展的新的发展导向。21 世纪第一个十年，国家先后制定了《科技规划纲要》、《人才规划纲要》和《教育规划纲要》。这三大规划纲要作为我国深入实施科教兴国、人才强国、可持续发展战略的关键举措，目标都定位在 2020 年，努力使我国跻身于人力资源强国、人才强国和创新型国家行列。《教育规划纲要》的实施，将为推动三大战略的落实，促进三大目标的如期实现，进而为 21 世纪中叶基本实现国家现代化提供重要保证。

二是提供发展动力。历史的经验和现实的需要告诉我们，国民受教育程度的提高和各类人才作用的发挥是支撑国家和民族持续发展的基本动力。当前，传统发展模式受到资源、能源、环境的约束越来越大，迫切需要以转变发展方式推动产业结构升级，提高自主创新能力，走中国特色的新型工业化道路，而实现这一转变的重要动力在于通过发展教育培养大批人才，把人口压力转化为人力资源优势。在加快经济增长方式转变的关键时期，《教育规划纲要》重申了强国必先强教的规律性认识，进一步明确了优先发展教育的国家战略，突出了教育在现代化建设中基础性、先导性、全局性的地位和作用，强调了我国经济社会的发展必须紧紧依靠科技进步和劳动者素质提高、紧紧依靠教育发展和创新人才培养。《教育规划纲要》的实施，将推动我国教育改革发展迈上一个新的台阶，从而为加快我国现代化建设进程提供坚强支撑，为我国经济的持续发展和社会的全面进步提供强大动力。

三是转变发展形态。进入 21 世纪，我国进入了全面建设小康社会的新阶段。小康社会的外在特征，不仅是物质财富增长和生活水平提升，也包括教育科技文化在内的社会精神领域的全面发展。实现到 2020 年全面建成小康社会的发展目标，体现在教育发展上，就是要基本形成学习型社会，使社会成员受教育水平大幅提高，国民教育和终身教育体系不断完善，全民学习、终身学习成为普遍社会诉求，人的主体性、自主性和能动性得到充分发挥。《教育规划纲要》的实施，将使现代国民教育体系更加完善、终身教育体系基本形成，使全体人民学有所教、学有所成、学有所用的美好愿景变为现实，从而为我国社会从以资源积累为基础的传统社会转向以知识生产、传播和应用为基础的现代信息社会提供重要支撑，对推动我国经济社会的转型和变迁产生深远影响。

四是形成发展机制。改革开放以来，与经济体制改革相适应，我国社会事业领域的改革也一直在向前推进，并取得了重要进展。但是总的来看，社会事业发展仍然相对滞后。政府权责界限不清，市场机制和社会力量发挥作用不够，调动各方面积极性的体制机制尚不健全，社会事业发展的活力不足。社会事业改革进入“深水区”后如何前行，成为当前关系我国经济社会发展方向的关键性问题。教育是国家发展的基石，教育事业是社会事业的重要组成部分。《教育规划纲要》坚持以改革推动发展，以改革提高质量，以改革增强活力，着眼于破除体制机制障碍、形成适应科学发展要求的中国特色社会主义教育体制，提出了以人为本为导向的教育体制改革，把我国教育改革的主题和内涵提升到了一个新的层次，实现了一次深刻的改革转向，将为加快推进社会事业领域的各项改革创造经验、增添动力、指明方向。

当前高等教育改革发展的形势和任务①

一、当前我国高等教育改革发展的形势

1. 党的十七大以来，我国教育特别是高等教育改革发展所取得的成绩

党的十七大以来，是我国教育改革发展最好最快的时期和成就最为显著的时期之一。在以胡锦涛同志为总书记的党中央的领导下，教育系统深入贯彻落实科学发展观，取得了巨大的成就，人民群众的受教育权得到了进一步的保障，教育为经济社会发展作出了新的贡献，教育对经济社会的适应性得到进一步加强，缩小了与发达国家教育发展水平的差距。高等教育为经济社会发展作出了新的贡献。2010 年 7 月党中央国务院发布了《教育规划纲要》，描绘了未来十年我国教育改革发展的蓝图，指明了教育事业科学发展的方向，开启了我国从人力资源大国向人力资源强国迈进的新的征程。

第一，高等教育的战略地位更加突出。集中体现在中央对于教育优先发展有新的要求，要求把教育优先发展作为各级党委政府的重要职责，明确了三个优先：切实保证经济社会发展规划优先安排教育发展，财政资金优先保障教育投入，公共资源优先满足教育和人力资源开发需要。各地教育惠民政策力度大、受益面广、亮点突出。特别体现在 2012 年中央政府和地方政府要一起来落实教育财政性经费投入占 GDP 4% 的目标。温总理在今年的政府工作报告中指出，2012 年中央财政已按全国财政性教育经费支出占国内生产总值的 4% 编制预算，地方财政要相应安排，确保实现这一目标。教育财政性经费 2010 年达到 GDP 的 3.66%，这个比例讲的是财政性教育经费投入，不是指全社会的投入。今年年底全国财政性教育经费投入要超过 2.2 万亿

① 本文是作者 2012 年 3 月 25 日在国家教育行政学院高等教育形势报告会上的发言。

元，2010 年全国财政性教育经费投入是 1.47 万亿元左右，2012 年要净增 7 000亿元。这样的任务，需要中央政府和地方政府共同完成，不仅需要中央财政投入，地方各级特别省这一级也要花巨大的力量。财政性教育经费投入占 GDP 4% 的目标实现以后，如何做好分配的问题很重要，净增经费和经费总盘子如何分配，教育部为此成立了 4% 办公室，下一步的重点就是为了用好钱。4% 的目标是 1993 年《中国教育改革发展纲要》提出来的，用了将近 20 年才达到。现在一旦实现了，教育的诸多矛盾就会转化。如何用好这些经费来促进公平和提高质量就成为很重的任务。在整个教育战略地位日益重要的同时，高等教育在国家经济社会发展中的战略地位日益突出，是培养人才和出创新成果的总出口，高等教育改革发展面临着新的机遇和挑战。

第二，高等教育大众化水平不断提高。我国高等教育的毛入学率从 2007 年的 23% 提高到 2010 年的 26.5%，仍然处在一个大众化的阶段，所谓大众化阶段是指高等教育毛入学率在 15%—50% 这个区间。在大众化区间中，近期又有新的提高。按照教育规划纲要的要求，2020 年高等教育毛入学率要达到 40%。2011 年各类高等教育的总规模达到了 3 167 万人，规模是世界第一。但是高等教育质量与世界先进水平还有较大的差距，人才培养、科学研究、社会服务、文化传承创新四大功能还需要彼此协调、发挥综合效应，高等教育适应经济社会发展的能力还需要进一步提升。《教育规划纲要》要求的促进地方高等教育发展的工作需要进一步的加强。

第三，高等教育公平迈出了重大步伐。我国已建立起从学前教育到研究生教育较为完整的家庭经济困难学生资助政策体系，主要体现在基础教育、职业教育领域，高等教育资助工作也有新的发展。从 2010 年规划秋季学期起，普通高校国家助学金资助标准从原来每生每年 2 000 元提高到 3 000 元。高等教育阶段的奖学金、助学金、助学贷款工作正在进一步落实。

第四，高等教育质量的保障体系初步建立。提高高等教育质量，是世界各国提升国家核心竞争力的重要举措。2011 年 4 月 24 日，胡锦涛总书记在清华大学百年校庆大会上发表重要讲话，提出不断提高质量是高等教育的生命线，为新时期我国高等教育改革发展指明了方向。为了贯彻落实总书记重要讲话精神，教育部制定出台了《关于全面提高高等教育质量的若干意见》、

《高等学校创新能力提升计划》两个主文件和一系列相关文件，并加快推进实践探索，推进质量提升的各项重点工作。在人才培养方面，推进“本科教学工程”，启动“基础学科拔尖学生培养试验计划”和卓越人才教育培养计划，扩大专业学位研究生规模，推进医学教育综合改革。在学科专业建设方面，修订新的本科专业目录，调整优化学科专业结构，实施“优势学科创新平台”和“特色重点学科项目”。在优质教育资源共享方面，建设国家精品开放课程，43门视频公开课已经上网。在管理制度方面，发布了《高等学校章程制定办法》和《学校教职工代表大会规定》，这一系列工作的推进必将对提高高等教育质量产生巨大的效应。

第五，高等教育的体制改革不断深化。教育改革开放呈现出新的格局。当前体现在两个方面：一是政府如何管理高等教育、如何管理高等学校，要进一步地加强改革，也就是政府要按照政校分开、管办评分离的要求，进一步推进扩大高等学校的自主权，克服当前的行政化倾向。这包括教育部如何管理好高等学校和地方政府如何管理好地方所属的高等学校。地方所属的高等学校，又分为省办高校和实际上由地市办的高校。当前，从制度上讲，由地市级政府办的学校，管理权在省一级政府，但实际上有很多地方学校，地市级政府也在管，出现一些比较新的特点。从对落实大学自主权的调研情况看，一般而言，越是中央管的学校，自主权越多，省一级政府管的学校自主权也比较好，地市级政府管的高校自主权受当地的局限就多一些。这些年，政府在管理高等学校改革方面还是取得了进展。政策法规司去年在昆明召开了地方政府管理高等学校的专题会议，交流了一些重要成果。去年教育部颁布《高等学校章程制定暂行办法》、《学校教职工代表大会的规定》，有力推进现代大学制度的建设，也有利于加强学校的依法治校和民主管理。同时，高等教育的国际交流也取得了新的进展，教育部审批了华东师大和纽约大学合作举办的上海纽约大学，批准了温州大学和美国肯恩大学合作的温州肯恩大学，还有一些其他的中外合作机构或项目正在批准中。

第六，高等教育为经济社会发展作出了新的贡献。“十一五”期间，高等教育承担了30%的国家科技重大专项；高校作为第一承担单位承担973计划项目232项，占总数的56．7%；承担重大科学研究计划118项，占总数

49.4%；承担863计划4 376项，占总数的30%；承担国家科技支撑计划项目1 055项，占总数的20%；承担国家自然科学基金面向项目40 523项，占总数的81%，重点项目1 272项，占总数的67%。全国高校累计获得国家自然科学奖102项，技术发明奖151项，科技进步奖711项，2010年的国家三大奖项中高校获奖均超过70%，高校授权专利数累计115 489件，年均增长40%，科研成果转化率进一步提高。高校还在全国哲学社会科学领域获得了80%以上的重要成果。高校的党建和学生思想政治工作提高到一个新的水平，有效地维护高校的稳定。

2. 当前高等教育面临新的挑战和存在的问题

第一，转变经济发展方式比任何时候更需要教育特别是高等教育的支撑。经济的发展不能再以消耗资源、扩大外延、污染环境、浪费资源的方式再发展下去，必须转变发展方式，这就需要通过教育特别是高等教育的改革发展来提高整个社会发展中的教育含量、科技含量，使我国经济社会发展走向创新驱动、内生增长的轨道。

第二，全面建设小康社会对教育特别是高等教育的质量和公平提出了更高的要求。人民群众的需要在建设小康社会中获得更好更幸福的生活，需要得到更多的优质资源，同时要求教育公平得到进一步落实，希望在国家的教育体系中获得公平的待遇。一是东部和中西部高等教育布局和发展中，要实施中西部高等教育振兴计划，推进东部高校对口支援西部高校计划。完善中央部属高校和重点建设高校战略布局。二是中央高等和地方高校协调发展中，要加强地方本科高校建设，以扶需、扶特为原则，发挥政策引导和资源配置作用，支持有特色高水平地方高校发展。三是在招生计划这一政策杠杆中，要实施支援中西部地区招生协作计划，扩大东部高校在中西部地区招生规模，要妥善解决进城务工人员随迁子女在流入地的中考、高考问题。现在流入地参加中考或者高考的方案即将出台，出台后需要各地贯彻实施。

第三，城镇化进程加快对高等教育改革发展提出了新的挑战。随着农村地区学龄人口大量向城镇转移，科学规划城乡教育、做好学校布局结构调整任务更加艰巨，推进城乡教育一体化的要求更加紧迫。据现在统计，2011年中国城镇人口占总人口比重超过50%。城乡一体化要求高等教育人才培养的多元化，迫切需要高等教育在研究型人才、技能型人才、复合型人才、专门性人才等方面加大培养力度，满足城乡一体化进程中对不同类型人才的需求；城乡一体化要求高等教育进一步调整对经济社会发展的适应力，要进一步创新高校产学研合作机制，支持高校建设一批产业技术研究院、都市建设研究院和新农村发展研究院，形成高校对接城乡一体化的服务机制；城乡一体化要求高等教育合理调整培养层次和学校布局。美国奥巴马政府把“社区学院”作为促进劳动再就业的重要途径，相比较而言，如何发挥高职院校的功能，完善高职院校的布局，使得高职院校融入城乡一体化的发展格局并在其中寻找更大的发展空间，需要进一步思考。总而言之，教育总的目标是要实现教育现代化，教育现代化里的重要内容，就是要实现教育的城乡一体化。这就对高等教育提出了更多的要求，如何招生、如何适应农村孩子的需要发展教育，如何设置专业，如何推进就业，都提出了很多新问题。

第四，经济全球化背景下人才的竞争更加激烈。一方面，世界各国都在加强本国的教育优势，增加公共教育经费支出，出台新的教育举措，提升教育质量。最近一个时期可以看出，不管是发达国家还是发展中国家，在经济社会发展出现新的变化时，都把教育作为促进社会发展的重要举措。特别是把教育作为挽救金融危机的举措。很多下岗职工通过教育培训促进再就业，可以更好增强国家的国际竞争力，提高人才的培养水平。另一方面，发达国家在教育与人力资源开发中的优势地位没有根本改变，世界各国相继制定面向未来的教育与人力资源开发战略，极力加强本国的教育优势，增加公共教育支出，出台新的改革举措，美国奥巴马政府高等教育战略规划提出到2002年，实现美国大学毕业生比例重返世界第一的目标；日本制订教育振兴基本计划，重申“教育立国”口号，提出全民重视教育、以全社会力量实现教育振兴；《印度2020愿景》报告提出“到2020年让每一个愿意就读高等教育的学生均有机会学习大学阶段的课程”。各国还千方百计网罗发展中国家的优秀人才，英国、美国、加拿大、澳大利亚等特别热衷于到中国来招留学生，每年都要到中国来召开教育展览会，延揽人才。这其中包括香港，现在越来越多人出国留学，很多尖子学生，包括所谓的状元，也出国留学。过去自费出国，一般是高考一本考不上、甚至二本也考不上、三本不想去的考生才出国留学，现在到国外去学习，很多是优秀学生，这也是高等教育招生出现的新情况。

第五，高等教育发展面临的新的矛盾和阶段性特征更加突出。一是我国举办了世界上最大规模的高等教育，但还不是高等教育强国。二是高等教育提高质量的任务十分艰巨，人民群众对高水平高质量高等教育的期盼更加强烈，着力提高教育质量，解决好人民群众教育需求的不断增长和优质高等教育资源相对短缺的矛盾，是当前高等教育发展的核心任务。三是高等教育发展不平衡。东部高校和中西部高校、中央高校和地方高校等发展还不平衡。四是高等教育培养规模很大，但是创新人才缺乏，这是制约我国整个经济社会发展的瓶颈。现在中国什么问题最大，在发展上是人才问题最大。人才问题成为制约中国发展的第一位因素。五是高等教育改革作用、动力和外部环境有待于进一步优化，活力有待于进一步增强。六是高等教育与经济社会发展的结合度有待于进一步提升。高教与社会的关系，在某种程度上，更加紧密。从教育管理部门来讲，现在研究改革发展问题最难的是高教问题，高等教育的改革任务非常重，质量提升的要求非常迫切，对于经济社会发展的贡献率要进一步提升。总之，改革、质量、贡献，是高等教育今后改革发展的三个关键主题词。

二、2012 年教育部有关高等教育改革发展的重要工作

在 2012 年的教育工作要以科学发展观为指导，贯彻落实《教育规划纲要》，全面提高教育质量，切实维护稳定。教育部 2012 年年度工作要点提出要进一步推进高等教育改革发展，以进一步提高高等教育的质量和水平。

第一，高等教育要着力维护教育系统的和谐和稳定。要求落实党的普通高等学校基层组织工作条例，全面加强高校基层的党组织建设，包括加强基层民办学校党的建设，增强师生思想道德建设的针对性、实效性，推动社会主义核心价值体系融入国民教育全过程。要更加重视在青年教师中发展党员，进一步提高大学生党员发展质量。高校党组织建设需要适应新的情况，同时加强高校反腐倡廉工作。现在高校思想政治工作非常重要，社会上一有什么影响，在高校就会产生反应，所以如何在新形势下加强高校思想政治工

作，也是一个新的课题。青年学生如何看待社会问题，值得我们进一步研究和思考。

要改进高校思想理论课，加大高校辅导员培养力度，加强青年教师的思想政治工作。高等学校教师的思想政治工作，这是高校党组织一个重要的思想政治任务。有的教师在高校课堂上讲课随意性较大，作为学校的党委、各级组织，要加强这方面的教育。高等学校教师思想活跃，对一些问题想探讨没关系，但是不成熟的不要到课堂上去讲，可以开个沙龙，专门去讲，大家有不同的观点都可以探讨，给一个讨论的机会。在西方大学里，从法治的角度看，如果讲了跟课堂没有直接关系的问题，如果学校为此处分了你，法院是不保护你的。

要加强高校安全和稳定工作。高校安全和稳定问题时常发生，有的是食堂问题，有的是学历问题，容易出现群体性事件，比如民办高校的学历问题，等等。

第二，改革高考招生制度。《教育规划纲要》提出要推进高考招生制度的改革，要组建新的国家教育考试指导委员会。这个问题与外来人员子女在流入地高考是联系在一起的。要在国家统一考试的基础上，探索科学的选拔标准和方式，保障学生多次选择，保障高等教育资源较少省份、农村、少数民族、特殊困难群体考生平等的入学机会。今年教育部工作要点提出要研究制定高考改革的方案，指导各地根据实际探索本地区的高考改革，规范高校自主选拔录取改革，扩大改革试点的范围。《教育规划纲要》提出，今后高考有三个改革的要点：一是分类考试，本科和专科的考试要分开，以后专科的考试不再参加到全国的高考中，就在本地考专科。2011 年高考总人数达到 933 万，如果考专科的人不进来，这个人数会少，哪怕少三分之一，高考的组织工作压力就不会这么大，而且，也会减轻考生的考试压力。考生也许本来就想考个专科，但考试卷子和考北大、清华放在一起考，考得分数很低，学习、生活信心遭受打击。专科单独考，分数设计可以稍微高点，有利于照顾社会成员的心理，减轻社会压力。第二，要完善高校招生名额分配方式，加大对边远地区、中西部地区的名额。第三，要推进多种形式的高考。《教育规划纲要》提出，有择优录取，也就是统一高考录取；有推荐录取，也就是推荐保送生；有自主招生，也就是自主录取；有定向录取，也就是国家艰苦行业、边远地区需要的可以定向录取；对于特殊优异人才的，可以破格录取。这五种录取方式，都需要进一步落实好。

第三，要进一步加快现代大学制度建设。去年教育部发布《高等学校章程制定暂行办法》、《学校教职工代表大会的规定》。今年，希望所有的2 700多所高校都要行动起来，都要启动章程的制定。可能在今年做不完，但是要行动，不能不行动。要落实《学校教职工代表大会的规定》，要按照新的要求来做好教职工代表大会的建设工作，促进学校民主管理和监督。在现代大学制度中，还有要加快起草党委领导下的校长负责制的实施意见，要力争尽快出台，这有助于现代学校制度建设。今年还要继续地开展直属高校校长公开选拔的试点。西南财大、东北师大校长公开选拔工作取得很好的社会反响。

第四，进一步推动高等教育的依法治教。高等教育的依法治教是推动依法治校的重要内容。要加快对于高校的行政审批权的改革，减少对高校的行政审批。现在中央对行政审批工作的清理已经进入到了第八轮，在第八轮中要加大减少政府对事业单位、公民的行政审批的力度，拟提出几个下放项目，更加放权，如提出取消对于高等学校办研究生院的审批。促进去行政化的核心在于政府部门要正确引导学校发挥自主权，减少对学校行政审批，促进高校自主权进一步落实。

第五，促进高校特色发展。要继续实施好“985 工程”、“211 工程”，同时要实施优势学科的创新平台建设和重点特色学科项目。要做到特色发展，每个高校要做好“十二五”规划的编制工作，要按照国家的要求，把“十二五”的编制工作做好。在特色发展中，还要特别强调博士生招生的分类管理、分类指导的办法，组织实施专业学位研究生教育改革综合试点工作，调整学位授权结构布局，组织实施国家特殊需求人才的培养项目。《教育规划纲要》实施后，在学科调整方面也做了很多工作，比如艺术门类已上升为一级学科。

第六，全面提高高等教育质量。提高高等教育质量《教育规划纲要》所强调的。今年3月22日、23日，教育部召开了全面提高高等教育质量工作会议，23 日上午刘延东国务委员作重要讲话。去年，教育部直属高校咨询会学习了胡锦涛总书记在清华大学百年校庆大会的重要讲话，也是突出了高等教育质量的问题。为了进一步提高高等教育质量，教育部下发了《关于全面提高高等教育质量的若干意见》。一是大力推进人才培养模式改革。探索科学基础、实践能力和人文素养融合发展的培养模式，推动跨学院、跨学科、跨专业交叉培养，加强高校、科研院所、行业企业联合育人。要确立学生学习的主体地位，逐步改变以教师为中心的知识传授型教学方式，开设由学生和教师共同选题的自主学习课程，构建自主学习、多元学习模式，培养学生的批判性思维和创新能力，促进个性发展。二是要建立教育质量监测评价体系。根据各级各类学校的办学目标和培养要求，建立内外结合、标准多维、形式多样、主体多元的教育质量评价和监测体系。三是完善教育质量保障条件。加强高等学校教学基础设施和实习实训基地建设，打造一大批获得同行、学生和社会认可的特色专业和精品课程教材。

第七，提升高校科学研究的水平。提高高校科研水平工作和提高高等教育质量工作是紧密联系在一起的。教育部、财政部下发了《关于实施高等学校创新能力提升计划的意见》。高等学校创新能力提升计划突出了高校要协同创新，推进产学研用有机结合。高校要作为国家创新的重要主体，要参与到国家创新的体系中，会同各方面力量进行协同创新，为科学研究承担更重要的工作，作出更大的贡献。在提升高校科学研究水平方面，同时还要落实高校哲学社会科学繁荣发展的意见，启动《高等学校哲学社会科学繁荣计划(2011—2020 年)》，启动高等学校人文社会科学重点研究基地的建设计划，加强学风校风建设。在高等教育的提高质量和协同创新中，特别要加大对高等学校促进文化发展的作用。高等学校要在文化发展中提出自己的思路、想法，作出自己相应的贡献。每一个高校应当制定一个为当地的文化发展作贡献的规划，要制定促进学校本身文化发展的规划。我国的高校散布在全国各地，每个地区都有自己有特色、有价值的文化，加强地区文化的研究具有重要的价值。每个学校都要注重这个方面的发展，这是使得高校办出特色的措施。

第八，加强高校教师队伍建设。实施新的长江学者的奖励计划，加大对学科领军人才和创新团队的支持，配合做好千人计划、青年拔尖人才支持计划的工作。今年新一轮的长江学者计划已经启动，大家要重视这个工作并努力做好。要通过长江学者奖励计划，加大对学科顶尖人物和创新团队的支持，学校要把这个工作作为一个重要的工作来做。我们高校有很多工作，校长书记的工作也是千头万绪，但是你要记住几件事情是很重要的，比如人才培养。校长书记要知道学校里有哪些拔尖的人、优秀的人。全国每年毕业680万人，这些人哪些是优秀人才，必须掌握在手上。现在对优秀人才的掌握的力度还不够，有的人还说优秀人才都跑到国外去了。前几天我去澳门参加研讨会的时候发现，澳门很多高校的校长、系主任、重点实验室主任都是大陆的，但都是从西方拿到博士学位、终身教授之后，才被学校引进。这说明中国人才本身并不差，但是培养环境、培养方式等还是有些问题，当然还有一个大的环境的问题，比如语言问题、文献问题。因此，学校要抓好一批人才。我们现在工作很多，但要抓重点，人才就是重点。这次刘延东同志在全面提高高等教育质量工作会议上讲要以人才为中心来全面提高高等教育质量，也强调人才是提高质量工作的核心。千人计划主要是吸引优秀的“海归”，现在扩大到其他国家的人才。要加强师德建设，完善教师资格制度，改革教师人事制度，建设高素质专业化教师队伍。创新教师培养和培训体系。还有，要提高教师待遇的整体水平，增强广大教师的职业荣誉感和生活幸福度。

第九，大力做好高校毕业生的就业工作。要进一步引导好高校毕业生到中西部地区基层、中小学就业。今年高校毕业生大约是680万人。高校毕业生的就业问题也成为社会的重要问题。去年两会期间的一个记者招待会上，有记者提出高校毕业生就业的问题。我说要引导毕业生到祖国最需要的地方，到社会最需要的地方，到基层最需要的地方去。要配合好有关部门引导高校毕业生到村任职、三支一扶等基层就业项目，培养有关部门做好农技推广特色岗位的计划项目，这些都是为高校毕业生开辟渠道。

三、2012年教育部政策法规司有关高等教育改革发展工作

第一，进一步做好现代大学制度的试点工作。落实《教育规划纲要》，

有十个重大的改革项目，其中之一就是现代大学制度的改革，这个改革项目的牵头单位在政策法规司。中国特色现代大学制度的建设，要以高等教育的科学发展为导向，要以大学的治理机构为基本内容，治理结构就是党委领导、校长负责、教授治学、民主管理，就是党委要有领导权，校长要有行政权，教授要有学术权，广大师生员工要有民主参与和管理权，这四种权力要协调好，形成完善的高校内部治理结构。

第二，推动章程建设进入实质性的进展。今年现代大学制度建设的突破点是章程，各个高校都要制定符合教育部下发的《高等学校章程制定暂行办法》要求的章程，今年要争取选几个学校，作为首轮章程审批的学校，省里也要这么做。要以依法治校保障学校的自主权的落实为基础，自主权不仅仅是要钱、要人、要物的权力，还有自我约束的权力。自律和他律要结合起来。教育部制定了《高等学校章程制定暂行办法》，不是要替所有的高等院校制定一个章程，而是让这些高等学校知道怎么制定这些章程。章程的制定要分为三个部分：一要符合《高等教育法》的要求，高教法有八个方面的要求。二要符合《教育规划纲要》的要求，规划纲要的要求就是要求学校要改革，不能不改革。三要通过章程明确学校内外的关系，即政府、和企业、和社会等之间的关系。起草中要广泛征求意见，要在学校内部征求教职工代表大会的意见，校长办公会议通过以后由党委最后通过，通过以后由校长签发上报给主管部门。中央部门学校章程的核准在教育部，地方学校章程的核准在省教育厅。

第三，要加快教育的立法进程。按照规划纲要的要求，要修改一些不适合高教发展的法律，现在有很多同志说，很多高教的法律不适应于教育改革发展的新要求。针对这些问题，要进一步地修改。一个个修改已经来不及了，要争取把相关问题拧成一串，打包给立法部门修改，这是一个创新的工作。

第四，全面推进依法行政、教育普法和依法治校。教育部门要按照法律的要求做好工作。要开展组织地方进行教育行政执法的试点，加强队伍建设。高校要加快做好教育普法工作。现在很多大学生缺乏法律意识。在高校教师中，也要加强普法。另外，要加强依法治校工作，要依法办学、依法治校，要按照法律的要求来管理、办理、建设学校，因此要加强依法治校先进校、示范校的建设。现在学校遇到很多的矛盾和纠纷，要有法律专家帮着出主意、审合同、打官司，不要等到在法院上败诉了再找。

第五，要大力加强教育政策的研究。高等学校应当设立教育政策的研究室，包括法制教育的宣传机构，很多学校都有，但还不够，希望每个学校都有，不要看在这里花了钱、机构和编制，但是对学校的建设是有好处的。希望大家提高认识，加强对高等教育学校政策的研究。

我国高等教育的改革与发展[①]

一、我国高等教育的战略目标

第一，我国教育总的战略目标。大家知道，《国家中长期教育改革和发展规划纲要（2010—2020年）》（以下简称《教育规划纲要》）系统提出了我国教育的战略目标。理解高等教育的战略目标，首先要对我国教育总的战略目标有一个理解。按照《教育规划纲要》的要求，我国教育到2020年总的目标可以概括为“两基本，一进入”，即到2020年我国要基本实现教育现代化，基本建成学习型社会，进入人力资源强国行列。

（一）基本实现教育现代化。这是2020年我们首先要实现的一个战略目标。各级各类教育都要实现或者基本实现教育现代化。为什么要提出教育现代化？这是一个重要命题。《教育规划纲要》制定过程中，在要不要提出实现教育现代化的问题上，是有争论的。有的部门和同志认为，不应该提2020年实现教育现代化。他们认为，按照我国“三步走”的战略要求，我国要到2050年才实现四个现代化。为什么教育要提前30年实现现代化？明显比其他领域走得太早了。是不是太着急了？是不是太超前了？因此，《教育规划纲要》起草小组就必须回答这个问题。

起草小组考虑，实现教育现代化这个重要战略目标的提出，至少有三个方面的理由。首先，要清醒地认识到，我们国家要实现现代化，首先应当是人的现代化，是国民素质的提高，是全民族思想、文化、道德和科学水平的提升。如果没有这样的提高提升，人的素质、思想道德水平没有现代化，没有提高，我国的现代化不仅实现不了，而且实现了也没有意义。如果没有人

① 本文是作者2011年11月25日在华中师范大学作的专题报告。

的现代化，那现代化将会是物质的现代化，是硬件的现代化。现在的社会发展，就出现了这样的情况。大家的生活条件好了，收入多了，但是道德水平没有提高，甚至有的地方还在下降。这样的情况，在社会各个阶层中都有体现。因为随着市场经济的发展，社会矛盾在增多，发生的领域在扩大，有社会和群众之间的矛盾，有单位和职工的矛盾，也有社会不同群体之间的矛盾，甚至家庭内部也存在很多矛盾。比如最近在广东出现的“小悦悦事件”，还有一些地方看到老人摔倒了不扶，不敢扶，扶了以后有的法院判决扶了的人要赔偿损失。这样的判决不止一起。这就说明社会的公德、道德在有些地方是下降的。所以教育领域、教育部门、各级各类学校有责任来强调，我们的现代化一定是一个思想的现代化、道德的现代化，是人的全面发展的现代化。我国的现代化要建筑在这样的基础上。其次，按照有的专家的统计和计算，我国实现现代化的目标可能会提前。我国经济发展的速度很快，目前的GDP已经达到世界第二。与西方经济社会因出现一系列的问题而发展缓慢相比较，我国的发展在加速。有些专家提出，我国可能到2030年就达到原先设计的2050年的目标。既然国家的整个现代化要提前，那么教育的现代化也要提前。最后，各级各类教育本身需要有一个现代化的目标。教育经过这么多年的发展，取得了很多的成绩。教育下一步的路怎么走，必须有一个高水平的目标。这个目标就是各级各类教育要实现现代化。没有这样一个目标，教育就不能够鼓舞人心，凝聚力量，也不利于中央支持教育事业发展和教育事业进一步地为经济社会发展服务。所以，简单地讲，基本实现教育现代化，是各级各类教育需要努力奋斗的一个目标，当然高等教育也要实现现代化。

（二）要基本形成学习型社会。基本形成学习型社会，就意味着教育要为社会发展作出贡献。如果说第一个基本实现教育现代化是教育本身的目标的话，那么基本形成学习型社会，就是强调教育要对构建小康社会、和谐社会作出贡献。所以中央提出要基本形成学习型社会，是有深刻含义的。随着市场经济的发展，社会正在逐步地转型。在这个转型过程中，一方面要推进经济的发展，另一方面也要加强法治和道德的建设。这里就提出一个重要的要求，即今后的社会发展不能仅仅以利益为导向、以市场为导向，必须要有一个学习的机制。通过学习机制让全体人民的素质有进一步的提高，通过学习来构建我们的学习型社区、学习型组织、学习型企业、学习型城市、学习型政党；让人们之间的关系，不能够仅仅成为一种利益关系、相互谋利关系，而是成为一种相互学习的关系。教育毋庸置疑地要在这种学习型社会中发挥基础性作用。《教育规划纲要》提出要构建学习型社会的体系，就是要以终身教育为内涵来构建整个教育体系，特别是提出了继续教育的要求，所以高等教育也要为构建形成学习型社会服务。这是高等教育的社会责任。

（三）要进入人力资源强国行列。在2020年，要通过向人力资源强国迈进，使国家的综合国力和国际影响力进一步提升。也就是说，教育要为强国服务。这三个目标分别构成了为教育服务、为社会服务、为国家服务。现在我国的国际竞争力和综合国力有很大的提升，但是也必须清楚地看到，西强我弱的基本态势并没有改变。西方国家在科学技术，甚至在文化制度领域，还有很大优势，特别是在科学技术领域。美国和欧洲，一直力图保持科学技术优势，包括军事优势，对我国进行战略抑制和包围。大家如果比较关注国际局势就会知道，美国以及欧洲一些国家，对中国的崛起一直采取压制的态度，不想让一个共产党执政的13亿人口的大国迅速崛起。我们现在取得了很多成绩，但是总的来说不如别人，重大技术装备80%以上需要进口。这就需要通过教育来培养人才以使我国的综合国力和国际竞争力不断提高。从教育部来讲，直属高校参与国防工业的建设也取得了一系列重大成果，弥补了很多空白。这就意味着，高等教育今后要在人力资源强国方面作出努力。

第二，我国高等教育的战略目标。以上讲的是我国总体的战略目标，那么高等教育具体的战略目标是什么呢？有两个方面的目标，一个是数量的目标，一个是质量的目标。

数量的目标就是，到2020年，高等教育的大众化水平要不断提高，毛入学率要达到40%。什么叫大众化水平？按照国际上一般公认的标准，大众化水平就是高等教育的毛入学率在15%—50%的区间。高等教育的发展一般经历三个阶段。首先是精英化阶段。所谓精英化就是毛入学率在15%以下。过去我国高等教育一直处于精英化阶段。到了2002年，我国高等教育毛入学率达到15%，进入到了大众化阶段。是不是高等教育在2020年还在大众化阶段，有不同的争论。最后《教育规划纲要》确定到2020年高等教育的毛入学率要稳定在大众化阶段，提出的目标是40%，在15%—50%的区间之内，因此在大众化阶段。超过50%高等教育就进入到第三个阶段，这就是普及化阶段。现在世界上发达国家一般都超过了这个水平，美国高等教育的毛入学率超过了60%；在一些新兴国家，如韩国，它的高等教育毛入学率达到了80%；在一些东欧国家，也超过了50%。所以高等教育普及率的大幅度提高是当前世界高等教育发展的一个特点。在制定高等教育发展目标的时候能不能很好地把握发展节奏，就成为一个重要问题。按照中央领导的要求，《教育规划纲要》起草小组最后把高等教育毛入学率定在了40%，这是从我国国情出发所作出的审慎选择。我国的比率虽然不高，但我们的基数很大。我国高等教育的在校生，目前已经达到了2 000多万人，这还不包括电大、夜大、成人这样一些继续教育的学生，只是高等教育全日制住校的学生，而且现在正按照每年600万左右的招生计划来发展。今年高等教育的毕业生，包括本科生和研究生，达到了680万人，这是一个很庞大的数字。这些毕业生毕业以后，最大的压力就是就业。解决就业问题一方面需要毕业生去适应社会，需要高等学校不断地调整专业人才培养结构，提高培养素质；另一方面还需要社会结构本身的调整，能够吸纳毕业生。这两方面都需要努力。当然，还有一个原因。今后高等学校的发展要走内涵式发展道路，不要走外延式发展道路，不要靠扩大规模来发展高等教育。因此40%这样一个毛入学率，这样的一个控制，是基于多方面考虑形成的。通过这样的目标，使得我国的国民素质不断得到提高。《教育规划纲要》还提出，到2020年主要劳动年龄人口中受过高等教育的比例达到20%，全社会受过高等教育的人数要比2009年翻一番。2009年，全社会受过高等教育的人数大概为9 000万人，2020年要达到1.8亿人以上，也就是说整个社会有10%的人受过高等教育，这样对国民素质就是一个很大的提高。国民素质的提高一方面要靠基础教育，但是真的要使国民能够做到有技术、能够掌握科学，还得靠高等教育。当然，职业教育也要有很大的发展。这是数量方面的要求。

从质量方面，《教育规划纲要》对高等教育也提出了新的要求。这就是，通过加强高等教育的建设，形成高等教育强国。到2020年，我国要成为高等教育强国。现在我国是一个高等教育大国。全国高等学校（包括普通和成人高等学校）有3 000多所，普通本科院校也有2 000多所。我国的高等学校的规模和招生人数已经居世界第一位。改革开放这些年，我国高等教育的总规模连续超过日本、俄罗斯、美国，高等学校的教育教学设施占地面积从数量上来讲扩大了很多，应该也是世界第一。但是我们的高等教育质量，并没有达到高等教育强国、世界第一的状态。因此，《教育规划纲要》提出一个整体的目标，核心是质量的目标。在高等教育强国的要求下，高等教育到2020年要结构更加合理，特色更加鲜明，人才培养、科学研究和社会服务整体水平全面提升，这是总的要求。对高等学校来讲，有两个要求。一是要建成一批国际知名有特色高水平的学校，即高水平大学，其中一部分是世界一流大学。所以每一所学校在贯彻落实《教育规划纲要》的时候，就必须考虑这个学校的定位是什么，未来十年的定位是什么。如果不是高水平大学，要努力向高水平大学迈进。二是如果是高水平大学，要不断提升层次，加快向世界一流大学迈进。很多高校都在制定战略规划，战略规划首先要明确战略定位，这是国家对高等教育提出的目标。当然，学校的发展也包括学科的发展。有些学校整体上达不到世界一流的水平，但是若干学科也可以达到世界一流学科的水平。

二、高等教育的发展任务

高等教育的发展任务，简单地说，就是全面提高质量。高等教育的质量的提升要体现在四个方面。

第一，要提高人才培养质量。制定《教育规划纲要》以及在落实《教育规划纲要》的过程中，要紧紧抓住提高人才培养人才质量的要求。《教育规划纲要》提出要牢固树立人才培养在高校发展的中心地位，就是说无论什么时候，人才培养都是高等学校的中心工作；任何时候都必须牢牢抓住这个中心，不能须臾有所放松。

首先，在人才培养的目标上有更明确的要求。要培养信念执著、品德优良、知识丰富、本领过硬的高素质专门人才和拔尖创新人才。就人才培养目标的要求来看，一是信念要执著，要有坚定的马克思主义信念、爱国主义信念、改革开放的信念、共产主义信念。二是要有优良的品德，不能培养只有才没有德的人。培养只有才没有德的人，在某种情况下是很危险的，也是不合格的。不要以为有才就合格，很多坏事是有才无德的人干的。三是要有丰富的知识。要有多方面的知识，要有人类发展所必需的知识。四是要本领过硬，要有技能。在人才培养方面，要培养高素质的专门人才，各级各类的学校都要为培养这样的人才而努力，包括职业学校、职业教育。还要培养拔尖创新人才。这是对高等教育，特别是高水平大学、世界一流大学和向一流大学迈进的学校的要求。

其次要加大教学投入。要把教授为低年级学生授课作为重要的制度，要加强实验室、校内外实习基地、课程教材等基本建设。

再次要深化教学改革，实行弹性学制，促进文理交融。要支持学生参与研究，强化教学实践环节，加强就业创业教育和就业指导服务，创立高校与科研院所、行业企业联合培养人才的新机制。

最后就是要严格教学管理。教学管理要加强，不要放松。目前在教学管理上面临一些新情况。我们现在处于高等教育大众化阶段，学生比较多，必须严格教学管理。要健全教学质量保障体系，改进学校教学评估，促进学生学习的积极性主动性，激励学生刻苦学习、增强诚信意识、养成良好学风。要加强研究生培养机制改革，要特别重视研究生培养。要明确导师的责任制和项目资助制，与企业联合培养的研究生要实行双学位制，国家要推行研究生教育创新计划。这里特别要重视博士生的培养，提高博士生培养的质量。博士生培养的质量，是涉及高等教育质量的一个关键的环节，也是一个重要的抓手。所以，希望各高等学校要在培养博士生方面下大力气。美国的高等教育为什么好，不在于本科生好，他们的本科生未必比我们好，关键在于博士培养的质量上，它有一套成熟的办法。提高博士生培养质量，《教育规划纲要》里没有做过多的展开。在提高博士生质量方面我们还没有更多的经验，需要大家不断地探索、不断地推进。高等教育提高质量是核心的任务。为此，教育部近期准备出台提高高等教育质量的文件，同时召开全国的高等教育质量工作会议。

第二，要提高科学研究的水平。高等学校是科学研究的一支重要的基础的力量。因此提高高等教育质量就要提高高校的科学研究水平。

首先要充分发挥高校在国家创新体系中的重要作用。鼓励高校在知识创新、技术创新、国防科技创新和区域创新当中作出贡献。这些年高校在知识创新、技术创新、国防科技创新和区域创新当中的表现还是不错的，发挥了一定的作用。这些年国家三大奖的获得者当中，高校都超过一半，有一些奖项被高校连续获得，今后还要继续努力。

其次要大力加强高校自然科学、哲学社会科学研究。要坚持服务国家目标和鼓励自由探索相结合，加强基础研究。高校科研要和国家重大需要相结合，进行应用性研究。高校在进行科研的时候，一方面要承担国家的任务，一方面要鼓励自由探索。没有服务国家需要的应用研究，高校科研的作用就不能充分发挥出来，也不能获得国家的支持，包括经费方面的支持。同时高校科研也要独立自由探索，有一些基础研究、创新研究必须自由探索。今后的科研政策要注意扩大自由探索的空间。学校的政策在支持研究的时候，要给自由探索的老师足够的空间。现在老师的教学科研都量化得比较厉害。但是如果确实有很好的题目，有很好的基础，学校要给予一些特殊的政策，鼓励老师进行自由探索。有的时候短期并不能出成果，甚至几年都没有发表文章，但是从长远来看，有一些重大的突破，是需要时间的积累的。

提高科学研究水平，还要推动高校和企业、科研院所进行资源共享，推动高校创新组织模式，培养跨学科、跨领域的教学和科研团队，也就是说要合作、要交叉、要共享。现在的科学的发展，往往是复杂的、交叉的、混合的，因此要和校外的其他研究机构包括企业共享资源。要创新科研组织模式。在科学研究中，创新组织模式是非常起作用的。有的人专门研究过很多诺贝尔奖获得者的团队模式，这些对高校都是有启发的。要促进教学科研互动，科研要与创新人才培养相结合。高校与其他科研机构不同的是，高校有源源不断的新生力量，这就是学生。要把教学和科研结合在一起的，形成一种师生互动、教学相长的机制。最后还要注重高校科研基地和创新平台的建设，建设完善以创新为导向的科研评价机制。高校还要深入实施高校的哲学社会科学繁荣计划。

第三，要增强为社会服务的能力。首先高校要牢固树立主动为社会服务的意识，全方位开展服务。所谓全方位开展服务，就是要拓宽社会服务的领域。过去理解社会服务总是比较狭窄，有时候只是简单理解成为社区服务，为周围的社区做一点好事。但是这只是一方面。全方位地开展社会服务，首先要为经济社会发展提供咨询服务。有的认为高校服务就是提供一些技术服务，我觉得首先是咨询服务。国家有很多重大的政策，地方政府有很多重要的思路，需要高校提供咨询服务。所以，要重视高校教师队伍这方面的能力的建设。请一些专家来进行咨询，要形成制度。有的专家，请他来，也没有准备，讲几句就走了，不够深入。这个不能完全怪专家，和对社会服务的支持政策有关系。高校在社会服务当中，在重大决策当中，提供了很多很好的思路，这个是最重要的。当然我们也要进行知识的服务、技术的服务。造一个桥梁，做城市规划，这个我们也要提供服务。这就是说要牢固树立社会服务的意识，形成一些机制、支持政策。有的社会服务为国家为社会作出贡献的，学校也要给予支持，给予奖励。其次高校要加强产学研用相结合，推动科技成果转化，规范校办产业的发展。再次要开展科普工作，提高公众的科学素质和人文素质。

第四，要进一步发挥优秀文化的传承创新作用。过去我们讲高校有三大功能，教书育人、科学研究和社会服务，2011 年 4 月胡锦涛总书记在清华百年校庆讲话中提出，高校要推进优秀文化的传承和创新。这是高校的第四个重要的功能。最近六中全会又提出来社会文化的大发展大繁荣的目标，因此高校要在文化建设方面和传承创新方面发挥更大的作用。高校要引领社会，要形成社会文化的高地，要为全社会提供文化创新的来源，要成为文化传承的基地。社会上有很多组织，这些组织不一定是为文化的传承来服务的，有的是营利性组织，有的是社会管理组织。但是，进行文化的传承和创新，学校是一个重要阵地。如果忘记了、忽略了、淡化了高校文化传承创新基地的作用，高等教育的功能就会大大受到限制。因此，《教育规划纲要》提出，要弘扬优秀传统文化，发展先进文化，包括发展高校的校园文化。

第五，要优化结构，办出特色。

一是优化结构。优化结构首先要优化学科、专业、层次结构，要促进高校学科交叉和融合。学科是非常重要的，一个大学办得好不好，一个大学的增长点在什么地方，要靠学科来体现。因此，在发展高等教育的时候，不仅要重视学校的发展，更要重视学科的发展。学科的发展往往在短期之内可以形成优势、赶超先进。所以要强调优化学科专业内容层次结构。其次是要优化高校的布局结构。高等教育的宏观布局上，高水平大学在东部比较多，在西部就比较少。有的同志有意见，说十三个省市自治区包括新疆生产建设兵团没有一所教育部直属高校。今后国家要调整学校布局和专业在地域的布局。因此《教育规划纲要》特别强调要支持地方高等教育的发展，实施西部振兴计划。东部的高校要在西部地区扩大招生规模，要加大对口支援，新增计划要向资源短缺的地区倾斜。当然东部地区高校还是要率先发展。

二是要办出特色。办出特色首先要对学校分类管理。现在的机制不是分类管理，而是分层管理。分层管理容易造成专科向本科发展，单一学科的学校向综合大学看齐。这样的机制是不合适的。《教育规划纲要》提出要建立分类体系，进行分类管理，怎么分类，没有讲。我个人认为分类管理就是按照所在的类别来进行管理。比如说华中师大是一个师范学校，师范类学校就要自成一个类别，不一定要跟清华、北大去比，一比学校的学科优势就没有了。但是如果就师范类来说，华中师大在全国就是领先的。今后要进一步发挥政策指导和资源配置的作用，引导高校合理定位，克服同质化倾向，要形成各自的办学理念和风格，在不同层次不同领域都办出特色，争创一流。这里要特别注意加强一流大学和一流学科的建设。要以重点学科为基础，继续实施"985"工程和"211"工程。鼓励高校一流学科面向世界，办出高水平。对于"985"和"211"学校来讲，要加快创建世界一流和高水平大学的步伐，培养一批拔尖创新人才，形成一批世界一流学科，产生一批世界高水平的原创性成果，为提升我国的综合国力贡献力量。

三、高等教育的改革

《教育规划纲要》专门设了体制改革这一章，提出了六项改革。第一是人才培养体制改革，第二是考试招生制度改革，第三是建设现代学校制度，第四是办学体制改革，第五是管理体制改革，第六是扩大教育开放。今天我主要给大家介绍四项改革。

第一，人才培养体制改革。这次《教育规划纲要》，全称叫《国家中长期教育改革和发展规划纲要（2010—2020年）》。刚开始的时候没有"改革"，就是"发展纲要"。后来中央领导提出要把改革加进去，要强调改革，强调以改革促发展，所以单独写了体制改革这一部分。首先一个问题就是人才培养体制改革。设立这一章，要求我们回答两个问题：一是为什么要把人才培养体制改革的问题放在最前面；二是人才培养体制问题是什么问题，是方法问题还是体制问题。

首先，就是为什么要把人才培养体制改革的问题放在最前面。这次制定《教育规划纲要》，同时中央召开了第四次全国教育工作会议。改革开放以来，我国共召开了四次全教会，前面三次都提出了改革的要求。不同的是，前面的改革，总体上是要求进行教育管理方式的转变，从计划经济向社会主义市场经济管理体制的转变，简政放权，激发学校的活力。这一次不仅是要讲管理层面的改革，而是要深入到人才培养体制改革中去。所以，《教育规划纲要》里面讲，人才培养体制改革，关键是更新培养观念，核心是改革人才培养的体制，目的是提高人才培养的水平。这就意味着，改革成功不成功，关键是看人才培养体制改了没有，关键要看人才培养的水平提高了没有，这是评价改革的一个最高标准。为什么要把人才培养体制改革放到这样一个重要地位？因为我国现在最重要的问题，是人才的问题。刚才讲到，国家现在有很大的发展，但是总的比较下来，还是存在着西强我弱的局面。存在这种局面的关键是我们缺少足够的拔尖创新人才。钱学森同志比较尖锐地提出了这个问题。当然对他的观点可以有不同的理解，甚至也可以争论，但是他还是触及了这一重大问题。我们有很好的制度，有具有优越性的社会主义制度，又不缺钱，为什么有的方面还落后呢？关键是人才培养没有跟上，特别是拔尖创新人才的培养没跟上，制约了教育的发展，制约了整个社会主义现代化建设的步伐。也可以说，我国缺少的是优秀的人才，我们也在引进人才，但是更需要自己培养人才。所以人才培养就变成我国最核心、最尖端的问题，需要解决。中国人这么多，没有一个诺贝尔奖获得者，重大的国际奖项没有。甚至像有的科学家认为，从现代科学发展的角度来看，没有一个学科，甚至是没有一个分支学科，是由中国人创造的。这个话有的人不同意，但是反映了缺乏拔尖人才的状况。我国的科学家在国际顶尖科学期刊，像 *Nature*、*Science* 上发表的文章也很多，超过澳大利亚。既然发表了这样一些文章，就说明有这样一些成果，为什么还说人才不行呢？前几年，我们到英国访问，跟一些华人科学家开座谈会，其中有一个英国皇家科学院的院士就讲，中国发表的文章是不少，甚至比多数发达国家还多。往往是外国人有了重大的原创性成果、原创性原理，中国人就去看，就去找人家的不完善之处，找出来了就加以修改、修补，然后就发表文章。文章虽然很多，但是重大的原创性的结论很少。这就是目前的一个基本现状。所以讲，拔尖创新人才的培养是个核心问题。

如何培养人才呢？《教育规划纲要》提出了一系列措施。

1．要树立人才培养的观念。一要树立全面发展的观念。二要树立人人成才观念，不要把人分成一部分人是人才，一部分人不是人才。三要树立多样化人才的观念，既然人人都是人才，就不要把人才分成三六九等，人才是多样化、多方面的。四要树立终身学习观念，人才不是在某一个阶段形成的，而是通过终身的学习才形成的，所以人才的形成就要终身学习，不断地学习，不断地努力。五要树立系统培养观念，系统培养观念很重要。我们现在人才培养观念不系统，大中小学的培养目标和课程衔接得不好。这是在教育系统内部。从其他方面来看，我们的教学科研与实践结合得也不好。我国高教系统和科学院系统也需要进一步结合。教学科研与企业也结合得不足。西方工业产品的创新，不仅是靠高校和科研机构系统创新，企业本身就有很强大的创新能力。如果没有强大的创新能力，很多企业就不能在国际上、在世界市场站稳脚跟。所以很多公司，比如苹果公司，不是科学研究机构，但公司里面有科研机构。我国企业的原创性不够。这三者之间又没有很好地结合起来。所以今后要大力加强这样的结合。同时学校与家庭、学校与社会之间还要密切配合，要形成良好的人才培养环境。所以以上这些方面要结合起来，对于人才要系统培养，目的是要形成一个体制开放、机制灵活、渠道互通、选择多样的人才培养体制。

2. 要创新人才的培养模式。《教育规划纲要》提出了一个总的原则的要求，就是适应国家和社会发展需要，遵循教育规律和人才成长规律，深化教育教学改革，创新教育教学方法，探索多种培养方式。这里特别强调一下，要在教育教学方法上要给予高度的重视。一个学生进了大学是来学什么，大家会说是来学知识。但是除了知识的学习之外，还要学方法。当然，方法也是一种知识，是一种关于方法的知识。大学生在大学的学习里要学会学习的方法、思维的方法、研究的方法。一个大学生学了四年以后，他的知识会过时，但是方法会留下。现在很多大学生毕业以后到社会上没能力，主要是因为没有方法。西方在培养学生的时候，包括培养研究生，比较重视和强调方法的学习和掌握。我主张本科生、硕士生、博士生进来以后要找到自己独特的学习方法，要找到适合自己的思维方法和研究方法。有了这些方法以后，即使你的研究领域转变了，专业转换了，但是你可以在不同的环境、不同的岗位上用学到的方法，迅速地掌握新的知识，成为有用的人才，进行创新的思维。从科学发展史上看，很多重大的理论创新出现的时候，都伴随着新的方法的产生。所以我建议我们的高校要为学生开方法课程。现在很多高校没有这样的课程。但是在西方大学里有专门的课程，有专门的教材，咱们可以引进。对于教师来讲，也要有自己独特的教育教学方法。方法在某种意义上比内容更重要。现在有些老师不重视教学方法，上来就拿着国家编好的教材来讲，有时候就像背教材，学生不爱听。教师要用自己的方法，把所教的内容重新梳理一遍，找到合适的方法授课，使学生爱听、容易接受。这在各个领域当中都很重要。这是创新人才培养模式的一个重要要求。同时要提倡学思结合。不学习而思考，没有内容；光学习不思考，没有灵魂。知识组织不起来，不会成为自己的东西。所以《教育规划纲要》提出来，要营造独立思考、自由探索、勇于创新的环境。要帮助学生学会学习，激发学生的好奇心，培养学生兴趣爱好。要提倡启发式、探究式、讨论式、参与式的教学。知行统一，加强实践。因材施教，要关注学生的不同特点和个性差异。《教育规划纲要》提出的一个重要思想，是培养优秀学生，优异人才。我们要培养一批优秀学生，拔尖学生。

3. 改革教育的人才评价制度。改变以考分为主来衡量学生的方式，在社会上就是改变以学历来评价学生的方式。深化考试的内容和形式的改革。有的科目可以实行一年多次考试，并逐步实施高校分类入学考试。这样的一个设想两年过去了，还没有实施。

第二，高等学校学生的录取改革。今后高校学生的录取指标要向中西部倾斜。解决录取不公平的办法就是更多的指标要投放到中西部地区。一是统一考试的方式，但是这个统一考试不是唯分数论。有特长的、符合要求的要自主录取，推荐录取。国家特殊的行业地区需要的，可以定向录取。有特殊才能的，可以破格录取。

第三，要建立中国特色的现代大学制度。要有几个前提，一是要推进政校分开、管办分离。政府的职能和学校的职能要分开。学校是独立的法人，不是政府的附属机构。要把办学的自主权还给学校。二是要落实和扩大学校的办学自主权。使学校能够做到管办分离，关键是要减少和规范行政审批的事项，如由学校自主决定是否成立研究生院。三是明确现代大学制度的内涵，一是完善治理机构。正确处理学校内部的诸种权力。学校内部的权力包括党委的领导权和校长的行政权。总的来说，就是公办学校要坚持和完善党委领导下的校长负责制。既有党委领导，又有校长负责，高校的领导体制才算表述完整。只讲一方面，是不完整的。党委要管大事、管方向、管决策，校长要独立自主地行使职权，党委要给予支持。要处理好二者的关系，党委不要事无巨细地包办，校长也不要抛开党委自己决策。同时还要发挥学术委员会的学术权力。充分发挥学术委员会的作用，学术委员会的作用主要是三条：学科建设、学术评价、学术发展。在这些方面，要让学术委员会起作用，学校的行政、党委要注意尊重学术委员会的意见。还要探索教授治学的有效途径，充分发挥教授的作用。教授的作用主要是教学的作用、学术研究的作用和学校管理的作用。一个学校管理得好不好，不仅要看行政人员、科室干部的作用，还要发挥教授在学校管理中的作用。把一些管理的职能、权限，交给教授。不能变成党委、行政管教授，教授管学生的局面，教授要参与管理。同时要加强教职工代表大会建设，发挥教职工参与民主管理和监督的作用。二是要发挥章程的作用，每个学校要制定章程，依靠章程来管理学校。三是要扩大社会合作，要成立董事会、理事会。要让董事会、理事会成为健全学校支持和监督学校发展的长效机制。董事会、理事会不是决策机构，而是一个支持学校合作办学的机构。四是要推进专业评价。建设现代学校制度，有一个重要的问题，就是学校由谁来评价。《教育规划纲要》提出，要鼓励专业机构和中介机构对高校的学科设置和办学水平进行评估。评估的任务是由专业机构来进行的，不是由某个政府官员、社会媒体、一般群众的随便议论能解决的。我们提倡专业的评价。蔡元培说，大学是研究高深之学术之专门机关。既然是专门机关，就要由有研究的、专门的机构来进行评价。学校有学术的自由，有教学的自由，只要是我们按照宪法的要求，按照国家的要求来办学，所作所为就是正当的，就是行使高校正当的权利。社会上有的媒体随便评价一个高校的办学水平，这种做法是不恰当的。

第四，扩大教育开放。这一次《教育规划纲要》单独写了扩大教育开放这一章，体现了以改革促发展、以开放促改革的精神。扩大教育开放一章内容较多，应着重掌握以下几点。一要提高高等学校的国际化水平。过去不能提国际化，但是这次《教育规划纲要》明确提出，要提高高校的国际化水平。高等教育也要国际化。推进高等学校国际化并不是丧失主权，而是要借鉴国外先进的经验和理念，促进我国高等教育改革发展。二要培养国际化人才。现在培养需要的人才，其中很重要的是国际化人才。有的跨国公司来招人，招不到人。现在每年培养几百万大学生，但是真正适应国际要求的很少。跨国公司招聘的人，要懂外语，要懂专业，要懂规则，要懂国情。所以《教育规划纲要》提出，要培养大批具有国际视野、通晓国际规则，能够参与国际事务和国际竞争的国际化人才。三要引进优质的教育资源。引进优质教育资源有以下几种途径和内容：(1) 可以办中外合作的学校和项目。最近各地正在积极引进国际的优质资源来办中外合作办学项目。比如华东师大和纽约大学合作的项目已经批准筹建。教育部最近又批准了温州大学和美国肯恩大学的合作项目。(2)要引进国外优秀的教材。国外的教材，有些有意识形态色彩，有些没有，像自然科学类、工程技术类、财经管理类，这些教材意识形态的因素就比较少。有的教材即使有一些意识形态色彩，也可以引进，但是要注意加以批判吸收。(3) 要引进国外优秀的人才，包括海外的留学人员，也包括外国人，可以通过聘请外籍教师、短期合作聘任的方式来进行。(4) 要提高学校交流合作的水平。政府要加强学历互认。大学要进行学生互派、教师互派、学分互认、学历互授，等等。

四、《教育规划纲要》实施以后，在建设现代大学制度、开展试点方面取得的成绩

在高等教育领域，《教育规划纲要》实施以后，在高等教育领域设立了若干的试点项目。现代大学制度是其中一个重点的项目。近一年来，各试点高校现代大学制度建设取得了可喜的成绩。

第一，各试点高校非常重视，把现代大学制度的试点纳入到日常工作中，纳入到重要议事日程中。

第二，明确了工作方向。每个试点学校都反复研究完善试点方案，科学统筹，系统设计，明确改革目标、配套措施、进度安排、保障条件。

第三，在推动现代大学制度建设上有了专门的机构和队伍。全国有28所学校承担现代大学制度的试点，都安排了机构和队伍来做这项工作。

第四，若干制度建设取得了突破性的进展。一是坚持和完善了党委领导下的校长负责制，明确了党委和校长的议事规则和程序。二是建立和完善了

教授治学的体制和管理制度，行政权和学术权进一步分离，很多学校校长、书记以及其他行政人员不再进入学术委员会。有的学校，即使参与，也明确了没有投票权，让学术委员会独立地按照规则进行运作，提出自己的意见。三是完善校系两级管理体制，进一步促进了学校内部的放权。学校现在规模庞大，特别是教育部直属大学，往往有几万人、十几个甚至几十个学院。所以，很多权力可以明确下放到院系这一级。四是深化了人事分配制度改革，强调激发教师的活力，实行新型人事制度。有的高校进一步明确了聘任制，有的引进了一些海归人员，实行合同管理，激发了他们教学科研的积极性。五是探索成立了董事会、理事会。现在全国已有超过200所公办学校成立了董事会、理事会。六是探索了大部制改革，相同的、相近的院系合并到一个学部，整合了学术资源。七是创新基层基础的学术组织，有的设立了学术特权，有的设立了首席学术顾问，有的成立了交叉的研究院，有的通过集成相应的学科形成了创新平台。八是完善了校务公开的制度，教育部出台了《高等学校信息公开办法》，很多学校不断加强信息公开的制度建设，包括教务公开、党务公开、设立新闻发言人的制度。九是制定和完善了学校的章程。

第五，形成了一些新的机制。比如说上下沟通协调机制。学校的内部上下沟通协调，学校和主管部门上下沟通协调。还成立了专家咨询的机制，重要的问题请专家给予咨询。有的还成立了指导服务的机制。教育部、一些省教育行政部门，对学校进行指导。试点学校之间成立了交流借鉴的机制。大家互相交流，互相借鉴。

今后要进一步做好试点高校工作。第一，要进一步明确政府管理学校的权力和职责。第二，进一步扩大和落实学校办学自主权。第三，推进高校内部治理结构的建设。最近教育部要出台《高等学校章程制定暂行办法》和《学校教职工代表大会规定》，这两个办法都适用于各级各类高等学校。第四，要推进依法治校。要进一步完善涉及高等教育的法律法规。第五，加强督导评估。除了在经费拨款加强评估指导以外，还提倡各高等学校公布自己的年度质量报告。2011年已经有39所高校公布了自己的年度质量报告，这是值得提倡的。虽然有的媒体说，这些报告都是自己给自己打100分，但这毕竟是迈出了第一步，今后可以不断地改进。要提倡高校公布这样的质量报告。教育教学质量每年提高了多少，要有一个报告。

下一步高等学校在建设现代大学制度方面要做好几项工作。一是按照要求制定章程。要把学校章程制定的工作推动起来，要尽快出台章程。二是要制定党委领导下的校长负责制的议事规则。没有的要制定，有的要根据教育规划纲要的精神加以完善。三是要成立理事会、董事会。让理事会、董事会成为支持学校办学，运用社会的力量和资源提高学校的办学水平的良好机制。四是要完善教授委员会和学术委员会。要加强教授委员会和学术委员会的建设。五是要公布质量报告。这五条是我们希望2012年，在本届政府内力争做到的。不一定完全做完，但是要启动，不能不动。

在试点工作中，要注意处理好四种关系。第一，要处理好自上而下和自下而上的关系。教育部对学校有要求，学校也要有改革创新的精神，推动自己学校和全国面上的工作。第二，要处理好学科发展和制度建设的关系。事业要发展，制度要建设，机制要形成。第三，要处理好突出重点与整体推进的关系，即改革面上的工作要做，但是要抓住重点、突出亮点、解决热点问题。让社会看到，一个学校做了几件事，是亮点，能够说得出去，让大家有印象。第四，要处理好立足国情与面向世界的关系。我们要把握好我国社会主义教育所处的初级阶段，不要超越这个阶段，同时要注意吸收国际的先进经验。

联动发展，共同推进长三角地区教育改革[①]

今天我很高兴出席第三届长三角教育联动发展的研讨会。这是我第二次出席长三角教育联动发展研讨会。2010 年，在浙江千岛湖召开了第二届长三角教育联动发展研讨会，我有幸参加，至今仍记忆犹新。时间过得很快，我们又来到了春光明媚的上海，再次就长三角教育的改革和发展问题进行研讨。

长三角教育联动发展研讨会的召开不仅是对长三角地区相互之间教育改革发展的研讨，对未来思路和当前工作的一种拓展，也是对教育部工作的督促。今天我给大家报告三个方面的想法。

一、长三角教育区域的联动发展工作逐步落实，取得了一些新的成果

这项工作的成果主要体现在三个方面。

第一，长三角（上海、江苏、浙江两省一市）地区之间的教育改革发展得到了新的深化。这体现在教育体制改革、机制建设、协作发展等很多方面。这次还签订了新的协议，有的是上海牵头，有的是江苏牵头，有的是浙江牵头。这种深化体现了我们认识上的深化，工作上的深化和思路上的深化。

第二，长三角联动发展的广度进一步拓展。这不仅体现在基础教育、职业教育、高等教育等方面，对一些专项工作也进行了研讨和安排，比如说干部培训、师资培训、干部交流挂职等。

第三，长三角的联动发展形成了新的机制和制度。长三角教育联动发展

① 本文是作者 2011 年 4 月 8 日在上海第三届长三角教育联动发展研讨会上的讲话。

研讨会连续三次召开，三个地方的领导都高度重视，亲自来抓这项工作，很多工作都体现在了战略规划当中，表明这项工作不是临时机制，已经逐步走上了制度化轨道。很多地方也有地区之间的联谊会议，但是相对来说都没有长远考虑。今后，各地在进行互相学习、联动发展的时候要向长三角地区学习，把机制完善好。

二、会议体现了长三角地区教育共同发展的愿望、共同改革的安排

长三角地区要联动推进教育体制的改革。薛明扬主任强调，长三角地区在教育改革当中要突破一些瓶颈问题、关键问题。沈健厅长比较全面地强调了教育各个方面改革的重要性。刘希平厅长强调，在教育改革当中要推动进一步的合作和协作。这些思路都非常重要。在联动推进教育体制改革时，长三角地区还需要关注以下方面。

第一，作为发达地区，长三角有着更为强烈的教育改革要求和更加完善的教育改革条件。

一个国家、一种改革总要从最需要的地方开始突破。这次《教育规划纲要》把改革强调到了一个非常高的地位。对于改革的认识和需求，不同地区的认识是不一样。有的是因为国家规定了，省里要落实，是执行中央任务的一种心态。长三角地区不是这样，它有先进发达的生产力，人民群众有更高的接受优质教育的需求，在提高教育质量方面有更加紧迫的要求，因此对于教育改革就有更强烈的要求和更集中的感受，需要在工作上进行迫切的安排。

同时，教育改革在长三角地区有更好的改革条件。改革需要条件，不同的改革需要不同的条件。长三角地区的改革条件，我认为是比较好的。长三角地区完成了很多基础性的工作，义务教育、职业教育、高等教育本身已经有了比较高的发展水平，现在有条件对更加集中、更加热点、更加难点的一些问题提出改革的要求，特别是进行制度性的联动的突破。也就是说，长三角地区应当在全国率先推进教育体制改革，率先取得教育体制改革上的成果。

第二，当前要研究解决教育体制改革中的一些重点问题。

在《教育规划纲要》下发后，教育部也积极进行了教育体制改革的试点工作。目前，各地各校的试点项目方案的备案工作全部完成，初步形成了国家教育体制改革领导小组办公室统筹、教育部司局联系指导、地方为主实施的推进机制，启动了20项重大教育改革。在各地各校积极开展教育改革试点的基础上，近期围绕转变政府职能、改革行政管理方式和社会关注的重大问题，研究确定了2011年由国家层面推进的重大教育改革项目。这些项目分散在教育部各个司局的工作中，政策法规司负责了其中有关改革工作。这些教育体制改革中的重要项目需要我们研究和关注。

一是要推进教育管理体制改革。

这次《教育规划纲要》把教育管理体制改革的重心放到了省里，或者说，体现在中央要向地方放权，政府要向学校放权。中央管大事，地方特别是省级政府要进一步抓好对于地方教育的统筹，省级政府要加强统筹。近期，我们将安排有关会议专门研究省级政府如何统筹管理高等教育的问题。对于教育的统筹政府还有很多工作要做，既有教育部如何管理好学校包括直属学校的问题，也有省级政府如何管理好各级各类教育特别是高等教育的问题。这个问题在东部、中部、西部都有。作为省级政府管理教育不仅仅是省教育行政部门管理教育，还有省政府如何全面管理、支持、统筹高等教育的问题。

二是要推进现代学校制度改革。

现代学校制度改革的核心是现代大学制度的改革。因此，教育部正在努力推进今年出台高等学校章程的制定办法。建立现代大学制度的核心是每个高等学校要制定符合国家教育法律法规、符合《教育规划纲要》精神、适合自己学校特点的大学章程。为了指导这项工作，教育部发布了高等学校章程制定办法的规章。最近我们也要召开相关会议。长三角地区的高等学校也要积极地制定大学章程，积极地研究在发达地区如何制定章程的共同规划和相关条件。

推进现代大学制度改革，包括推进教育管理体制改革，涉及教育内部和外部两个关系。在研究教育改革时，前一阶段比较多地关注了教育内部问题。但是，现在教育有很多外部关系同样也需要改革。如果这些外部关系得不到及时改革，就会制约教育内部的改革。在某种意义上讲，教育外部关系的改革甚至比内部关系改革更为重要。比如，要推进民办教育的改革，很多政策不一定是教育行政部门就能制定的，涉及发展规划、税务、财政、人事、社保等诸多方面。怎样研究改革的动力和来源也在教育外部关系上产生作用，这也是一个重要的课题。在教育改革的视野中，不一定仅仅是教育行政部门，如何与相关部门形成一些联动机制，包括中央层面和地方层面，来共同促进教育整体的改革，这是非常重要的。

现代学校制度涉及很多教育和学校内部的关系。《教育规划纲要》讲得很清楚，这里我再做一个概括。建立现代大学制度有四层关系：第一是政治关系。比如党的领导、教职工代表大会的参与、民主管理等，这些是政治关系，非常重要，又非常敏感。在解决这些问题的时候，要非常慎重。第二是行政管理关系。学校里有大量行政管理关系，社会上把它叫做行政化。这种关系需要我们认真地改革。第三是学术关系。这是指教育教学学术发展关系。当前，学术关系相对其他关系来说，比较容易突破。2010 年 12 月，教育部政策法规司主持召开了建设中国特色社会主义现代大学制度的研讨会。会上，一些教育部直属高校和地方高校介绍了自己学校在率先推进学术自主方面取得的诸多成绩。比如很多学校提出，大学的书记、校长不再参加学术委员会；有的学校提出，即使大学书记、校长参加学术委员会也只是作情况介绍，不参与投票。这是率先在大学内部关系中产生的一个突破点，相对比较容易接受。第四是学校内部的经济关系。这个关系也非常重要。学校内部有很多财务关系、分配关系和经济管理关系，比如校办产业管理等，这些关系处理不好就容易出问题。有一些高校领导在这方面没有经验，没有法律意识，出了一些问题。过去我们对这个问题的认识不足，在《教育规划纲要》的研究中也不是很充分。现在，要很正面、很认真地研究解决这些关系。现在的高校是一个很大的经济体，很多学校都是上亿甚至几十亿的经济运行规模。这些关系要在现代大学制度的建设、在制定章程的过程中得到妥善解决。只有这样，学校的办学和管理才能遵循相应的法律规定和依据，才能得到大家的共识，校领导也才能真正把负担减下来。

三是要进一步推动民办教育的改革和发展。

最近，教育部政策法规司下发了《关于征询对清理歧视民办教育政策工作意见的函》。全国哪些地方存在歧视民办教育、不利于民办教育发展的政策，都要按照《教育规划纲要》的要求进行清理和纠正。我们先向各地及相关民办教育协会征求意见。意见征求上来之后，还将联合其他相关部门一起研究解决。

这是当前我们在教育体制改革方面要重点推进的几项工作。当然，还有人才培养体制改革，高考制度改革等，也都要大力推进。

三、联动发展推进教育改革要形成共同的政策法规

我国是一个幅员很大的国家，也是一个管理关系非常有特点的国家。一般在讲事业发展的时候，强调的是中央和地方的关系。这次长三角联动发展的机制，给我们提供了一个新的思考维度——地方和地方的关系，或者进一步讲，地方与中央的关系。过去都是中央主导，地方执行，地方与地方之间仅仅是一种友好的协作。现在通过长三角的这种联运发展的协作，我们看到了一种新的政策机制的形成导向，就是地方之间更紧密的关系，地方提出的要求在推动中央政策的发展。坦率地说，参加这个会议我是忐忑不安的。在面对长三角快速发展、积极改革的形势下，要问一句，中央有关部门能不能及时、正确、有力地进行指导？所以，我来这里首先是要学习。这种地方联动发展机制在我国教育体制甚至政治体制当中都是一个新的发展关系。

地方深度合作，有着非常重要的意义。

一是城乡之间的关系面临着新的考验。对于宏观政策来讲，最近国务院下发了关于户籍制度改革的意见。城乡在发展的时候毕竟会碰到一些深度的政策和法律层面的问题，户籍就是其中之一。大家可以认真地看一下这个户籍制度的文件，里面有很多的信息，对于教育也有一些新的要求。比如说，对流动人口的子女今后就不能在入学方面进行更多地限制，特别是对于义务教育的入学方面就不能有很多的限制。至于他们在流入地进行了义务教育之后怎样进行升学，是一个需要认真解决的问题。要积极推动流动人口的子女在流入地接受完义务教育以后进行升学的试点，要和北京、上海一起探讨如何推进这个工作。但是，这个工作推进非常不容易。城乡关系在区域联动发

展中是很重要的关系。

二是地区与地区、省与省之间有进一步深度融合、共同形成区域政策和法规的现象和趋势。现在可以有区域共同的教育政策，这也是我们在教育体制改革上的一个创新点。现在的立法分中央和地方，省与省之间没有联合的立法，我们要大胆地探索一下省与省之间能不能建立一些共同的法规或共同的规章。我看到有一些共同的协议、共同的工作已经具备了这个方面的苗头。这个在教育体制改革上也有很重要的意义。因为省与省之间的管理是很不一样的，尽管是经济相对发达甚至接近的省份也是不一样的，各省有各省的政策。如果各省的政策能够加以进一步地共同化，学术界有一个名词叫全国化，那么很多政策就能使区域的老百姓共同受惠，享受同一个政策。这个也体现在教育和其他教育之外相关的政策方面，值得我们重视。

三是长三角地区也有义务和责任来扶持西部地区以及长三角当中相对来说不发达的一些地区。希望长三角地区在发展的同时，也进一步地对西部、中部地区的一些兄弟省区进行支持。

现在，我们形成了很好的地方联合发展的机制，这是教育政策、教育改革、教育发展当中新的突破和起点。希望今后能够不断地得到发展，使我们从长三角地区起步，在政策上能够形成自己的特点，从而推动全国的整个教育政策和教育法规建设的发展。

大力推进国际化人才培养[①]

今天我很高兴被邀请参加“2011 年中国留学论坛”并发表演讲。这次论坛非常重要，提出了一个非常好的论坛主题，就是“留学与国际化人才的培养”。因此，我愿意就大力推进国际化人才的培养，发表我的几点看法。

第一，培养国际化人才，是中国经济和社会发展的新要求。大家知道，中国的改革开放事业经过了长期的发展，取得了重大的进步，到目前，中国的 GDP 总值已经上升到世界第二位。与此同时，中国想继续发展，必须走科学发展的道路，而在科学发展的道路当中，教育的作用、人才的作用和科技的作用，将会进一步地上升。如果说我们以前 GDP 的增长、中国的发展，强调了引进、强调了投资、强调了硬件的建设。那么我们今天中国的发展，就更要注重科技、注重人才、注重教育。所以，今天我们大力培养人才，不仅对于教育工作、对于教育的改革开放有着重要的意义，对于整个社会的发展也具有重要的意义。因为今天在我们的经济生活当中、社会生活当中，优质人才还是不够的，很多关键的技术还与世界发达国家有距离。因此，我国的改革开放事业要进一步发展，必须培养出更好、更多的人才。因此，2010 年国家颁布的《教育规划纲要》，就提出要改革人才培养的体制，要培养创新型人才、高水平人才、拔尖创新的人才。这是《教育规划纲要》提出的一个重要任务，就是我们培养人才要为经济社会发展服务。我们要推进教育改革，并以人才培养体制改革为核心。如果说我们以前的教育体制改革，强调的是对于政府管理模式的改变，强调的是学校自主性、自主权的发挥；那么这次改革的核心，就是我们要以人才培养体制改革来统帅各个方面的改革。简单地说，这次改革的核心，就是要出人才、出高水平的人才、出拔尖创新的人才。我们的高等学校的学生也好、中小学的学生也好，中国学生的规模

---

① 这是作者 2011 年 3 月 11 日在中国留学生论坛上的演讲。

是很大的。我们的中小学在校生现在有2.2亿人以上，高等学校的在校生约2 000万，2011年毕业生要达到680万人。我们这么多的学生、毕业生，要想在毕业以后为国家、社会发挥作用，要想自己取得成功，必须做高水平的人才和拔尖创新的人才，否则就不能够应对目前激烈的社会竞争压力和就业的压力。由此培养国际化人才，是我们社会经济发展和我们人才培养的需要。

第二，如何培养国际化人才。这次的《教育规划纲要》，提出了我们教育改革发展的新理念，即在人才培养上和教育形态上要提高我国的教育国际化水平。这是中国政府第一次响亮地提出了教育国际化的概念。因为过去在国内，有很多人反对这个概念，认为教育国际化就是西化，就是没有教育的主权，我们认为这个观点是不完全正确的。所以这次经过党中央、国务院批准的《教育规划纲要》，提出我们的教育不仅要实现国际化，而且要不断提高教育的国际化水平。

那么如何来培养我们的国际化人才呢？我们讲按照《教育规划纲要》的要求，第一要提高交流合作的水平，政府之间要大力加强教育的交流与合作，政府要支持这件事情。因此我们提出，要支持中外大学间的教师互派、学生互派、学分互认和学位的联授、互授，加强与国外高水平大学的合作，建立合作平台，推进高水平的研究；还要加强中小学与职业学校的对外合作，加强国际理解教育，推动跨文化交流，增进学生对不同国家、不同文明文化的认识和理解。当前，我觉得交流合作还是很重要的，对于如何把握我们现在的国际形势，有的人认为，现在是一个文明冲突的时代，这个也不能说完全没有道理。但是我们也要看到，在目前信息化、网络化十分发达的时代，我们的时代、我们的世界也是一个文明交融的时代。所以我们讲，把握目前国际形势的角度，既要看到文明冲突的一面，也要看到文明融合、文明交流的一面，这样才能正确地理解这个问题。因此，中央提出我们要推进世界的和谐，要做好这个工作加强学生交流，提倡和谐共生是非常重要的。第二我们要引进国外的优质资源。《教育规划纲要》这次提出来，要把引进优质资源作为我们的一项重要工作，要从机构、课程、教材、教师人员管理这四个方面来引进国外的优质资源。现在也有很多的国外机构和人员想进入中国，但是我们说这样的一些人员和机构必须是优质的，而不是一般的。一般的中国也需要，但不是迫切需要，我们现在迫切需要的是优质的资源。第三就是要大力做好出国留学生工作，《教育规划纲要》提出要创新和完善公派出国留学机制，要公开选拔优秀学生到国外的高水平大学和研究机构学习，加强对自费留学的政策引导，加大对优秀自费留学生的奖励和支持力度，坚持“支持留学，鼓励回国，来去自由”的政策，提高对留学人员的服务和管理水平。所以我们把留学工作和国际化人才培养的工作联系在一起，我认为留学生服务中心提出这样的一个命题，是贯彻《教育规划纲要》的需要，是深化教育对外开放的需要，是非常有远见而且是切合实际的。

第三，培养国际化人才，需要进一步地改革我国的高等教育的体制，促进高等学校的改革。首先，我们需要在高等教育领域和高等学校的领导者当中，牢固地树立一个新的理念，这个新的理念就是高等学校、高等教育要走教育国际化的路子。我们讲的这个路子不是指大的道路，大的道路还是我们走中国特色的社会主义教育道路，但在具体人才培养方面，我们要走教育国际化的道路，要培养国际化的人才。我想这样的一个工作，在高等教育领域，在高等学校的领导者当中，要进行一个深刻的转变，既要服务于国内的经济建设，也要服务于我们面向世界的需求。毛主席讲中国应当为人类作出更大的贡献，今天中国和世界应该是紧密地联系在一起的。世界的事情办不好，对中国没有利；中国的事情办不好，对世界更没有利。所以在培养人才的时候，我们要看到国内和国外的大局，看到国际的市场也要看到国内的市场，看到国际的需求也要看到国内的需求。其次，我们要推进一系列制度的改革，我们很多的制度还是在计划经济条件下制定的，是在闭关锁国的条件下制定的。改革开放以来，我们制定了很多推进教育对外开放的政策，但是还不够，还要在今天《教育规划纲要》精神的指引下，按照扩大教育开放的要求，按照提高我国教育国际化水平、培养国际化人才的要求，进一步来修改、清理、制定高等学校的人才培养和人才管理的制度。这个制度的内容有很多，包括学校的办学制度。比如说高等学校要非常重视国际交流与合作，在机构、人员、项目等方面都要加强合作。最后，我觉得我们还要注重教育教学内容和方法的改革。刚才我讲到要引进优质的外国资源，要注重课程、教材和师资的引进。那么我们在教育教学改革当中，在内容和方法的改革当中，要注意引进国际的、外国的、先进的经验和做法。所以既要在内容方面，诸如教材内容、诸如上课的内容、诸如课程的内容加强引进，我们也要引进方法，这样才会出现一个多样化的、百花齐放的、生机勃勃的高等教育教学领域培养人才的新局面。

因此，我想这次论坛大家即将在若干个方面展开进一步的探讨，来自西方的大学校长和专家，来自东方其他国家的大学校长和专家，还有我国大学的很多校长和专家将一起对此展开积极的研讨。最后，我再次祝愿本次会议论坛取得圆满成功，谢谢大家！

办好高等教育，办好民办高校[①]

一、关于学校的三点感受

我很高兴今天来到南航金城学院学习、调研和交流。今天来了以后，参观了学校的一些教育教学设施和学生服务中心，又听了楼院长的介绍，觉得作为民办高校，南航金城学院办得很不错。最深刻的感受有三点。

第一，学校抓教育教学抓得实。

一是教育教学设施的装备很充分，很有水平，也很系统。我也看过不少的学校，我觉得咱们在教育教学设施的装备方面还是很突出的。二是除了对教育教学设施重视以外，学校重视加强实践，让学生根据生产的需要来了解课程的原理，了解实践的需要。三是跟企业合作形成了一些机制，包括企业支持学校，学校支持企业，学校和企业联合培养人才。这方面也很有特点。

第二，学校在投入方面抓得好。

从开始建校 3 亿元，到后期的投入，我感觉到对于一个独立学院来讲，这种资金方面的投入，领导班子对学校管理建设的精力方面的投入，以及南航本部和社会各个方面对学校的支持，都形成了一种良好的机制。这样的一些投入使学校形成了一个非常好的环境，也为学校保持持续发展的后劲奠定了基础。

第三，学校在对学生服务方面抓住了学生需求的根本。

学校在为学生服务方面，有一些新的招数、新的办法。学校没有从概念出发，而是从学生的实际出发。例如，提前针对学生的需要进行职业规划，这就为学生今后的发展给了很好的正确的指导。现在的小孩，哪怕是到了大学以后，由于家庭环境、生活环境、社会环境的变化，他们没有足够的对社

① 本文是作者 2010 年 11 月 24 日在南航金城学院的讲话。

会的认识，包括自己今后怎么在社会上发展的认识。很多人还是很迷茫的，对自己的学习、生活、前途，乃至整个社会，实际上心智还不是很成熟。我觉得这是这代人的特点，就是他懂很多，看到的信息很多，看到的故事很多，看到的图像很多，但是怎么把它们整合成自己的知识，这种建构性的东西很少。所以，我们通过对学生的服务，进行提前的教育，就能让他及早地认识自我、认识社会，及早地醒悟过来。包括刚才讲的怎么到食堂里去工作等很多很细微的事情，好像觉得这些东西本来无所谓、很简单，但其实，行行都有艰辛，事事来之不易。这个是他们不容易认识到的。所以，我觉得为学生服务的这个特点也值得进一步发扬光大，同时也值得进行经验的总结和交流。

我来学校时间就一两个小时，听了介绍后，对这三点我感觉有一个很深的印象。从这三点我可以概括，就是办学办得很认真，大家也都很敬业、很认真。这说明班子建设得好，团结得好，形成了合力，形成了战斗力。这是我今天想谈的第一个方面，总结的几点感受。也可能咱们学校还有很多闪光点，还有很多亮点，在科研、社会服务方面可能还有，但是今天没有来得及去充分地加以了解。关于这些方面我以后还会进一步去了解，学校在这些方面也会进一步加以发扬光大。

二、当前如何办好民办高校

当前，全国都在学习和贯彻全国教育工作会议的精神和新的《教育规划纲要》。我也想结合全教会的精神和《教育规划纲要》来谈谈体会，就是当前如何办好高等学校，办好民办高校，包括民办的独立学院。

新的《教育规划纲要》对我国高等学校的发展建设提出了新的要求。总的来讲，就是要办高水平的大学。当然，其中一部分要办世界一流的大学。普遍来讲，就是要求建成一批有特色、高水平的高等学校。这个定位对各类的高等学校来讲，都还是需要加以努力的。如何来办好高水平的高等学校？《教育规划纲要》有突出的精神，就是要优化结构，办出特色。

（一）要优化结构

“优化结构”，从国家宏观战略上来讲，要优化高等学校的区域布局结构，就是说既要办好东部的学校，也要着力办好西部的学校。从学科专业结构来讲，高等学校要在学科专业课程上办出特色，重视交叉学科、边缘学科、前沿学科的发展。我想，南航金城学院，在学科、课程、教材上也是有特色的。只有学科、专业、课程上作出新的结构调整，我们才可能形成特色，培养好的人才。

（二）要办出特色

"办出特色"，是这次《教育规划纲要》对整个高等教育发展改革的总的指导精神。这里就要回答一个问题：怎么办出特色？首先，要在自己的层次上办出特色。《教育规划纲要》提出，现在高等教育存在的一个问题是，大家都追求升格，专科升本科，本科办研究生，研究生要办博士，要有博士点。这就形成了一个盲目升格的局面。这次《教育规划纲要》讲，要在自己的层次上办出特色，争创一流。其次，不仅要在坚持原有的办学层次上办出特色，而且要在我们所在的类别上办出特色。就是要坚持自己的类别，是师范类的还是理工类的，是综合类的还是文史类的，不要随便地去跨类别，盲目地追求综合，都办综合类的。现在有一个趋势就是盲目地办综合类大学，有一些大学本来是理工大学，非要办文科，非要办社会科学，本来是一流的理工类学校，是不是要办这样大而全的学校，办综合类学校，这就值得讨论。反过来，咱们文科类的学校，也去追求综合的，办了物理系、化学系，这样你的类别就很不清楚。师范类的也办综合类，大家盲目地攀比，这样就没有特色。定位在本科的学校，一个以工科或是以理工科为主的学校就可以，去发扬自己的长处，规避自己的短处，发扬自己的特色。发扬特色，除了在学校办学上以外，还要体现在学科上办出特色，建设有特色学科。可能很多学校不能成为世界一流的大学，但是在学科上面，经过十年、二十年、几十年乃至上百年的努力，就可能在某个学科上成为世界一流。比如咱们学校在办学的教学方面就在全国取得了好的成绩。这还不仅仅是在独立学院当中，是在整个高等学校领域中的竞赛当中取得的。这就说明了这个规律，说明了《教育规划纲要》提出来的办出特色的做法是正确的，也希望大家进一步地按照《教育规划纲要》的要求去实践。

（三）要积极办好独立学院

现在独立学院纳入了教育部 25 号令、26 号令的管理要求，是高等教育的组成部分。因此，今后的管理思路就要按民办学校来进行办学、管理。所以，我们要很好地学习了解《教育规划纲要》对于民办教育的新的政策。

第一，要把民办教育的发展作为教育事业的重要增长点。独立学院属于民办高等教育的组成部分，也要享受政府对于民办教育的优惠政策。这次《教育规划纲要》对于民办教育寄托了很高的希望，专门提出了深化办学体制改革、大力发展民办教育的要求。因此，《教育规划纲要》提出，首先要把民办教育的发展作为教育事业的重要增长点。要深刻认识“重要增长点”的含义，对独立学院，对民办高校要有信心。现在，很多民办学校、包括民办高校心存忧虑。忧虑什么？一是公办学校招生比例、毛入学率在不断扩大。到明年，毕业生就会到达680万。这里面民办学校占多大的份额？大家比较担心。二是生源在下降。整个高校报考的人数，前年是1 000万，去年是900万，今年是800万。有的民办学校校长跟我讲，明年、后年就可能会下降到700万、600万。随着生源的减少，竞争就一定会加剧。从国家政策讲，把增长的名额要更多地投放到民办学校中去。《教育规划纲要》提出到2020年，我国高等教育的毛入学率要达到40%。有的专家计算，按此比例，从现在起学生的规模要增长500万。这500万人往哪里放？有人说，一个学校1万人的话，国家就要办500所高校。这个好像不太现实，就觉得这个40%的比例高了。实际上这些学生可以更多地放到民办高校中去。因此要更多地重视民办学校，民办学校有很多还吃不饱。很多民办学校，有好的教学条件、教学设施，没有足够的学生。所以从《教育规划纲要》的精神来讲，要对民办教育予以优惠支持，让它成为重要的增长点。

第二，民办学校要成为教育改革的重要力量。要通过民办学校的机制改革为中国教育的体制改革走出一条新路来。民办学校包括独立学院，与公办学校不一样。它没有很明显的行政化色彩，更容易按办学的规律来运行，遵循办学的规律。学校的决策、执行相对来说比较直接一点、痛快一点，阻力小一些。学校的办学自主权比较明确，运行机制比较明确。大家不是完全以干部的身份，而是一个办学者、教育者、管理者在工作。我们没有那么多行政级别。尽管独立学院也可以有级别，但我们首先想到的不是级别。所以我们希望，在教育教学改革方面，民办学校先走一步。特别是这次改革，是集中在人才培养上面。过去讲改革，讲的是改革政府的管理体制，改变政府如何管理学校，改变统得过多、包得过死的局面。这一次不仅仅如此，是要把人才培养体制的改革放在办学的第一线，放在改革的第一位。人才培养不出来，优秀人才培养不出来，那么这个改革就不能说是成功的。现在，国家最需要的就是培养高素质的专门人才。我刚才看到，学校介绍里面提的是高级复合型的应用型人才。我觉得，用高级也可以，用高素质也可以。《教育规划纲要》里讲的是高素质人才和拔尖创新人才。所以，改革要把人才培养体制的改革放在最核心的位置。改革的深水区是什么？就是在人才培养上碰到了深水区。深水区里最大的内容就是要改革人才培养体制。为什么深水区就难？难是碰到了硬的问题。国家现在的人才培养问题比较突出，实际上很多社会经济发展和行业所需要的人才没有培养出来。比如，国家在低空领域开放了以后，可能还需要很多的人才。适应这样一种需要，可能公办学校的机制就会比较慢，民办高校则会比较快。各行各业都会有这样的需要，民办教育能更快地适应这样的需要。

第三，进一步明确了办高水平民办学校的优惠政策。有的领导讲，再过50年、100年，中国出现世界一流的大学，还不知道是从公办学校那里出来，还是从民办学校这里出来。因此，这次《教育规划纲要》提出来，办高水平的民办学校要给优惠政策。比如说，对于具备学士、硕士和博士授予单位条件的民办学校，要按程序予以审批。也就是说，今后民办学校办好了，在学位授予上不仅应当给学士，还要给硕士、博士。还要落实政府对于民办学校支持的政策，包括给予专项经费的支持、税收优惠、土地优惠，教师待遇方面的一视同仁，学生待遇方面的一视同仁。这些方面都是政府要继续做好的。同时，还要清理歧视政策。教育部也正在制定有关民办教育新的文件。总之，要落实一系列大力支持、大力发展民办教育的政策。

第四，要完善一系列的制度。首先，《教育规划纲要》提出，要形成民办学校分类管理的制度。就是说，今后民办学校分成营利性和非营利性。如果是营利性的，就按营利的模式走；如果是非营利的，就享受公办学校的全部优惠政策。这个政策国家目前也正在逐步地改变。比如说，关于教师的社会保险。这个政策就涉及民办学校的性质问题。很多民办学校登记的是非企业的法人。有的专家建议以后推行民办事业法人登记。公办学校是事业单位，民办学校也可以是事业单位。都是事业单位，只不过我们是民办的事业单位。湖南已经明确民办学校是民办事业法人。民办学校是民办事业单位，就是非营利性的民办学校。是不是分类以后，分成营利性的民办学校就吃亏了呢？也不见得，它可以享受国家给予的很多商业企业的政策。比如说，现在很多民办学校要贷款，非营利性的民办学校就不能进行抵押；如果你是营利性的，从理论上讲一些非教学型的资产就可以抵押，就可以进行商业贷款的抵押，有的还可以打包上市。这些学校按企业来进行管理，可以享受国家对于企业商业的优惠政策。就是说，最后民办学校不管你走哪一条路，两条路都能走得通，不能两条路都走不通。我们这里，可能投入资金比较雄厚。还有很多民办学校，投入是第一大的问题。学生一减少，学费一减少，有的就怀疑还办不办得下去？所以，今后在改革方面、制度建设方面，还要更往前走一步，使整个大的环境形成更有利于民办学校发展和改革，国家也更有利于对民办学校给予支持。如果能够明确了分类管理，我相信税收部门、工商部门、土地部门都要给予优惠的政策。对于独立学院，教育部特别发了 26 号令。26 号令里有很多的政策，大家可以认真地了解、学习。

（四）要进一步地加强民办学校规范管理

要完善民办学校的法人治理结构。一是要依法设立理事会、董事会。与此同时，也要保障校长依法行使职权，来管理好学校，发挥好自己的作用。二是要积极地发挥民办学校党组织的作用，健全民办学校的党组织，加强对于学生、教师的思想政治教育，做好稳定工作。民办学校除了这些，还有很多因为学历、学位闹事的。全国都有，今年也有。要做好民办学校党的工作，这个工作还是很重要的。三是要落实一系列的制度。就是学校内部的管理制度，包括财务会计资产管理制度，防范抽逃资金、挪用经费、侵占资产的行为，还要落实民办学校教职工参与民主管理、民主监督的权利。科学办学、民主办学，然后是依法办学。规范办学的基础是要依法办学。民办学校也要制定有关学校办学的章程，加强对教师和学生的普法教育，建立学校内部的法律救济机制，确定有了争议怎么处理。这方面咱们学校基础比较好，因为学生服务中心建立起来就有利于解决矛盾，消除疑惑，为学生指明方向。这方面，也是《教育规划纲要》要求的重要内容。

（五）要建立一个社会广泛支持学校发展的机制

这是完善高等学校治理结构的重要内容。《教育规划纲要》提出，要建立现代的中国特色的大学制度，这有四条：第一是完善治理结构，第二是制定章程，第三是扩大社会合作，第四是推进专业评价。在这几方面都要做好，特别是扩大社会合作。要采取多种方式、多种机制调动社会力量来支持学校的发展，同时来监督学校的发展。民办学校本来就有理事会、董事会，理事会、董事会可以吸收一些社会方面的人员参与办学，为学校的办学提出更好的意见和建议，同时也吸纳社会资源，为我们的教师、学生，为社会服务，特别是为学生的就业创业找到一条很好的渠道。

我国高等教育的战略目标和政策举措①

今天，非常高兴能有机会来到厦门大学，就制定《国家中长期教育改革和发展规划纲要（2010—2020年）》的有关情况向大家作汇报。厦门大学是教育部直属的高等学校，其对于高等教育的研究在全国是非常有名的。

一、《教育规划纲要》的制定过程及其特点

2010年7月，党中央国务院召开了新世纪的第一次全国教育工作会议。在会前和会后，分别用文件和向社会公开发表的方式，公布了《国家中长期教育改革和发展规划纲要（2010—2020年）》（以下简称《教育规划纲要》）。这次《教育规划纲要》的出台，具有重要的意义，也有着突出的特点。

（一）具有坚强的政治保障

党中央国务院的正确领导，为《教育规划纲要》的研究制定提供了坚强的政治保障。

第一，《教育规划纲要》的制定始终受到了党中央国务院的高度重视。胡锦涛总书记亲自关心《教育规划纲要》的制定，多次作出重要指示。比如，《教育规划纲要》中关于特殊教育的这一章，就是胡锦涛总书记特别指示要求加写的，体现了党中央国务院对残疾人教育事业的关心和支持。温家宝总理作为教育规划纲要领导小组的组长，主持了研究工作。在两年多的时间里，温家宝总理就教育问题连续发表了《百年大计　教育为本》、《教育大计　教师为本》和《强国必强教　强国先强教》三篇重要文章。而且，温家宝总理多次召开座谈会，征求对《教育规划纲要》起草的意见。参加座

---

① 本文是作者2010年11月10日在厦门大学党委党校第86期学习班第二次集中学习会上的报告。

谈会的人员非常广泛，包括各级各类学校的校长、教师、学生、家长以及科学家、企业家、农民工等社会各界人士。早在2006年7月至11月，温家宝总理就在中南海先后主持召开了四次教育座谈会，分别就教育形势、义务教育、职业教育和高等教育广泛征求社会各界的意见。刘延东国务委员担任了教育规划纲要领导小组的副组长和领导小组之下的工作小组组长，工作小组的办公室设在教育部。刘延东国务委员先后召开了几十次调研咨询、征求意见和文本修改会议，组织召开了十次工作小组会议，对教育的若干重大问题进行了深入研究，对重要的教育政策措施进行综合协调。对这次出台的《教育规划纲要》大家都比较满意，其中的一些重要指标，例如到2012年要实现国家财政性教育经费支出占国内生产总值4%的概念，就是多次协调研究确定的。

第二，党中央国务院领导亲自对一些重大教育问题作出决策。领导重视，不仅是表示态度，或是把握政策方向，还对一些重大教育问题作出决策。大家知道，国家财政性教育经费支出占国内生产总值的4%，是在1993年的《中国教育发展和改革纲要》中提出来的，经过了17年仍没有实现。要不要确定这样一个指标，涉及国家对于教育投入的态势，也涉及这次《教育规划纲要》能否顺利地制定，能否取得人民群众的支持和拥护。如果4%的问题不解决，人民群众肯定不满意；要解决，就需要一大笔钱，从现在到2020年，中央和地方财政的教育投入要增加7 000亿以上。1993年纲要提出，要在2000年达到，但现在2010年还没有达到。同时，我国国内生产总值的基数还在不断增长，分母增长，分子也会相应增长。但是，中央最终讨论决定在《教育规划纲要》征求意见时把实现4%目标写上去。

第三，《教育规划纲要》的审议通过经过了国家所有的最高决策程序。《教育规划纲要》的初稿形成之后，中央先后召开了多次会议，审议通过了《教育规划纲要》送审稿。在审议中，中央领导同志提出了很多重要的意见，对修改完善《教育规划纲要》、开好全国教育工作会议、决定未来十年的教育改革和发展起到了十分重要的指导作用。从审议、颁布的形式来看，党中央国务院非常重视《教育规划纲要》。

第四，党中央国务院的组织领导保证了《教育规划纲要》的制定始终处于正确的立场和方向。《教育规划纲要》是在党中央国务院的亲切关怀和支持下制定和进行的，是政治上正确领导的结果。

（二）具有坚实的民意基础

开放、民主、透明的方式，为《教育规划纲要》的研究制定奠定了坚实的民意基础。在《教育规划纲要》制定之初，中央领导就非常明确并反复强调的一个指导思想，就是要广纳群言，广集众智，问政于民，问需于民，问计于民；要采取开放的方式广泛听取专家学者、社会各界、学生和家长的意见；重大问题要在全社会公开讨论。温家宝总理在第一次国家科技教育领导小组会议上就提出，规划的制定要开放，充分听取社会各界的意见；每一类规划和一些重大问题，都可以拿到全社会讨论①。这体现了领导同志的魄力，也体现了党中央国务院民主执政、科学决策的坚强决心。因此，《教育规划纲要》的研制过程就成为发扬民主、集思广益、统一思想、凝聚共识的过程，可用四个“广泛”概括。

第一，广泛发动社会各界力量。这次《教育规划纲要》的制定动员了500多位专家学者，近2 000人直接参与了11个教育重大专题的调研；组织了中央有关部门、各省市区和近百所高校开展调研，邀请了100多位海内外各领域的专家开展咨询，委托了8个民主党派中央、4个社会研究机构、6个教育学会开展平行研究，同时还委托了60多个教育部驻外教育处组和联合国教科文组织、欧盟等国际组织开展比较研究。不仅邀请了中国的专家，还邀请了外国专家参与研究。期间，还与欧盟专门就纲要的制定召开了一次对话会，面对面探讨，直接听取他们对《教育规划纲要》的意见和建议。

第二，广泛深入地开展《教育规划纲要》文本的起草制定工作。在广泛深入调研的基础上，既部署了《教育规划纲要》的起草，又安排了7个分领域的专题规划，包括高等教育，同时还安排9个省（自治区、直辖市）制定分地区规划。所以，大家在新闻媒体里可以看到很多地方都在制定教育规划，这也是中央统一部署的。既在国内开展调研，又在国外，包括欧洲、美洲、亚洲等不同文化传统的国家进行了调研，形成了500多万字的调研报

① 温家宝．百年大计 教育为本［N］．人民日报，2009－01－05（2）．

告。《教育规划纲要》的文稿反复修改，几易其稿。

第三，广泛地凝聚各方共识。在起草中央的法律法规和重大文件中，凝聚共识是非常重要的。通常认为，解决一个重大问题，不仅是怕没有好的解决方案，主要还担心一个好的方案拿出来后大家没有共识，达不成一致意见。中国的人多、部门多、地方多，大家的意见很难一致，甚至包括中央各个部门的意见也往往不一致，要取得共识是非常不容易的。比如，在制定法律的时候，有时可能是最容易的方案能够获得通过，因为这个方案涉及的重大问题比较少，矛盾冲突比较少，大家赞成的可能性就最大。不仅仅是中国，国际上都有这样的现象，一个比较容易的方案会驱逐一个比较好的方案。这次制定《教育规划纲要》，虽然不能说十全十美，但是我们的确拿出了最好的方案，一个人民群众和领导满意的方案。这个方案成功的关键是凝聚了各方的共识。这次《教育规划纲要》的起草，组织了 14 个中央部门参与研究制定，包括发改委、财政部、人事部、科技部、工信部、农业部等重要的与教育有关的部门，还包括科学院、社科院、工程院、国家自然科学基金委员会、国务院发展研究中心等专门机构。并不只是教育部一个单位提方案、作决定，而是 14 个部门一起在中央领导的组织下研究讨论，许多问题都是先讨论后通过。在凝聚各方共识的过程中，还召开了多次会议，有 600 多个单位对《教育规划纲要》提出了意见和建议。

第四，广泛地问需于民、问计于民。这次《教育规划纲要》制定的一个重要特点是，先后两次公开地征求意见。

第一轮是从 2009 年 1 月至 2 月，向全社会第一次公开征求意见。这次公开征求意见时还没有《教育规划纲要》的文本，请社会各界自由发表意见和建议。人民群众希望在这次《教育规划纲要》中写什么，怎么写，都可以提出意见。这是问需于民。教育是涉及千家万户的事业，人民群众对于教育都有直接的经验和亲身的体验，这是教育事业的一个重要特点。人民群众对于其他事业不见得有这样的亲身的体会。例如看病，并不是每一个人对于医院、看病都有这么深切的体会，有的山区里的人甚至一辈子没进过医院。但教育是人人都要接触的，义务教育是每个人人生中必经的过程，大家都有直接的经验，都可以从个人不同的角度对教育提出意见。所以，第一轮征求意见，通过各种渠道，主要是网络，向社会各界征求意见和建议，共收到了210万条意见和建议。通过这次征求意见也能看出，人民群众对于教育的看法千差万别，在很多重大问题上有许多尖锐的不同看法。比如，关于高中阶段是否要进行文理分科，在第一轮征求意见时就出现了两种截然不同的意见。一种意见认为，在高中特别是高三时不要进行文理分科，不要按文理分科进行复习。理由是，进行了文理分科造成了现在学生综合素质的不全面，不符合全面发展的要求。这种意见占整个征求意见人的51%，主要来自于学生的家长、老师、专家和行政管理人员。还有一种意见认为，应该进行文理分科。理由是，当前学生的学业负担已经很重，如果文理不分科，学习负担就会更重。这种意见占整个征求意见人的49%，主要来自于学生。这两种意见几乎各占50%，很难判断应该采取哪种意见。为了求得最大的共识，《教育规划纲要》对此类问题只能写得比较原则，提出要保证学生全面完成国家规定的文理等各门课程的学习，强调高中阶段对文理各科都要认真学习。

特别重要的是，2010年的2月28日至3月28日，向全社会进行了第二轮征求意见。这次征求意见将教育规划纲要工作小组办公室起草的纲要文本向全社会公开，共计2万多字。对于向全社会公布的《教育规划纲要》文本，我们有些担心，不知道会引发社会什么样的议论。在目前情况下，公开《教育规划纲要》的文本让全社会来评论，承担的风险会很大。但还是按照中央领导的要求，坚定地公布了全部文本，而且是在召开第十一届全国人民代表大会第三次会议和全国政协十一届三次会议期间。当时，对是否公开文本也进行了讨论。如果人民群众说《教育规划纲要》的文本不好或者看不懂，都很麻烦。提了具体意见还容易解决，可以根据意见进行修改。还有的意见是不提具体内容，就笼统地说制定得不好。第二轮征求意见时，也收到了很多反馈的意见和建议，有252万条，主要也是通过网络。我们专门组织了几十人搜集整理各种意见和建议上报给中央领导。功夫不负有心人。在党中央国务院的正确领导下，经过专门班子将近两年的研究起草，《教育规划纲要》的文本还是获得了一个比较好的分数。根据腾讯网和《人民政协报》的联合调查，社会对《教育规划纲要》征求意见稿的满意度达到了73%。这非常不容易，能够向中央进行汇报了。

广泛地征求意见，为《教育规划纲要》的成功制定奠定了坚实的民意基础。通过这次《教育规划纲要》的研究制定，可以看出，走民主决策、科学决策的路线，一定会起到好的作用。如果不走这样的路线，单凭拍脑袋、闭门造车提出的方案，人民群众可能就不会满意，不会拥护。

（三）具有科学的指导原则

在《教育规划纲要》制定之初，中央领导就提出，要明确《教育规划纲要》的指导原则，要按照这些原则来把握《教育规划纲要》的内容，确定《教育规划纲要》的方向。一是要坚持把中国特色社会主义理论体系作为思想基础，包括党中央三代领导集体和胡锦涛同志为总书记的党中央关于教育工作的重要论述。二是要坚持全面贯彻党的教育方针，紧紧抓住培养什么人、怎么培养人的这一根本问题，牢牢把握学校工作的主导权。三是要坚持面向现代化、面向世界、面向未来，深入总结新中国成立60年特别是改革开放30多年来我国教育取得的成就和经验，借鉴世界各国的有益做法。四是要坚持以人为本，把促进人的全面发展、办好人民满意的教育作为《教育规划纲要》的落脚点，解决人民群众最关切、反映最强烈的问题，体现雪中送炭。五是要坚持立足基本国情，深入认识我国发展的阶段性特征，充分考虑我国人均收入水平低、城乡差别大、发展不平衡的现实，尽力而为，量力而行。六是要解放思想、实事求是、与时俱进，突出改革创新，尊重基层和人民群众的首创精神，努力冲破陈旧观念和体制机制的束缚。七是要坚持依法治教，体现教育法律法规的原则和精神，注意与科技、人才等中长期规划纲要相协调，保持政策的连续性和系统性。

这三个特点，保证了《教育规划纲要》的顺利制定。

二、高等教育改革发展的战略目标

《教育规划纲要》把高等教育的改革发展放在了非常重要的位置。当前，高等教育在我国教育中起着非常重要的作用。但是，怎样制定高等教育的发展政策、提出高等教育的改革措施，是一个非常重要也是非常困难的问题。目前，从《教育规划纲要》制定的情况来看，确定高等教育的发展思路也是非常迫切的一个任务。2006年新《义务教育法》修订通过后，国家对于义务教育、高中阶段教育和职业教育的发展思路已经越来越清晰，但是对于高等教育的发展思路仍然需要进一步明确。这次的《教育规划纲要》进一步明确了高等教育的战略目标、发展任务和改革举措，提出了高等教育今后十年的发展战略目标。

第一，明确了高等教育的战略地位。《教育规划纲要》提出，高等教育承担着培养高级专门人才、发展科学技术文化、促进社会主义现代化建设的重大任务。这表明，在各级各类教育中，与我国社会主义现代化最直接相关的是高等教育，因为高等教育不仅培养人才，还提供科研技术成果、社会服务。从稳定的角度讲，高等教育也是非常重要的。

第二，明确了建设高等教育强国的奋斗目标。现在，我国已经成为了高等教育大国，高等教育学生规模世界第一，学校数量也位于世界前列。普通高等学校有 2 300 多所，还有 1 000 多所成人高校和民办的其他高等教育机构。虽然我国的高等教育在学规模世界最大，但仍然大而不强。因此，对于高等教育《教育规划纲要》提出了建设高等教育强国的基本要求。对于建设高等教育强国，有些人有不同的意见，认为目前最好不要提中国能够建设成为高等教育强国，因为我国的高等教育与国际上发达国家的高等教育还有一定差距。还有的人认为，现在许多行业都提出了强国的口号，甚至包装材料行业也提出要成为包装强国，但我们究竟能否做到仍未可知。但是，高等教育界的同志普遍反映，还是要有一个明确的奋斗目标；如果没有这样的奋斗目标，高等教育的改革发展就没有动力，没有方向。所以，《教育规划纲要》提出了建设高等教育强国的奋斗目标。

第三，明确了高等教育发展的核心任务。《教育规划纲要》提出，提高质量是高等教育发展的核心任务，是建设高等教育强国的基本要求。提高质量，既是我国高等教育由大变强的关键，也是每一所高等学校办出水平、办出特色的关键。

第四，提出了高等学校 2020 年的发展目标。《教育规划纲要》提出了到 2020 年高等教育的发展目标。一方面，对整体而言，要高等教育结构更加合理，特色更加鲜明，人才培养、科学研究和社会服务整体水平全面提升。另一方面，对高等学校而言，要建成一批国际知名、有特色、高水平的高等学校，若干所大学达到或接近世界一流大学水平。通过加强高等学校的建设，促使高等教育国际竞争力显著增强。

第五，提出了高等教育的发展任务。《教育规划纲要》提出，到2020年，高等教育大众化水平进一步提高，毛入学率达到40%。这意味着高等教育在学总规模要从现在的2 900多万人，增加到3 550万人。主要劳动年龄人口平均受教育年限从9.5年提高到11.2年，其中受过高等教育的比例达到20%，具有高等教育文化程度的人数比2009年翻一番。现在，全社会受过高等教育的人数是9 000万人；如果翻一番，就要达到1.8亿人以上，还要扣除人口的变化因素。

关于高等教育的毛入学率达到40%，这个比例是高了还是低了，在制定《教育规划纲要》的过程中曾经有很多不同的意见。曾有领导同志提出，40%的指标是不是高了。为此，起草小组专门写了论证材料，提出40%的目标并不高，主要基于三个考虑：一是高等教育的毛入学率在2020年达到40%仍然处于高等教育大众化阶段。高等教育发展一般分为三个阶段。高等教育毛入学率在15%以下，是精英化的发展阶段。高等教育毛入学率在15%—50%，是高等教育大众化阶段。在2002年，我国的高等教育毛入学率达到了15%。《教育规划纲要》提出，在2020年高等教育的毛入学率达到40%，并没有进入高等教育的普及化阶段，仍然处于大众化阶段。到2020年，我国的高等教育毛入学率仍将保持在50%以下。高等教育毛入学率超过50%，就是普及化阶段。当前，国际上高等教育的普及化程度发展迅速。在欧洲（包括欧洲的转型国家）、亚洲（例如韩国）的许多国家都已经进入了高等教育的普及化阶段，毛入学率非常高，达到了80%。二是由于人口因素变化较大，即使高等教育毛入学率达到了40%，其净增长也有限。有的同志担心，高等教育招生人数这么多，毕业后难以就业怎么办？根据测算，到2020年我国高等教育的学龄人口将下降到8 700万人，比现在的高等教育的学龄人口减少3 600万人左右。如果维持目前的招生规模，毛入学率将自然提高到34%、35%。因此，到2020年，以现在的规模算起，只需要增长6个百分点就可以达到40%，不会给毕业生就业造成太大的压力。三是高等教育发展目标的增量部分将主要用于发展高等职业教育、继续教育和研究生专业学位教育，以及扩大民办教育和中外合作办学。公办高等学校的本科规模要保持相对稳定，十年增加要求不能超过2个百分点。增量部分主要用于优化结构，调整布局，支持应用学科、薄弱学科和落后地区的发展，从而促使整个高等教育协调发展、科学发展。

三、高等教育的发展任务

《教育规划纲要》在“发展任务”这一部分，单独写了“高等教育”这一章。在这一章中，除了上述讲到的关于高等教育发展的目标要求之外，还提出了四个方面的发展任务。

（一）提高人才培养的质量

在《教育规划纲要》的研究制定过程中，大家提出，一定要把人才培养作为高校的中心工作。要牢固确立人才培养在高校当中的中心地位，要通过人才培养工作，着力培养信念执著、品德优良、知识丰富、本领过硬的高素质专门人才和拔尖创新人才。要做到这一点，需要做好以下几个方面工作。

一是要加大教学投入。现在，许多高校没有把培养人才放在中心地位，不舍得为教学进行投入。因此，提出要加大教学投入，提出了一些具体措施。比如，要把教学作为教师考核的首要内容，把教授为低年级学生授课作为重要制度。加强实验室、校内外实习基地、课程教材等基本建设。

二是要深化教学改革。对教学要进行改革，包括完善学分制，实行弹性学制，促进文理交融，包括支持学生参加科研，强化实践教学环节，加强就业创业教育和就业指导服务。要实行高校与科研院所行业企业联合培养人才的新机制，全面实施高校本科教学质量与教学改革工程。

三是要严格教学管理。要健全教学质量保障体系，改进高校教学评估。充分调动学生学习积极性和主动性，激励学生刻苦学习，增强诚信意识，养成良好学风。

四是要大力推进研究生培养机制改革。建立以科学与工程技术研究为主导的导师责任制和导师项目资助制，推行产学研联合培养研究生的“双导师制”。实施“研究生教育创新计划”。加强管理，不断提高研究生特别是博士生培养质量。大家已经意识到，要对研究生培养质量给予更多的关注，特别是博士生。但是，怎么提高博士生的培养质量，还需要大家进一步探索。

（二）提高科学研究水平

《教育规划纲要》指出，高校在科研方面具有重要作用，提出要充分发挥高校在国家创新体系中的重要作用。高校的科学研究是国家创新体系的重要组成部分，鼓励高校在知识创新、技术创新、国防科技创新和区域创新中作出贡献。要重视让高校在国防科技体系创新中发挥作用，在区域创新中作出贡献。

一是要大力开展自然科学、技术科学、哲学社会科学研究。高校在这些方面的研究成果显著。在连续几年的国家自然科学的三大奖中，高校都名列前茅。在哲学社会科学研究方面，整个高教系统占了整个国家研究的80%。如何进行研究？要坚持服务国家目标与鼓励自由探索相结合，加强基础研究。在基础研究方面，一方面要服务于国家目标，另一方面又要有自由探索。现在，国家有很多科研计划，有很多科研项目。但是，现在的研究有一个特点，就是各种项目划分得比较细。为什么科研投入这么大，却出不来重大科研成果？因为项目开始就划分得比较碎，是一个个零散的项目。如果有重大攻关项目，我们就能出大的成果。在确立《教育规划纲要》相关的国家项目时，中央有关部门提出，项目不要划分得太细，要注意项目的整合，才可以出大的成果。这是国家目标方面。另外，要特别重视自由探索。如何鼓励高等学校自由探索，要作为一个题目很好地进行研究。要让高校教职员工自由地发挥自己的研究能力，做出更大的研究成果。在应用研究方面，要以重大现实问题为主攻方向，解决当前现实提出的紧迫问题。实际上，无论是自然科学还是社会科学，要解决的问题一定是当前社会经济发展中、当前时代提出来的迫切要求。

二是要创新组织模式，培育跨学科、跨领域的科研与教学相结合的团队。在组织方式上，要进一步整合教育、科技资源，促进高校和科研院所、企业科技教育资源的共享。要创新高校科研组织模式，健全内部运行和管理机制，努力营造创新环境。要促进科研与教学互动、与创新人才培养相结合，既让科研能更好地促进教学、促进创新人才培养，又使科研在教学、创新人才培养中得到更好的发展。要充分发挥研究生在科学研究中的作用。要加强高校重点科研创新基地与科技创新平台建设。

三是完善以创新和质量为导向的科研评价机制。当前，我国的科研评估制度尚不完善。要推动科研评价从偏重数量向更加注重创新和质量，从偏重名望向更加注重实绩，从偏重论文向更加注重工作水平，从偏重短期成果向更加注重长远积累，从偏重设施改善向更加注重人才队伍建设等方向转变，以更好地发挥科研评估在鼓励创新方面的积极导向作用。

（三）增加社会服务能力

过去，高等学校对于增强社会服务能力关注得不多。这次的《教育规划纲要》将增强社会服务能力作为高校亟待改进的方面，要求高等学校牢固树立主动为社会服务的意识，全方位开展服务。

一是要推进产学研用结合。现在，高校有许多科研成果，但是不能及时地转化出去，躺在保险柜、专利局里睡大觉。因此，要加快科技成果的转化，规范校办产业发展，让这些成果迅速转化成为生产力。二要为社会成员提供继续教育服务。包括开展科普工作，推进文化传播。要通过继续教育，提高公众的科学素养和人文素质，弘扬优秀传统文化，发扬先进的文化。三要积极参与决策咨询。要为政府决策提供服务，主动开展前沿性、对策性研究，发挥智囊团、思想库作用。国外的一些高等学校和专业机构这方面做得比较好。例如兰德公司或一些研究所，主动提供一些重大问题的决策咨询报告供政府参考。如果政府采用，则给予他们经费支持。而我国的高等学校，目前仍然缺乏主动为中央和地方提供决策咨询的意识。最近，高校的许多老师、专家、教授已经发挥了很积极的作用，但是目前还没有一个有效的制度来促进决策咨询的发展，决策咨询服务仍流于个人单打独斗的状态。即使获取了一个课题，也是由个人申报的，很少有一个国家的重大课题完整地由高校提出决策咨询建议。这个方面也在一定程度上影响了高校哲学社会科学的发展。《教育规划纲要》提出这个要求非常好，非常重要。

（四）优化结构办出特色

第一，要优化结构。

一是要优化区域布局结构。目前，我国高等学校，特别是国家重点大学，或教育部直属高校，主要布点在大城市、沿海地区。这形成了我国高等教育不平衡的地区状况。这种状况是长期历史形成的，在新的形势下愈加明显。有的同志提出，有13个省，包括新疆生产建设兵团，没有教育部直属高校，要求调整改变这种布局。因此，这次《教育规划纲要》充分考虑了这种因素，提出要设立支持地方高等教育专项资金。在全国2 300多所普通高校中，中央各部委所属的高校只有120多所，绝大多数的高校在地方。地方高校有一小部分属于“211”学校，但绝大部分既不是“985”学校，也不是“211”学校。为此，《教育规划纲要》提出，一方面，要实施中西部高等教育振兴计划，制定了一系列支持中西部发展高等教育的措施。比如，新增招生计划向中西部高等教育资源短缺地区倾斜，扩大东部高校在中西部地区招生规模，加大东部高校对西部高校对口支援力度。另一方面，要鼓励东部地区高等教育率先发展。东部地区的高等教育基础条件比较好，有优势、有能力率先发展。鼓励优质资源加快发展、率先发展，带动落后地区、薄弱学校的发展，是《教育规划纲要》的重要思想之一。在注重教育公平的同时，也要注重优质高等教育资源的扩张。

二是要优化学科专业、类型和层次结构，促进多学科的交叉和融合。一方面，要综合考虑学科发展的现状和趋势，不断调整优化学科结构，推动学科均衡协调发展。另一方面，也要加强重点学科和优势学科建设，突出特色，提升质量。另外，多学科的交叉融合也是优化学科专业的重要内容。当前，世界科技创新空前活跃，学科的交叉融合进一步加速，很多重大创新将更多地出现在学科交叉领域。我国学科专业的发展甚至课程的变化，并不是单一的因素在起作用，而是多种因素在起作用。因此，对这一点也要加以重视。高校要充分发挥自身学科门类众多、科研力量较强的优势，以推动多学科交叉融合为手段，进一步加快学科建设，力争更多学科进入世界前列。

第二，要办出特色。

这是《教育规划纲要》的一个重要亮点。

首先，要建立高校分类体系，实行分类管理。2 300多所普通高等学校，1000多所成人高校，如何发展、如何管理，要靠分类。现在，在高校中存在两种不太好的趋势：一种是求“大”、求“高”，不断往上升格，不安于自己的类型层次。专科想升本科，本科想办研究生院，研究生院想设博士点。

还有一种是求“全”，专业性院校要办综合大学，缺什么学科专业就要增什么学科专业。有的增加得并不合适。不管是理工类、师范类还是其他类的大学，都想办综合性大学，这就导致许多高校盲目上学科、上专业。有的学校还设立了自己根本不需要的专业。很多人对此有不同看法，认为这些学校应该安于自己的定位，没有必要去追求高、大、全。实际上，即使设立了这些专业，也不见得就能办好。这种高校发展的动力机制负面效果很大。因此，《教育规划纲要》提出，要建立高校分类体系，实行分类管理。但是，如何建立分类体系、如何进行分类管理，大家反复研究讨论，没有再按照过去的说法进行。过去，有一种分类方法，将高等学校分为研究型、教学研究型和教学型三种。大家感觉如果再作这种分类，意味着还是把高等学校分成三个身份上的档次，研究型高于教学研究型，教学研究型高于教学型。还有的同志提出，将高等学校分为国立大学、省立大学、公立大学和民办大学，大家对此也不是很赞同。根据《教育规划纲要》的要求，高校要按照其本来所处的位置、所在的类别进行分类。比如，综合性大学就在综合性大学的类别中明确自己的性质，师范类、理工类大学就按自己的类别进行定位和管理，不再追求大而全。

其次，要引导高校合理定位。这与建立高校的分类体系意思相近。要在不同的层次、不同的领域合理定位。什么类别的高校，就坚持自己的类别，就定在这个位置。今后，就按高校所在的类别进行评估、考察、管理和评价。不同层次的高校也要合理定位。这次《教育规划纲要》强调了一个重要思想，就是在不同层次、不同领域都要办出特色，争创一流。不同的类别上可以办一流，不同的层次也可以办一流。高职也能办出一流。

再次，克服高校的同质化倾向。要通过高校的分类管理、合理定位，促使每一所高校都形成自己的办学理念和风格。现在高校的同质化倾向比较严重，形成了所谓的“千校一面”，出现了培养的学生“千人一面”的状况。许多学校没有自己的办学理念和风格，这要作为一个重要的问题加以解决。

最后，要加快一流大学和一流学科的建设。这次《教育规划纲要》提出了一个重要思路，就是要以重点学科建设为基础。过去，大多强调学校的建设，例如“985”学校的建设、“211”学校的建设。这次《教育规划纲要》

强调，要继续实施“985”和“211”工程，但是强调要以重点学科的建设为基础。我认为今后不仅仅要重视学校建设，更要重视学科建设，因为学科建设为很多不具备进入“211”和“985”工程的高校提供了发展空间。如果没有政策、资金的支持，整个学校要发生变化往往比较困难，但是在某一个点上有所突破会相对容易。所以，要强调重点学科的建设。《教育规划纲要》提出，鼓励学校优势学科面向世界。每一个高校都要认真思考，自己有哪些优势学科可以面向世界。要通过一流大学和一流学科的建设，培养一批拔尖人才，形成一批世界一流学科，产生一批国际领先的原创性成果。

四、高等教育的体制改革

《教育规划纲要》将“体制改革”单独列了一部分。我认为，高等教育体制改革是体制改革的重要内容。或者说，虽然其他方面也有一些体制问题，比如择校、减负、职业教育学校如何与企业相协作的问题等，但是体制改革的难点、热点首先在高等教育。《教育规划纲要》中，体制改革问题写了六个部分，分别是人才培养体制改革、考试招生制度改革、建设现代学校制度、办学体制改革、管理体制改革和扩大教育开放。这些方面都与高等教育有密切联系。

（一）推进高等学校的人才培养体制改革

人才培养体制改革与高等学校紧密联系。《教育规划纲要》把人才培养体制改革放在了体制改革的第一章第一部分。这里要回答两个问题：第一，为什么把人才培养体制改革放在了改革的最前列？第二，为什么讲人才培养是体制问题，必须加以改革？

过去讲教育体制改革，一般首先讲的是教育管理体制改革。从1985年至2009年，中央召开了三次全国教育工作会议，出台了三个重要文件。这三次会议和三个文件都非常重视教育管理体制的改革。这意味着过去我国的教育改革，主要是解决政府如何管理高等学校的问题，如何改变高等学校从计划经济向市场经济转型的问题，改变政府对高等学校统得过多、包得过死的问题。这次的《教育规划纲要》不再把教育管理体制改革放在改革的最前列，意味着当前体制改革的最突出问题已经不是教育管理问题，尽管在管理方面仍然还有一些问题。

现在，人才培养问题是教育改革当中面临的最大问题，也是教育本身的最大问题，是整个国家的最大问题。《教育规划纲要》提出，要通过教育体制改革解决三大矛盾：一是经济社会发展对高质量多样化人才需要与教育培养能力不足的矛盾。二是人民群众期盼良好教育与资源相对短缺的矛盾。解决了“上学难”之后，人民群众希望“上好学”，这需要有优质的教育资源，但现在我国的优质教育资源短缺。三是增强教育活力与体制机制约束的矛盾。当前，教育的活力不足，关键是教育的体制有问题，体制没有发挥出积极性。所以，解决体制问题，首先要解决人才培养的体制问题。这就从根本上改变了过去的管理思路。解决问题从人才培养入手，说明我们看到的不仅仅是物，还有人。

现在深化教育体制改革的关键，就是要改革人才培养体制，目的是提高人才培养的水平。当前，教育的改革进入了深水区，难点、热点非常多。深水区深在什么地方？就深在了人才培养领域。这是个难点。钱学森先生生前在各种场合不止一次提出，“现在中国没有完全发展起来，一个重要原因是没有一所大学能够按照培养科学技术发明创造人才的模式去办学，没有自己独特的创新的东西，老是‘冒’不出杰出人才。这是很大的问题。”目前现实是，正因为拔尖创新人才培养不足，制约了社会主义现代化建设进程的提高和科技的发展。现在，我国科学技术在发展的同时，许多重大技术装备仍然需要进口。有的专家说，到目前为止，在近现代学科的发展过程中，中国人还没有创设过一个学科，甚至一个分支学科。前年，我们到英国访问，遇到一位英国皇家科学院的院士，是中国人，留学生。他说中国学者在SCI等期刊上发表了很多文章，但都是在外国人做出了重大原创性成果之后，中国学者只是在一些具体问题上去拾遗补缺。这些说法是否准确，我无从评论。但是，我国拔尖创新人才非常急缺是事实。重要科技成果的创新依赖于人才，而我们人才培养的数量和质量都是不够的。因此，要把人才培养体制改革放在教育改革的最前列。

要用人才培养来衡量这次教育改革是否成功。这次，首先要看人才培养。如果改革八年、十年之后，人才培养仍然不适应国家经济社会发展的要求，在高技术人才、高素质人才和拔尖创新人才方面还很缺乏，那可能首先就要考虑是高等教育本身的问题。

为了解决人才培养问题，不仅《教育规划纲要》提出了许多政策措施，有的专家还提出举办“试点学院”，采用英国的学院制和导师制。我们在教育领域工作的时间较长，对这份事业有感情，在某种程度上我们可能不容易看到教育自身的一些问题。有一些回国的人，尤其是在国外做过校长、院长的人，他们可能更容易发觉我国教育与国外教育的差距比较大，体制不相同。

人才培养体制改革，首先要更新人才培养观念。

要改革旧的观念，树立新的观念。一是要树立全面发展的观念。二是要树立人人成才的观念。也就是说，培养的人，不要再区分哪些是人才，哪些不是人才，人人都能成为人才。三是要树立多样化的人才观。既然人人都是人才，人才一定是多样的。四是要树立终身学习的观念。多样化人才、人人成才一定是终身都要学习的。有的同志认为，不能让孩子输在起跑线上。好像一旦孩子上了一个好的幼儿园、小学或中学，就不会输在起跑线上了。按照新的人才培养观念，则人生处处是起跑线，是一个长跑，处处都需要学习。不能说跑到哪一段就可以休息了，就已经是人才了。五是要树立系统培养的观念。现在人才培养的最大问题在于人才培养不系统。大中小学的课程教材培养目标不够连贯，未能有统一的考虑。教学科研与实践也是脱离的，学校体系、科研体系、企业体系沟通联系不够。中国现在还有世界上为数不多的，可能是唯一、独立的科学院系统。两大系统分立之后，学校里很多前沿的科研任务接受不到。但是，拔尖创新人才的培养，一定要到科技发展的前沿，一定要研究科技发展的前沿问题。诺贝尔奖获得者从来都是在这些重大的前沿问题上取得成果的。不是因为我们的学生不好，脑子不好用，而是没有这样前沿的科研机会。大学生实习也没有良好的优惠政策来充分调动企业培养人才的积极性。大学生去了企业后，企业会担心学生出安全事故问题或是生活问题。很多问题解决不了，政策上又不鼓励，企业就没有接收学生的积极性。愿意让学生去的，都是宾馆、饭店等企业，让学生做服务员，打扫卫生。这种情况怎么能培养好的人才呢？三是学校、家庭、社会之间也有脱节。现在，很多青少年出问题，学校、家庭管不了，社会更管不了。所以，这次《教育规划纲要》提出，要推进小学、中学、大学有机衔接，教学、科研、实践紧密结合，学校、家庭、社会密切配合，加强学校之间、校企之间、学校与科研机构之间合作以及中外合作等多种联合培养方式，形成体系开放、机制灵活、渠道互通、选择多样的人才培养体制。这个体制从设计上来说已经到位，关键是如何落实。

第二，要创新人才培养模式。

一要适应国家和社会发展需要。

二要遵循教育规律和人才成长规律。这次《教育规划纲要》特别强调规律，除了这两个规律之外，还提出了教育教学规律和学生身心健康发展的规律，共四个规律。我们要认真研究这些规律，尊重这些规律。

三要深化教育教学改革，创新教育教学方法，探索多种培养方式。我们对教育教学方法的重视还不够。从全国范围来讲，我国的教师不太注重教育教学方法的研究，不太注重教会学生学习方法、思维方法、研究方法。我们的学校没有安排这样的教材和课程。学生上学好像只是为了学习一些知识，但是知识的更新速度非常快。很多同志对我讲，现在理工科的知识学完后，离开学校基本上最多五年就要全部更新一次。所以，在学校里应该特别重视方法的学习。现在，不能让学生自发地学习方法，而要有意识地让学生获得学习、思维、研究、认知的方法。这是培养创新人才的重要渠道。

《教育规划纲要》提出，要探索多种培养方式，而不是一种。现在，我们可能只有一种培养方式，这种培养方式不够大胆，要注重学思结合、知行统一、因材施教。注重学思结合，重要的是注重思考。要倡导启发式、探究式、讨论式、参与式教学，帮助学生学会学习。激发学生的好奇心，培养学生的兴趣爱好，营造独立思考、自由探索、勇于创新的良好环境。注重知行统一，要强调学生的实践。《教育规划纲要》提出，要开发实践课程和活动课程，增强学生科学实验、生产实习和技能实训的成效。注重因材施教，特别强调要关注学生的不同特点和个性差异，发展每一个学生的优势潜能。这种潜能是一种个性的潜能。在《教育规划纲要》总的指导思想中，特别强调关注每一个学生，要办好适合每一个学生的教育。以人为本，以学生为本，不仅要以一堆学生为本，而且要以每一个学生为本。要注重给他们创造不同的有差异的学习和培养环境。因此，《教育规划纲要》提出，要推进分层教学、走班制、学分制、导师制等教学管理制度改革，建立学习困难学生的帮助机制。特别提出的是，要重视改进优异学生的培养方式。这些年来，我们重视平等，重视教育公平，重视教育规模，但是对于优异学生的培养方式不够重视，没有采取特别机制来培养优异学生。《教育规划纲要》提出，要改进优异学生培养方式，要在跳级、转学、转换专业以及选修更高学段课程方面给予支持和指导，这种培养方式就是特别的方式。还要创新研究生的培养方法，改进中学生的升学推荐办法，探索高中阶段、高等学校拔尖学生的培养模式。

每一个大学都要敢于出台措施，以培养拔尖学生。现在，我国一年培养600多万大学生。一个高等学校怎么找出一套培养拔尖优异学生的方式，怎么掌握一批优异拔尖的学生，是一个重要的问题。不要担心别人会说搞特殊化，因为现在国家非常需要。20年或30年后，培养的这些人可能会发挥重大的作用。

第三，要改革教育质量评价和人才评价制度。

改革教育质量评价，要改变以考试为中心来评价人的形式。改革人才评价制度，要改革以学历来评价人的形式。教育内部要建立科学多样的标准，还要实行综合评价，完善学生的成长记录。在社会上，要建立以岗位职责为基础，建立以品德、能力和业绩为导向的评价机制。

（二）完善高等学校的考试招生制度改革

首先，要深化考试内容和形式的改革。内容改革，是要建立新的试题库，保证考试的科学性、导向性和规范性。形式改革，是要探索有的科目实行一年多次考试、社会化考试的办法。高考究竟考几门，全国各地的情况有所不同。在《教育规划纲要》的研讨过程中，有的同志提出，今后只考三门，语文、数学、外语。因为这三门既是知识，又是方法。但是许多人反对，认为三门中有两门是语言，可能会有利于女生。为了避免出现这种情况，这个内容就没写进《教育规划纲要》。虽然没写出来，但今后考试科目怎么设置，还需要再研究。有人提出，有的科目可以实行一年多次考试、社会化考试。特别是像英语，北京市《教育规划纲要》的征求意见稿提出来是否可以采用一年多次考试、社会化考试。例如美国的托福考试，可以选一年当中最好的一次成绩作为报考成绩，不一定非要集中在那几天考。而且，这种集中的英语考试也容易出问题，例如耳机出故障、题目泄露等。

第二，要逐步实施高等学校分类入学考试。普通高等学校和高职要分开考，即本专科要分开考。成人高考不再全国统一进行，而是由省里进行。今后，全国只进行统一的本科考试，专科由省里考。我认为，省里也可以不考，交由学校来考或实行注册入学，以减轻全社会的教育压力和考试压力，特别要减轻学生的学习压力。不能让要培养的人才，天天捉摸考试，而不是去发现问题，研究解决问题，成了考试型人才。

第三，要完善高等学校招生名额分配方式。这是《教育规划纲要》征求意见之后加上去的。这次征求到的意见共有200多万条，主要内容之一是要完善高等学校的招生名额分配方式。全国有18所高校的法学院院长联名向全国人民大表大会和教育部写信，要求改变高等学校招生名额的分配方式。现在，很多人口多的省份，由于招生名额分配得少，当地的高考录取分数线就高。考到北京来的好多外地学生比北京本地的学生高出100多分，人民群众对此有意见。现在还没有一个比较理想的方案。但是，现在的这种招生名额分配方式肯定是要改革的。怎么改，今后还要作为一个重要问题进行专门研究，期待社会上专家能想出一个好方案。

第四，要改进招生录取的办法。这次《教育规划纲要》提出了五种办法。第一种是择优录取，是在坚持普通高等学校本科入学考试的基础上进行的择优录取。木科高考还是要坚持。但是，在看本科高考成绩的同时，还要看高中阶段的学业水平考试和综合素质评价。第二种是对于特长显著、符合学校培养要求的，要自主招生录取。第三种是对于高中阶段发展得好的学生，要推荐录取。第四种是对于自愿到国家需要的行业、地区就业的，要定向录取。第五种是对于作出特殊贡献或特殊才能的，要破格录取。

第五，要加强信息公开和社会监督。

（三）建立现代大学制度

建立现代大学的制度，需要做好以下三个方面的工作。

第一，从政府方面讲，要做到政校分开，管办分离。

要建立政府、学校和社会之间的新型关系，明确各级各类学校的办学权利和责任，探索不同类型的教育和人才成长的学校体制、管理体制和办学模式，避免千校一面。政府不能把公办学校当成自己的下属单位。

第二，要克服学校的行政化倾向，扩大和落实高校办学自主权。

《教育规划纲要》提出，要特别注重减少和规范对高校的行政审批事项。

解决学校的行政化倾向，从学校外部来讲，就是要减少和规范政府部门对学校的行政审批事项。不要把审批事项设置得过多、过于具体，让高校事无巨细都来找政府审批。从学校内部来讲，就是要克服高校的行政化管理模式。学校应当自主确定自己机构设置和机制运行的方式、管理的方式。但现在不是这样，上级管理单位设立一个部门，学校就要有对应的部、处，这使学校也形成了一个类似机关的部门结构。要探索改变这种状况。

第三，要明确中国特色现代大学制度的具体要求。

《教育规划纲要》提出，要完善中国特色现代大学制度。这是第一次在党中央、国务院的文件里明确出现“中国特色现代大学制度”的提法，而且提出了现代大学制度的具体要求。

一是要完善治理结构。这是指要明确学校内部的四种权力关系。首先，要明确党委的领导权。公办高等学校要坚持和完善党委领导下的校长负责制，党委要管大事、方向、规划、人事等重大事情，学校的重大事情决策必须经过党委。因此，《教育规划纲要》提出，要健全议事规则与决策程序，依法落实党委、校长职权，要妥善处理好二者之间的关系。其次要明确校长的行政权。党委要支持校长独立地行使行政职权。这是高教法规定的。再次要正确发挥学术权力。《教育规划纲要》提出了两个充分发挥：一要充分发挥学术委员会在学科建设、学术评价、学术发展中的重要作用；二要充分发挥教授在教学、学术研究和学校管理中的作用。这里特别强调，教授在学校管理中也要发挥作用。另外，还要正确行使教职工的民主参与权利，加强教职工代表大会、学生代表大会的建设。从法律角度讲，完善治理结构可能还有其他内容，但《教育规划纲要》里的完善治理结构主要指的就是要处理好这四种关系。

二是要加强章程建设。要求各级各类学校依法制定章程，按照章程的规定依法管理学校。根据我国《高等教育法》规定，每一所高校在举办时都应该有章程。但是过去许多人不重视学校章程，流于形式，因此现在要重新起草。教育部还要发布关于加强高等学校章程建设的文件。

三是要扩大社会合作。学校要同社会各方面积极加强合作，而且要不断扩大这种合作，形成制度。要探索建立高校的理事会或董事会。这与企业的理事会或董事会不同。学校的理事会或董事会不是决策机构，而是社会支持和监督学校发展的一个长效机制。学校的理事会或董事会可以由校外人员包括企业、政府或社会上的人参加，甚至可以让他们当理事长或董事长。但是，它不应当影响学校党委和校长的决策权。

四是要推进专业评价。《教育规划纲要》提出，要鼓励专门机构和社会中介机构对高等学校学科、专业、课程等水平和质量进行评估。强调专业评价，就是强调对高等学校及其学科专业课程进行评价，这是尊重和维护学校健康发展的有效方式。现在，各个方面都会对学校作出评价，有领导的评价、媒体的评价、群众的评价，甚至上访人员也会评价。学校是专门从事教书育人、科学研究和社会服务的机构。要鼓励专门机构和社会中介机构对学校进行评价，建立科学规范的评估制度。现在，高等学校学术发展、培养人才质量的提高，要有一个权威的专门机构来评价。没有这样的评价，社会的学术规范就会很乱。一个国家没有这样的机构，国家的学术就不能发展。诺贝尔奖不仅仅是一种荣誉，更是一种评价方式。现在的评价是看有没有当上院士，有没有当上领导。没有评上、当上，好像这个人就不行。其实人家可能也挺行，只不过没有正确的评价方式给予肯定。

（四）扩大教育的开放

需要说明的是，开放也是改革。要通过改革促发展，要通过开放促改革。这样，就能使我国教育的发展、改革、开放形成一个系统工程，就能促进我国高等学校更好地发展。

第一，高等学校要提高自己的国际化水平。

过去，教育的国际化是一个比较敏感的问题，不能说，不好说。有人认为，教育的国际化就是西化，就是彻头彻尾的西化，不赞成写。这个问题一直在争论，最后决定还是写上去。这就要求高校要进一步提高国际化水平，要借鉴国际上先进的教育理念和教学经验，促进我国高等教育的改革发展，提高我国高等教育的国际地位、影响力和竞争力。现在，国家发展的五化中也有国际化。教育国际化是为我所用，而不是被别人“化”过去。

第二，要培养国际化人才。

国际化人才要具有国际视野，通晓国际规则，能够参与国际事务和国际竞争。要把培养国际化人才作为办学的重要内容和目标。如果我们的学生既懂专业知识又懂国际规则，既懂外语又懂中国国情，那就业就不成问题，而且还是国内外都急需的。

第三，要引进优质的教育资源。

一是要加大中外合作办学的力度，办好若干所示范性中外合作学校和一批中外合作的项目。要与境外知名的教育、科研机构及企业合作，设立教育的教学、实训、研究机构和项目。目前，我国办了一批中外合作办学机构和项目，但是优质资源不是很多，想来赚钱的偏多。二是要采取多种方式吸引国际上的优秀人才，包括教育教学人才、科研人才和管理人才，也包括我们的回国留学生。三是要引进境外的优秀课程教材，包括自然科学教材，哲学社会科学、人文科学教材。这些教材，只要能够对我国有利，不违背国家的法律和宪法，都应当加以引进。

除了《教育规划纲要》设计的重要举措以外，对于高等学校和高等教育还提出了重大发展项目和改革试点。为了贯彻落实《教育规划纲要》，设计了十大重点工程和十项重大改革试点。在重大工程项目里，就包括提升高等教育质量的工程。这些内容，刚才基本已经讲过，包括支持中西部、“985”、“211”，包括培养优秀的人才等。在重大改革试点里，包括了现代大学制度试点，研究完善党委领导下的校长负责制的具体实施意见等。这个意见从相关部门正在研究制定。还要完善学校的章程，促进学校的学术委员会发挥作用，完善聘任制度、岗位制度、协议工资制、管理人员的职员制、校务公开制度和专职科研队伍等。我们不仅有重要的方案设计，而且有落实的项目和改革的措施。目前，国务院办公厅已经发布了改革试点方案。我相信，这个改革方案在试点高校也能取得成功。

总之，《教育规划纲要》提出了关于高等教育的战略目标、发展任务和体制改革的措施，将会推动我国高等教育走上一个新的台阶，为我国的现代化建设作出更大的贡献。

高等教育管理体制改革要促进管办评分离[①]

高等教育管理体制改革关系到中国高等教育发展的方向，并影响到中国高等教育质量水平，《国家中长期教育改革和发展规划纲要（2010—2020年）》（以下简称《教育规划纲要》）也对中国高等教育体制改革的目标和方向作出了明确要求。我们认为，《教育规划纲要》中有关高等教育管理体制改革的一个重要内容是促进管办评分离。

一、高等教育管理体制改革的目标

教育管理体制改革是教育规划中的重要内容，高等教育管理体制改革也是《教育规划纲要》的重要内容。

（一）高等教育体制改革的总体目标

《教育规划纲要》明确要求，高等教育要建立健全权责明确的教育管理体制。也就是说，高等教育仍然要以转变政府职能和简政放权为重点，深化管理体制改革，提高公共教育服务水平，明确各级政府责任，规范学校办学行为，促进管办评分离，形成政事分开、权责明确、统筹协调、规范有序的高等教育管理体制。

（二）对中央政府和地方政府在高等教育管理上的要求

为了进一步明确高等教育的管理体制，《教育规划纲要》对中央政府和地方政府在高等教育上的管理权限和责任作出了明确要求。

1. 中央政府要统一领导和管理国家的教育事业包括高等教育事业，制定发展规划、方针政策和基本标准。目前，国家正在制定“十二五”发展规划，高等教育管理体制改革将作为重要内容。

---

① 本文是作者2010年11月1日在“全国高等教育质量保障与评估机构协作会成立暨学术研讨会”上的讲话。

2．优化学科专业类型的层次结构和区域布局。这也是中央政府在管理高等教育事业上的重要内容。

3．地方政府要负责落实国家的方针政策，开展教育改革事业，根据职责分工负责区域内的教育改革。目前教育部正在制定有关国家教育改革的方案，高等教育将作为其中的重要内容。

4．加强省级政府对高等教育的统筹。《教育规划纲要》提出高等教育管理的目标，明确了中央政府对高等教育的管理，特别提出了要促进管办分离。这对高等教育质量评估非常重要。《教育规划纲要》还特别提出了要加强省级政府统筹，标志着要进一步加强省级政府对高等教育的统筹。

按照《高等教育法》规定，我国高等教育管理体制是在国务院领导下，由中央和省两级负责的管理体制，以省级政府管理为主。《教育规划纲要》指出要完善以省级政府为主管理高等教育的体制。具体措施包括：一是省级政府要合理设置和调整高等学校及其学科专业布局。2010—2020 年间，要进一步明确省级政府在设置和调整高等教育及其学科专业布局上的自主权限，推动管理权限的进一步下放。二是省级政府要依法审批设立实施专科学历教育的高等学校。目前，新设立的专科学历教育的高等学校已基本采取由省政府审批，教育部备案。《教育规划纲要》则进一步明确了省政府的审批权限。三是省级政府要加强对地方院校及其学位授予的管理。在学位问题上要进一步明确省对本科学士授予单位和已经明确为硕士授予单位的授予点的管理权限，这是今后高等教育管理体制上的重要改革内容。

二、促进管办评分离是高等教育管理体制改革的重要方向

《教育规划纲要》明确了管办评分离是高等教育管理体制改革的重要内容。

（一）所谓“办”，指的是办学主体要多元化

办学的主体应多元化，既可以是由政府来举办，也可以是由民办机构、公民个人举办，也可以由公办高等学校来举办，这样就形成一个多元举办的局面。政府举办的、政府的学校和其他的单位联合举办的，如果不高收费，那仍然是公办学校的办学机制。如果公办学校、社会组织、公民个人和民办

机构联合举办，要求营利或者高一些价格收费的，就属于社会力量办学，举办者应享受出资人的权利。对于公办的，政府不要求从学校那里取得回报，但要求学校作为公共服务的组织向人民群众提供优质的教育服务和人才。民办学校可按照民办教育的有关法律法规来举办学校。这是“办”的概念。

（二）所谓“管”，对于高等学校而言，主要是强调自我管理，或者是落实高等学校的办学自主权

对公办学校而言，要落实办学自主权；对民办学校而言，要落实学校的法人财产权。按照法律的规定，依法自主管理学校。在对公办学校扩大和落实办学自主权当中，《教育规划纲要》要求减少和规范对学校的行政审批事项，依法保证学校充分地行使办学自主权和承担相应的责任。

减少和规范对学校的行政审批事项涉及如何克服行政化倾向的问题。克服行政化倾向包括学校内外两个方面。从学校外部来讲，要减少和规范各级、各类型的行政主管部门对学校的行政审批事项，包括人、财、物的管理和日常管理；从学校内部来讲，要克服实际存在的行政化管理模式，这涉及学校内部管办评的分离。学校外部和内部都应逐步做到决策、实施和监督三方面的相对分离。

高等学校按照《教育规划纲要》要求，要加强和完善党委领导下的校长负责制。学校内部既要明确党委的领导权，也要明确校长的行政权，还要明确学术机构的学术权利和广大教职工的民主参与权利。因此，从管办评的角度来考虑，这也是一种决策、执行和监督的机构，我认为学校的内部管理体制也应该考虑管办评分离的因素。

“管办评分离”首先要做到管办分离，而管办分离应先要明确中国特色的现代大学制度，即完善治理结构，加强章程建设，扩大社会合作，推进专业评价。《教育规划纲要》明确政府的管理权限和职责，明确各级各类学校的办学权利和责任，探索适应不同类型教育和人才成长的学校管理模式与办学模式，避免千校一面。今后的评价体制也要适应管办分离的要求。同时，在考虑评价制度时，要完善学校的目标管理和绩效管理机制，健全校务公开制度，接受师生员工和社会的监督。随着国家事业单位分类改革的推进，探索建立符合学校特点的管理制度和配套政策，这是“管”的内容，也是管办

分离的内容。

（三）所谓“评”，指的是对学校的评价，按照《教育规划纲要》要求，要做到对高等教育的专业评估、专业评价与专门的督导相结合

按照构建现代大学制度和管理体制改革的要求，推进对高等学校的专业评价，是现代大学制度四个重要内容之一。对高等学校的评价应做到以下几点。

1. 评估应由专门机构来实施。

鼓励专门机构和社会中介机构对高等学校的学科、专业课程等水平和质量进行评估，评估应在专业评价的层面上进行考虑。

2. 评估应基于科学、规范的专业评价制度。

所谓专业评价，是指评价或评估不是纯粹的行政评估，不是外部的社会评估，不是以行政首长的意志，也不是以社会上的一般意见来确定学校办学质量。这些都不足以对学校、学科专业课程的水平和质量进行评价。因此，我们必须加强专门的评估机构（包括社会中介机构）的建设，建立科学规范的评估制度。《教育规划纲要》强调，要建设中国特色的现代大学制度，就是要强调大学自己的发展目标，要建设高水平的大学，要建设世界一流的大学，要进一步地加强高等学校的人才培养、科学研究、社会服务工作，推进高等教育的结构优化和特色凸显，这些都必须依靠科学、规范的评价。

因此，在方法上，《教育规划纲要》提出，一要探索与国际高水平的教育评价机构合作，形成中国特色的教育评价模式。即向国际的一些评价机构学习，汲取优秀经验和先进做法。二要建立高校质量年度报告发布制度。今后，每所高校的办学水平、学科水平、专业水平、课程水平、人才培养、科学研究和社会服务的水平，要通过高校自己的发布制度来解决。质量年度报告发布制度最初可由每个高等学校自己提出，自己向全社会公布。因为对高等学校的人才培养、科学研究以及社会服务水平的评价，除了外部评价之外，高校应予以自评。教育部及其相关国家教育评估机构可以在合适的时机对高等学校质量报告作出统一的发布要求。

3. 评价应包括对政府在支持和管理教育方面的评价。

大家一般认为，对中小学教育提倡进行督导，不对高等学校提督导这个概念。对高等学校进行评估或评价时，往往是对高等学校本身的办学来进行评价或评估，而在政府对高等教育或者高等学校的管理方面，包括财政的支持没进行评估或者评价。尽管评估或者评价制度在涉及办学水平时，会对政府提出间接要求。但教育督导制度仍然应直接对政府提要求，既督学又督政。

因此，对省级政府在支持和管理高等学校办学方面，必须有相应的制度对其进行监督、督导。假如省级政府对于高等学校的办学，在支持和管理两方面都出现很大的问题，那么国家必须有相应的制度对它加以监督，不能放之任之。

总之，今后对高等教育的管理模式要按照“管办评分离”三个元素的互动来予以构建。教育行政管理部门不仅要办学校，而且办学校将会成为其主要功能。管理学校则实行行政管理权和办学自主权相结合，一部分是由政府来加以指导和管理，另外一部分由高等学校进行自主管理，偏离这个原则，片面强调哪一方面都是不正确的。从法律上讲，高等学校的办学自主权是法律授予高等学校的自我管理的权力，它和政府对高等学校的行政权相互结合、相互协调，而又相互分离、相互配合。

三、实施监督与督导相结合的管理机制是高等教育体制改革的重要内容

对高等教育，既要发挥监督的作用，也要扩大督导的作用。对高等教育管理的监督，应从两方面进行：

一是上级教育行政部门对下级教育行政部门、高等学校要进行行政监督。对高等教育的直接管理功能应有所收缩，监督的功能应有所扩大。

二是探索相对独立的教育督导机构。在监督方面，既应有政府直接的教育行政监督，也应有相对独立于政府部门的教育督导。在管办评相互分离中，每一个内容中又同时有两个因素参与构建，分别构建举办、管理和监督，形成一个新的管理模式，符合办学体制改革的要求，形成健全政府督导、社会参与、办学主体多元、办学形式多样、充满生机活力的办学体制和政事分开、权责明确、统筹协调、规范有序的教育管理体制。

实现高等教育科学发展的目标任务和政策举措①

我国高等教育已进入重要的发展新阶段。党中央、国务院颁布实施的《国家中长期教育改革和发展规划纲要（2010—2020 年）》（以下简称《教育规划纲要》），在我国全面建设小康社会、加快推进社会主义现代化的关键时期，对教育改革发展作出了全面谋划和前瞻性部署。作为中国特色社会主义教育体系的重要组成部分，高等教育承担着培养高级专门人才、发展科学技术文化、促进现代化建设的重大任务。《教育规划纲要》从改革开放和我国社会主义现代化建设总体战略出发，强调了高等教育的重要地位和作用，设定了我国高等教育实现科学发展的战略目标，明确了将全面提高质量作为高等教育发展的核心任务，从人、财、物、体制机制等方面提出了一系列保障高等教育科学发展的政策措施，为未来十年我国高等教育的改革发展指明了方向。

一、促进高等教育科学发展的战略目标

改革开放以来，我国高等教育事业从进入大众化阶段到向建设高等教育强国目标迈进，不断实现新的跨越，取得了历史性的发展成就，在推动经济社会发展和国民素质提高中发挥了不可替代的重要作用，为提供现代化建设的人才保障和科技支撑作出了突出贡献。当前，我国正在加快工业化、信息化、市场化、国际化进程，加快推进科教兴国、人才强国和可持续发展战略，加快实现由大国向强国的战略性转变。面对新形势新任务，高等教育必须主动适应科技进步的新要求，适应人民群众的新期盼，适应国际高等教育发展的新趋势，不断提高人才培养质量，增强科技创新能力，更好地为实现国家发展战略目标服务。为全面实现教育改革发展“基本实现教育现代化，

① 孙霄兵．实现高等教育科学发展的目标任务和政策举措［J］．中国高等教育，2010（20）．

基本建成学习型社会，进入人力资源强国行列”的战略目标，加快推进从高等教育大国向高等教育强国的转变，《教育规划纲要》提出了今后一个阶段我国高等教育的发展目标：从现在起到2020年，全面提高高等教育质量，使高等教育结构更加合理，特色更加鲜明，人才培养、科学研究和社会服务整体水平全面提升，建成一批国际知名、有特色高水平的高等学校，若干所大学达到或接近世界一流大学水平，高等教育国际竞争力显著增强。

同时，《教育规划纲要》还提出要进一步提高高等教育大众化水平，到2020年高等教育毛入学率达到40%；高等教育总规模从2 900多万人增加到3 550万人；主要劳动年龄人口接受高等教育的比例达到20%；具有高等教育文化程度的人数比2009年翻一番。这个发展目标是立足当前国情和未来发展需要的科学设计。据测算，到2020年我国高等教育学龄人口将从目前的1.23亿人下降到8 700万人，减少3 600万人左右，维持目前规模，毛入学率将自然提高到34%，因此到2020年只需实际增长6个百分点，就可以达到40%的目标。其中，增量部分将主要用于发展职业教育、继续教育和研究生专业学位教育，以及扩大民办教育和中外合作办学。公办高校本科规模相对稳定，10年增加不到2个百分点，增量部分主要用于优化结构、调整布局，支持应用学科、薄弱学科和落后地区，促进整个高等教育协调发展、科学发展。

二、加快高等教育改革发展的重点任务

实现我国从人力资源大国向人力资源强国的转变，规模是基础，质量是关键。《教育规划纲要》明确提高质量是高等教育发展的核心任务、是建设高等教育强国的基本要求，就是要把提高高等教育质量摆在更加突出的位置，树立以提高质量为核心的高等教育发展观，走出一条更加注重质量的内涵发展道路。全面提高高等教育质量，重点要在提高高等学校的人才培养、科学研究和社会服务水平上下工夫，既要加快推进一流大学和一流学科建设，也要不断优化高等教育结构，鼓励高等学校在不同层次和领域办出特色、办出水平。

1. 提高人才培养质量。培养具有创新精神和实践能力的高级专门人才是高等教育的首要任务。《教育规划纲要》要求高校把培养人才放在学校发

展的中心地位，从多方面入手提高人才培养质量：一是加大对教学的投入。强调要加强人才培养的基本能力建设，特别是实验室、校内外实习基地和课程教材等建设。为了激励教师把更多的精力投入到教学工作中，要求高校把教学作为教师考核的首要内容。针对目前一些教授把主要精力投入科研和研究生教育，而不愿给本科生特别是低年级学生授课的情况，提出要把教授为低年级学生授课作为重要制度。二是深化教学改革。强调要推进和完善学分制，实行弹性学制，促进文理交融，为学生自主学习、灵活学习提供更大空间；鼓励支持学生参与科学研究，加强对学生创新能力和实践能力的培养；加强就业创业教育和就业指导服务；鼓励高校创立与科研院所、行业企业联合培养人才的新机制。三是严格教学管理。提出要健全教学质量保障体系，改进高校教学评估。四是推进研究生培养机制改革。为提升研究生培养水平，调动研究生导师的主动性积极性并明确其责任，提出建立以科学与工程技术研究为主导的导师责任制和导师项目资助制，推行产学研联合培养研究生的“双导师制”，实施研究生教育创新计划。

2. 提升科学研究水平。科技创新是高等学校的重要功能。我国科技创新的主要资源在高校，科研人才主要集中在高校，科学研究的主要成果在高校。《教育规划纲要》强调要充分发挥高校在国家创新体系中的重要作用，鼓励高校在知识创新、技术创新、国防科技创新和区域创新中作出贡献，并提出了明确要求：一是要加强自然科学、技术科学、哲学社会科学研究。要求高校在基础研究领域兼顾服务国家目标与自由探索，在应用研究领域以重大实际问题为主攻方向。支持高校积极参与马克思主义理论研究和建设工程，推动高校深入实施高校哲学社会科学繁荣计划。二是要创新组织模式。促进高校、科研院所、企业科技教育资源共享，培育跨学科、跨领域的科研与教学相结合的团队，促进科研与教学互动、科研与创新人才培养相结合。充分发挥研究生在科研中的作用，加强高校重点科研创新基地与科技创新平台建设。三是完善科研评价机制。推动科研评价从偏重数量向更加注重创新和质量的方向转变，更好地发挥科研评估在鼓励创新方面的积极导向作用。

3. 增强社会服务能力。面向社会开展服务，是高等学校肩负的重要社会责任，也是我国高校亟待提升的重要能力。《教育规划纲要》要求高等学校要牢固树立主动为社会服务的意识，全方位开展服务。一是要推进产学研用结合，加快科技成果转化。二是为社会成员提供继续教育服务。开展科学普及工作，提高公众科学素质和人文素质。三是积极推进文化传播，弘扬发展优秀传统文化和先进文化。四是鼓励和支持高校依托专业优势，积极参与决策咨询，充分发挥智囊团和思想库作用。五是鼓励师生开展志愿服务，为和谐社会建设发挥更大作用。

4. 优化高等教育结构。科学合理的布局结构是高等教育提高办学质量和发挥社会效益的重要前提。《教育规划纲要》提出要适应国家和区域经济社会发展需要，建立动态调整机制，不断优化高等教育结构。一是优化学科专业、类型、层次结构。促进多学科交叉和融合，重点扩大经济社会发展急需的应用型、复合型、技能型人才的培养规模，加快发展专业学位研究生教育。二是优化区域布局结构。主要目的是促进区域高等教育的协调发展，缩小高等教育发展上的地区差距，促进高等学校发展机会公平。为此，《教育规划纲要》提出设立支持地方高等教育专项资金、实施中西部高等教育振兴计划、新增招生计划向中西部高等教育资源短缺地区倾斜、扩大东部高校在中西部地区招生规模、鼓励东部高校加大对西部高校的对口支援力度等举措。

5. 促进高校办出特色。当前我国高校存在着发展模式单一和同质化的倾向，严重制约了人才培养水平的提升和自身优势的发挥。针对这一问题，《教育规划纲要》从两个层面提出了促进高校特色发展的要求。在国家层面上，提出要建立高校分类体系，实行分类管理，发挥政策和资源配置的导向作用，引导高校合理定位。在高校层面上，提出要明确各自的办学理念和风格，克服同质化倾向，努力在不同层次、不同领域办出特色，争创一流。

6. 加快一流大学和一流学科建设。一流大学和一流学科是国家核心竞争力的重要支撑，在引领国家未来发展中发挥着关键作用。站在高等教育发展新的历史起点上，《教育规划纲要》明确提出加快创建一流大学和高水平大学的步伐，培养一批拔尖创新人才，形成一批世界一流学科，产生一批国际领先的原创性成果的要求。一是以重点学科建设为基础，继续实施“985工程”和优势学科创新平台，继续实施“211工程”和启动特色重点学科项目。改进管理模式，引入竞争机制，实行绩效评估，进行动态管理，全面提高工程和项目建设的效益。二是鼓励高校优势学科面向世界，支持参与和设立国际学术合作组织、国际科学计划，支持与境外高水平教育、科研机构建立联合研发基地，不断提升一流大学和重点学科的国际影响力，加强与国际优质教育和科研资源的交流与合作。

三、保障高等教育发展的政策措施

落实高等教育改革发展的各项目标任务，必须要有强有力的保障措施。《教育规划纲要》提出要从人、财、物、体制机制等多方面实施一系列重大政策举措，全面保障我国高等教育的科学发展。

1. 深化高等教育体制改革。改革创新是推动教育科学发展的强大动力。当前高等教育发展面临着很多前所未有的新情况、新矛盾、新问题，迫切需要进一步解放思想，破除传统观念障碍，深化重点领域和关键环节改革，形成推动高等教育科学发展的体制机制。《教育规划纲要》坚持以人为本的改革导向，以人才培养为核心，整体设计和推进教育体制改革，明确了高等教育体制改革的任务举措：一是改革人才培养体制，更新人才培养理念，创新人才培养模式，改革教育质量和人才评价制度，形成体系开放、机制灵活、渠道互通、选择多样的人才培养体制。二是推进高校考试招生制度改革。逐步实施高校分类入学考试。高校普通本科招生以统一入学考试为基本方式，结合学业水平考试和综合素质评价，择优录取。同时采取自主录取、推荐录取、定向录取、破格录取等多种录取方式，以适应培养不同人才的需要。三是按照“依法办学、自主管理、民主监督、社会参与”的要求，建设中国特色现代大学制度。减少和规范对学校的行政审批事项，依法保障高校按照《高等教育法》的规定充分行使办学自主权。公办高校要坚持和完善党委领导下的校长负责制，健全议事规则与决策程序。充分发挥学术委员会、教职工代表大会、学生代表大会的重要作用。探索教授治学的有效途径。探索建立高等学校理事会或董事会，健全社会支持和监督学校发展的长效机制。四是深化办学体制改革，健全政府主导、社会参与、办学主体多元、办学形式多样、充满生机与活力的办学体制。大力支持和依法管理民办教育，对营利性和非营利性民办学校实行分类管理政策，健全公共财政、税收、金融和土地政策，完善独立学院管理和运行机制。五是深化管理体制改革，明确各级政府管理高等学校的权限和职责，转变政府教育管理职能，改变直接管理学校的单一方式，综合应用立法、拨款、规划、信息服务、政策指导和必要的行政措施，减少不必要的行政干预，形成政事分开、权责明确、统筹协调、规范有序的教育管理体制。六是扩大开放，提高高等教育国际化水平。鼓励高等学校开展多种形式的国际交流与合作，引进优质教育资源，加强与国外高水平大学合作，建立教学科研合作平台，联合推进高水平基础研究和高技术研究，培养大批具有国际视野、通晓国际规则、能够参与国际事务与国际竞争的国际化人才。

2. 加强高校教师队伍建设。教育大计，教师为本。《教育规划纲要》提出要提高教师地位，维护教师权益，改善教师待遇，严格教师资质，提升教师素质，以中青年教师和创新团队为重点，建设师德高尚、业务精湛、结构合理、充满活力的高素质的高校教师队伍。一是要加强师德建设。将师德表现作为教师考核、聘任（聘用）和评价的首要内容。采取综合措施，建立长效机制，形成良好学术道德和学术风气，克服学术浮躁，查处学术不端行为。二是提高教师业务水平。大力提高高校教师教学水平、科研创新和社会服务能力。促进跨学科、跨单位合作，形成高水平教学和科研创新团队。创新人事管理和薪酬分配方式，引导教师潜心教学科研，鼓励中青年优秀教师脱颖而出。实施海外高层次人才引进、长江学者奖励和国家杰出青年科学基金等项目，为高校集聚具有国际影响的学科领军人才。三是提高教师地位待遇。不断改善教师的工作、学习和生活条件，吸引优秀人才长期从教、终身从教。四是健全教师管理制度。国家制定教师资格标准，提高教师任职学历标准和品行要求。建立教师资格证书定期登记制度。制定高等学校编制标准。加强学校岗位管理，创新聘用方式，规范用人行为，完善激励机制，激发教师积极性和创造性。制定校长任职资格标准，促进校长专业化，提高校长管理水平。

3. 加大高等教育投入力度。教育投入是高等教育事业发展的物质基础。《教育规划纲要》提出了2012年国家财政性教育经费支出占国内生产总值比例达到4%的目标，充分体现了党中央、国务院优先发展教育事业的坚定决心。按照《教育规划纲要》的要求，加大高等教育投入，一是要明确投入责任。各级政府要优化财政支出结构，统筹各项收入，把教育作为财政支出重点领域予以优先保障。同时，也要充分调动全社会办教育积极性，扩大社会资源进入教育途径，多渠道增加教育投入。完善财政、税收、金融和土地等优惠政策，鼓励和引导社会力量捐资助学、出资办学。完善非义务教育培养成本分担机制，根据经济发展状况、培养成本和群众承受能力，调整学费标准。完善捐赠教育激励机制，落实个人教育捐赠支出在所得税前全额扣除政策。二是要完善投入机制。高等教育实行以举办者投入为主、受教育者合理分担培养成本、学校设立基金接受社会捐赠等筹措经费的投入机制。中央财政对中西部地区高等教育发展予以扶持。完善中等职业学校、普通本科高校和高等职业学校家庭经济困难学生资助政策体系。完善助学贷款体制机制。推进生源地信用助学贷款。完善研究生资助政策，设立研究生国家奖学金。

4. 推进重大工程项目建设。《教育规划纲要》着眼于促进教育公平、提高教育质量、增强可持续发展能力，以加强关键领域和薄弱环节为重点，提出了本届政府任期内启动实施的10个重大项目。这是贯彻落实《教育规划纲要》的重要载体，也是突破当前教育改革发展重点难点的有力抓手。高等教育是重大项目实施的重要领域，10个重大项目中有4个与高等教育有关。特别是提升高等教育质量项目，从教育改革发展的关键领域入手，针对我国高等教育质量和水平亟待提升的现实问题，具有很强的战略性、针对性和可操作性。项目的主要任务：一是实施中西部高等教育振兴计划，加强中西部地方高校优势学科和师资队伍建设；二是实施东部高校对口支援中西部高校计划，加大对中西部高校的扶持力度；三是支持建设一批高等学校产学研基地，推进产学研用相结合；四是实施基础学科拔尖学生培养试验计划和卓越工程师、医师、律师、教师培养计划；五是继续实施“985工程”、“211工程”和“优势学科创新平台”建设；六是实施“特色重点学科项目”，建设一批特色重点学科点；七是继续实施“高校本科教学质量与教学改革工程”、“研究生教育创新计划”、“高校哲学社会科学繁荣计划”、“高校自主创新工程”和“高校高层次创新人才计划”。通过这些工程项目的实施，全面提升我国高等教育质量和高等学校竞争力，更好地为服务区域经济社会发展、建设创新型国家、提升国家软实力作出贡献。

加强自学考试制度建设 为社会培养更多人才①

很高兴来参加这次会议，见到了教育部以前的老领导，特别是有很多带着大红花的自考优秀毕业生参加这次会议，感觉非常好。我在这里代表政策法规司对会议的召开表示热烈的祝贺，并借此机会讲两层意思。

一、自学考试在发展我国高等教育中起着非常重要的作用，有着非常重大的意义

首先，自学考试是积极发展高等教育的一种重要形式。改革开放30多年以来，我国高等教育规模超过了俄罗斯、日本、美国，已发展为世界第一，在校学生已经超过2 000万人，在学的有2 700多万人，其中就有自学考试的学生。我们要实现高等教育大国向高等教育强国迈进的梦想，就必须按照《中华人民共和国高等教育法》（以下简称《高等教育法》）的规定，采取多种形式积极发展高等教育，自学考试就是其中一种重要的形式。20多年来，累计参加自学考试学历教育的有5 000多万人、1.87亿人次，累计获得非学历证书的人数达到了1 200万人，参加非学历教育的有3 500多万人次。这么大的规模说明采取自学考试这种形式来积极发展高等教育是一种很好的途径，为广大有志于参加高等教育学习的人群提供了一个开放的学习平台。

其次，自学考试已经成为一种重要的高等教育制度。1988年国务院正式颁布了《高等教育自学考试暂行条例》（以下简称《条例》），1998年《高等教育法》的颁布使自学考试制度得到了进一步的确立，这个制度不能简单

① 孙霄兵．加强自学考试制度建设 为社会培养更多人才［J］．中国考试，2009（2）．

理解为是一种教育活动，而是被国家法律法规所确定的一种教育制度。今后我们要在这个基础上把我国高等学校的制度建设、考试制度建设向前推进。目前在《条例》和其他的考试政策基础上，国家正在制定《考试法》，制定过程中广泛吸取了已有的各种教育考试的经验，总结了这30年来各种教育考试取得的成绩，针对目前存在的问题，把考试制度上升到法律层面。当然《考试法》不仅包括教育考试，还包括其他方面的考试，比如司法考试、会计考试、公务员考试等。在研究各类考试制度时发现，各类考试形式和制度内容都跟教育考试有联系，所以自学考试制度为我们国家的整个考试制度的设立和发展作出了重要贡献。今后《考试法》的出台，将会为我国各种考试包括自学考试奠定更加深厚、更加坚实的法律基础。

再次，自学考试是我国公民参加高等教育学习的重要途径，是我国终身教育体系建设、实现学习型社会的重要形式。按照党的十六大、十七大要求，今后要大力推进终身学习、终身教育，建设学习型社会。学习型社会建设就要求我们为公民受教育提供更灵活、更多样的渠道。自学考试在推进终身学习方面发挥了很好的作用，今后还要进一步发扬光大。

二、自学考试已成为中国特色社会主义现代教育制度的重要组成部分

自学考试使成人特别是青年人能够通过这样一种制度把自己的人生理想、职业需求、实际需要等和自主学习结合起来。社会上每一个成人和青年由于种种原因还不能够都到正规的大学里面去接受脱产的全日制教育，一方面由于国家还不具备这样的条件，另一方面由于每一个人还有不同的具体情况，特别是还有一些人因生活和经济困难而不能进入正规大学学习。自学考试制度为他们提供了一种具有开放、灵活、费用低、工学矛盾小等特点的接受高等教育的机会，考生可以根据自己的需求进行学习。从个人经济投入上讲，自学考试是一种低成本、投入产出性能比非常高的教育形式，每一个人在学习当中都希望以较少的经济投入取得较多的回报。自学考试培养出了很多优秀的人才，说明这样的一种教育形式同样使我们可以获得一种高水平、高质量的教育结果。所以我认为自学考试是一种高水平、高质量的终身教育形式，现在考试的种类特别是非教育类的考试很多，但是自学考试的教育形

式、毕业生水平及其品牌是全社会公认的。

自学考试具有很广泛的群众性和参与性。不管是在工作岗位上或者是在非工作岗位上，不管是在地方还是在军队，甚至有一些正在接受改造的犯罪人员，他们都参加了自学考试，说明自学考试有一种更广泛的群众性、人民性，它不仅成为人们学知识的一种手段，也成为很多青年走上新的人生轨道的一种重要的方式，这比普通教育有更多的优势。所以，我认为自学考试这种教育形式在今后应进一步发扬光大。

总之，自学考试是一种高水平、高质量的学习形式，形成了一套比较完整的制度，培养了一大批专门人才，这都是值得加以总结和祝贺的。再次向取得自学考试优异成绩的毕业生表示衷心的祝贺，祝你们在今后的人生道路上和学习道路上更上一层楼。

高等教育体制改革的历史成就及其发展方向①

改革开放30多年来，党中央、国务院重视高等教育事业，作出了一系列高等教育改革发展的重大决定，出台了一系列重要的有关高等教育的法律法规和政策，全面推动了高等教育改革，实现了高等教育的历史性跨越。

我国高等教育实现跨越式发展经历了一个探索的过程。至2007年，全国高等学校本专科当年招生560万余人，高等教育毛入学率达到23%，在学总规模超过了2 700万人，在校生达到了1 800万人。我国高等教育规模先后超过了俄罗斯、印度和美国，居世界第一位，全国共有普通高校1 908所，比1977年增加了1 504所，其中高职（专科）院校1 168所。30多年来，高等学校为各行各业输送了3 000多万本专科毕业生和研究生，还有数千万青年通过成人高校、广播电大、自学考试获得了大学学历。我国已经成为高等教育大国，基本满足了国家现代化建设和人民群众对于高等教育的数量需求。

同时，自1998年以来，国家决定在高等学校中实施了“211”、“985”工程，重点建设高水平大学和重点学科，迅速提升了我国高等教育的科技文化实力和人才培养能力，极大地增强了高等教育的实力。目前，全国63%的国家重点实验室、36%的国家工程研究中心建立在高等学校。“十五”期间，全国高校争取到科技活动经费达1 300多亿元，发表论文146.3万篇，获得的国家自然科学奖、技术发明奖、科技进步奖都超过了全国获奖总数的一半。特别是在重要的国家奖项上取得了突破性的成绩。2004年，高等学校获得两项国家技术发明一等奖，填补了该奖项6年来的空白；2006年，高等学校又囊括了体现我国重大原始创新能力的自然科学奖、技术发明奖和科技进步奖三个一等奖。在哲学社会科学方面，全国80%的哲学社会科学的研究人

---

① 孙霄兵. 高等教育体制改革的历史成就及其发展方向［J］. 中国高等教育，2008（15-16）.

员在高等学校，80%以上的哲学社会科学的研究成果来自高校。高等学校成为基础研究的主力军，为我国哲学社会科学的发展创新，为我国高新技术研究和科技成果转化作出了重要贡献，是国家创新体系的重要组成部分。高等教育的各项改革不断深化，初步建立了与社会主义市场经济相适应的高等教育体制机制，构建了高等学校与政府、社会之间以及高等学校内部的新型关系，有力地支持和推动了高等教育的跨越式发展。

一、高等教育改革发展历史成就的取得是高等教育体制改革的必然结果

（一）全面展开高等学校管理体制改革，改变了计划经济条件下高等学校的管理模式。新中国成立以来，在计划经济体制下，高等教育实行的是国家集中计划、中央部门和地方政府分别办学并直接管理的办学体制，高等学校的学校布局、层次设置、系科专业设置按照计划经济的需要安排，这在很长的历史时期适应了国家经济建设的需要。1994 年，全国普通高等学校共 1 080所，其中 62 个国务院部门（单位）共管理普通高校 367 所，教育部直属高等学校 36 所，剩下的高校都由地方管理。这种条块分割的办学体制，已不能解决我国高等教育在结构、布局、质量、效益等方面所存在的诸多问题，高等教育多头管理、力量分散、自我封闭、效率低下的弊端日益显露，且长期得不到改变。从 1998 年开始，中央决定实施高等学校管理体制改革，通过“共建、调整、合作、合并”等方式，形成“中央和省两级管理、以省级政府管理为主”的新的高等教育管理体制。中央部门除保留少数行业特别需要的高等学校外，其他的划归教育部管理或者下放到省级管理，通过资源共享、优化重组，一批多科性和综合性高等学校应运而生，高等学校的布局更加合理。1998 年，中央部门共有高等学校 345 所，划归省级人民政府管理 200 多所。到目前为止，现在只有中央十余个部门（单位）管理高校 120 所左右，其中教育部直接管理 72 所，其他部门管理 50 所左右。高等学校管理体制改革产生了一批新的综合性大学，为增强我国高等学校的竞争力、创新能力，提高我国高等学校的整体水平起到了体制上的保障作用。

（二）深入进行高等学校办学体制改革，形成了以政府办学为主体、社会力量参与办学的新的办学体制。长期以来，我国高等学校都是由国家统一举办的，具体可分为中央政府举办、地方政府举办和企业举办，实质上都是政府举办的单一的办学模式。1993 年《中国教育改革和发展纲要》提出要改变政府包揽办学的格局，逐步建立以政府办学为主体、社会各界共同办学的体制，由此开始了高等教育办学体制改革，并逐渐形成了社会主义市场经济体制下公办高等教育和民办高等教育共同发展的新的办学体制和模式。民办高等教育经过长期不懈的探索，呈现出多样化的办学模式：一种是社会力量自身筹集全部资源举办的民办高等学校；一种是公办高等学校利用社会资源，采取民办机制举办的二级学院，即独立学院，特点是民、独、优，强调独立办学、优质资源、民办机制；一种是中外合作办学，指外国教育机构同中国教育机构在中国境内合作举办的以中国公民为主要招生对象的教育机构，目的是引进国外优质的高等教育资源，为我国培养人才。除了中外教育机构之间的合作形成新的办学实体以外，还进行许多教育项目之间的合作，形成中外合作的办学项目。目前，高等教育领域的中外合作办学项目众多，各具特色，进一步丰富了我国高等教育办学体制改革，向人民群众提供了多样化的中外合作高等教育服务。高等教育办学体制改革，符合《中华人民共和国宪法》关于社会组织和公民个人办学的规定，调动了社会多方面举办高等教育的积极性，推动了高等学校教育教学领域的改革和学校管理制度改革的深化。

（三）大力推进高等学校投入机制的改革，建立符合我国国情的高等教育经费筹措模式。新中国成立以来，高等教育投入实行的是单一的政府财政投入模式。改革开放以后，逐渐形成了以政府为主，多渠道筹措高等教育经费的模式。多渠道筹措教育经费模式已被《中华人民共和国高等教育法》（以下简称《高等教育法》）所确认。在实践中，多渠道筹措教育经费主要有六种模式：财、税、费、产、社、基（财政拨款、税收政策、收费、高等学校办产业、社会捐赠、高等学校设立基金）。多渠道筹措经费使得高等学校的投入不断扩大，为高等教育实现跨越式发展提供有力的保障。中国特色高等教育经费筹措体制仍在不断地建立和完善之中，需要不断地理论创新和实践探索，既要符合我国的国情，又要符合国家的法律。最近有人提出高等教育的投入机制改变为政府投入与社会投入相互补充，不完全符合《高等教育法》规定的以财政拨款为主、其他多种渠道筹措高等教育经费为辅的法律规定。

（四）高等学校招生就业制度改革，建立适应社会主义市场经济的人才培养和流动的制度。从1999年开始的高等学校招生制度改革，具有多方面的意义和作用。一是改变了高等学校学生的国家干部身份。长期以来，高等学校的招生计划与国家机关和事业单位的用人计划是完全结合的，高等学校招收的研究生、大学生、中专生，只要纳入了国家计划，进入了大学和中专，就成了国家干部。实行学校招生就业制度改革后，高等学校毕业生的身份发生了变化，不再属于国家机关和事业人员，而成为自由流动的人才。这样，高等学校招生不再完全受当年国家机关和事业单位人员编制增长计划制约，大规模增加高等学校招生指标成为可能。二是实行高等学校学生入学缴费政策，让受教育者合理承担一部分培养成本，有利于促进高等教育的持续发展，有利于提高高校的办学质量和效益，有利于调动各方面办高等教育的积极性。同时，为了解决贫困学生上大学的问题，国家建立、完善了对家庭经济困难学生的资助政策体系，先后推出了家庭经济困难学生的助学贷款政策，家庭经济困难学生奖学金、助学金政策等。目前高等学校家庭经济困难学生资助政策体系覆盖了全国高等学校，受资助的高等学校学生达400万人，占高等学校在校学生的20%。中央和地方政府每年为此支出500多亿元，这一措施切实推进了高等教育领域的教育公平。三是深化高等学校学生就业制度改革。高等学校毕业生就业由国家统一分配改变为双向选择、自主就业。这一改革适应了社会主义市场经济体制的需要，为社会主义现代化建设提供了大批自由流动的高级专门人才。

（五）推进学校内部管理体制改革，调动了广大教职工的积极性。1985年以后，为了改变高等学校内部效率低下、平均主义、吃“大锅饭”、干好干坏一个样、干多干少一个样、干和不干一个样的局面，高等学校普遍进行了以劳动人事分配制度改革为主的内部管理体制改革，主要体现为下列内容：一是精简了学校机构，对建立我国高等学校管理实体的层级和结构进行了探索，调动了院、系一级的工作积极性。二是实现了人员转岗分流，推行职务岗位聘任制和校内聘任制，进行编制改革，大幅度提高了教职工待遇。三是推进学校内部管理中的领导体制改革，实行了党委领导下的校长负责制，明确了校长的职权。四是普遍实行了后勤社会化改革，引进企业管理的模式。高等学校的内部管理体制改革，为高等教育20世纪90年代的进一步改革发展提供了内部组织条件。高校人事分配制度改革推动了高水平教师队伍建设，促进了教育教学质量的不断提高。1993年制定的《中华人民共和国教师法》明确了高等学校教师的身份是专业技术人员，确定了教师的待遇和管理制度。高等学校教师必须具备教师资格，可以具有专业技术职务，实行教师聘任制，提高了教师的整体素质。

（六）推进高等学校的自主权，努力探索建立现代大学制度。

1. 确定了高等学校的法人资格。高等学校具有法人资格，是改革开放以来高等学校制度建设的重要成果，具有重要的意义。我国高等学校的法人地位是逐步明确的。从法律条文上看，最早在1995年制定的《教育法》上明确规定了“学校及其他教育机构具备法人条件的，自批准设立或者登记注册之日起取得法人资格”。1999年实施的《高等教育法》明确规定：“高等学校自批准设立之日起取得法人资格。高等学校的校长为高等学校的法定代表人。高等学校在民事活动中依法享有民事权利，承担民事责任。”按照有关规定，高等学校属于事业法人，可以独立进行民事活动，承担民事责任。当然，由于高等学校的公益性质，其民事活动要受到一定的制约。

2. 确定了高等学校的办学自主权。《高等教育法》明确规定了高等学校的办学自主权，可以分为七个方面，即自主招生，自主设置和调整专业学科，自主安排教学，自主进行科研、技术开发和社会服务及社会合作，自主开展境外高等学校之间的科学技术合作交流，自主进行内部组织机构设置和人员配备及评聘专业技术职务以及调整津贴和工资分配，自主管理和使用学校财产。这七个方面的自主权具体体现了高等学校的独立法人地位。

3. 推进高等学校制定高等学校章程。按照教育法律的规定，高等学校应当按照章程自主管理。高等学校章程应当规定学校名称、校址，办学宗旨，办学规模，学科门类的设置，教育形式，内部管理体制，经费来源、财产和财务制度，举办者与学校之间的权利和义务，章程修改程序，其他必须由章程规定的事项。目前，已经有不少高等学校重视章程的制定，取得了可喜的成果。

对于高等学校法人地位、办学自主权和学校章程等的明确规定和切实落实，意味着高等学校不仅在与外部社会关系而且在高等学校内部关系上产生了重大改革和制度创新；以《中华人民共和国学位条例》和《高等教育法》为代表的高等教育立法，深刻体现了立法机关、行政部门高度认同并有效保障改革开放以来深化高等教育改革所取得的主要成果的统一意愿，为高等教育的改革和发展奠定了法律基础。

二、高等教育体制改革的政策经验

高等教育的跨越式发展为我国现代化建设提供了新的源源不断的知识动力，为我国经济的长期持续发展与社会全面进步奠定了知识和人才基础，全面提升了我国的综合国力和国际竞争力，极大地改变了我国现代化建设的面貌。高等教育体制改革的稳步推进，适应了社会主义市场经济的需要，激活了高等学校的内部组织，提高了高校的办学效率。高等教育质量也在高等教育体制改革和发展的同时得到了新的提高，涌现出一大批创新人才和优秀成果。高等教育体制改革发展的历史经验，对于今后高等教育的政策法规完善和实施具有特别的意义。

（一）中国特色社会主义理论的指导是高等教育成功改革发展的根本经验。改革开放以来，在中国特色社会主义理论指导下，高等教育坚持社会主义办学方向和正确的思想政治导向；深入研究并创新了社会主义市场经济条件下加强和改进高等学校党的建设和思想政治工作措施；积极适应了社会主义政治体制、经济体制、科技体制和行政管理体制改革的需要；把高等学校的稳定作为社会稳定的关键环节，把握和处理好改革、发展、稳定的关系；善于捕捉高等教育与高等学校改革和发展的时机，有力地促进了高等教育的加快发展和深化改革；培养了一大批社会主义事业的建设者和接班人。

（二）发展和保障人民群众接受高等教育的权利是高等教育改革发展的根本动力。发展和保障人民群众接受高等教育的权利，是高等教育法律法规与政策的重要观察点和急切实施点，也是人民群众支持高等教育发展改革的重要动力。改革开放以来，人民群众接受高等教育的权利，得到了历史性的发展和保障。在高等教育的法律法规和政策制定及策略选择上，时刻注意听取人民群众的意见和反映，不断改进高等教育的有关政策，取得人民群众的认同、支持和拥护，是促进高等教育改革发展的重要因素。

（三）适应社会主义现代化建设的需要是高等教育改革发展的时代体现。改革开放以来，社会主义现代化建设事业的发展特别是社会主义市场经济的需要，对高等学校的科学研究、人才培养和社会服务提出了新的要求。高等学校适应这一要求，进行了全面的体制改革和教育教学改革，选择更为灵活的办学和管理政策，主动调整专业和学科，实行教师和人才流动的制度，使高等教育改革发展和经济社会发展互相促进、互相支持。

（四）强调高等教育的公益性是高等教育健康发展的重要保障。强化高等教育的政府责任，坚持以财政拨款为主、其他经费为辅筹措高等学校经费的模式，为高等教育的跨越式发展和全面改革提供了经费投入基础。事实表明，在我国当前的社会环境和制度环境下，试图主要依靠社会力量，通过“产业化”，甚至依靠收费、捐赠等发展高等教育事业是不能满足现代化建设和人民群众对于高等教育发展改革的需求的，也不能完成高等教育发展改革的任务和目标，甚至有可能引发更多的批评意见和新的社会矛盾。

（五）加强高等教育法制建设，是高等教育改革发展的制度核心。改革开放以来制定的七部教育法律除《中华人民共和国义务教育法》外，均涉及高等教育和高等学校。《高等教育法》作为专门的高等教育法律，对高等教育改革开放的历史经验进行了法律总结。事实表明，制定和实施高等教育法律法规，推进高等学校依法治校，不仅是高等教育和高等学校外部发展的需要，更是高等教育和高等学校内部发展的需要；不仅是高等教育领域依法行政的需要，更是维护公民接受高等教育权利和保护学校、教师、学生合法权益的需要。

三、促进高等教育改革发展的新的方向和任务

当前，国际竞争越来越呈现出知识竞争、人才竞争、教育竞争的特点，

高等教育在国家和社会发展中的地位越来越重要，高等学校成为越来越重要的社会组织和法律主体，在全社会发挥着越来越重要的作用。高等教育新的改革和发展，对于提升我国综合国力和国际竞争力，对于加快促进现代化建设，具有决定性的作用。从教育领域本身来说，高等教育对于整个教育事业的引领作用越来越明显和重要，义务教育和职业教育都要求高等教育提出新的发展和改革思路，以进一步支持基础教育和职业教育的深化改革和科学发展。面对21世纪新的形势和任务，我们必须认真贯彻落实科学发展观，进一步提高高等教育对于现代化全局重要性的认识；认真总结经验，不断探索社会主义市场条件下的高等教育改革发展规律；紧密结合国家现代化建设的需要，适应经济社会发展的需要，适应国际高等教育发展的需要，适应人民群众的需要；精心制定高等教育改革发展战略和政策措施，大幅度提升我国高等教育的水平，办好人民满意的高等教育。

在发展方向上，要坚持以提高高等教育质量为导向。总的来说，高等教育要把力量集中到质量提高和内部建设上来。2007年，我国高等教育本专科和研究生计划招生已逾600万人。今后，即使高等学校招生增长数为零，每年招生也在600万人以上。因此，每一所高等学校都要按照十七大提出的“提高高等教育的质量”要求，重视内部建设和内涵发展，采取措施切实提高教育教学质量和管理水平。

在发展路径上，以加强世界一流大学和高水平大学建设为重点。我国经济社会要实现长时期持续健康发展，增强自主创新能力，建设创新型国家，必须以更加广阔的视野、更加开放的姿态、更加执著的努力，加快推进建设世界一流大学和高水平大学的步伐。要采取强有力的措施，集中国家力量，加大投入，促进我国世界一流大学和高水平大学的建设取得新的进展。在发展机制上，要注重自我约束、自我发展，构建高等学校发展良性机制。目前一些高校仍注重在数量上发展，注重规格升级，注重改名改制。这一方面反映了我国高等学校仍然在不断地发展、改革、调整和转型之中，另一方面也说明高等学校内部尚未完全建立良性的、以质量提高为主的机制。为了防止和限制过度的外延式发展，不仅需要必要的管理和限制，更需要通过制度建设，促使高等学校产生自我约束和自我发展的机制，推进高等学校的健康发展。

在人才培养上，以培养创新思想为主导，形成创新机制，培养创新人才。人才是竞争力，创新人才的培养就是一个国家创新力的培养。高等学校最为主要的功能是培养创新人才。第一，要创新教育观念，把创新作为教育活动的主导理念，把创新人才培养作为学校工作的主要内容。第二，要创新人才培养模式，要用创新的方法培养人才，不能简单地用循规蹈矩的方法培养，不能以行政干部的标准衡量和培养人才，对人才不能求全责备。不仅在培养中要特别注意创新，在使用上更要有特殊机制，要大胆把人才放到实践中，放到科学技术、教育教学业务岗位上去培养。第三，要培养一支创新型的教师队伍。在教学、科研和社会服务中以能否创新为第一标准，以创新能力作为教师队伍建设的重要考核指标，不断推动高等学校的理论创新、知识创新、教育教学创新、管理创新，以创新促使高等学校焕发出生机和活力。第四，要在高等学校中建设有利于创新的环境和氛围。尊重学术自由，营造宽松环境，调动学术创新的积极性。

在改革内容上，着重处理好政府依法管理与学校依法自主办学的关系，深化高等教育体制改革，明确中央政府和地方政府在高等学校的管理和投入上的职责权限，加强地方政府对于地方高校的管理、投入的职责；逐渐调整全国高等学校资源供给，优化高等学校整体布局结构；改进高校自主权和政府行政权之间的关系，规范政府及其职能部门、高等学校主管部门与高等学校的管理职责权限，落实高等学校办学自主权；深化高等学校内部改革，加大推进依法治校的力度，进一步推动高等学校制度建设，促进高等学校形成法律治理结构。高等学校和政府部门制定和实施高等学校章程，通过学校章程具体界定行政管理的边界，推动政府、教育主管部门和学校按照学校章程办事。学校内不同群体利益的确定及其矛盾的解决，也应当通过学校章程的制定实施得到很好的解决；坚持和完善党委领导下的校长负责制，健全学校的领导管理体制，健全高等学校的决策、议事、监督机制，发挥教授在治学中的主导作用，保障教职工和学生参与学校民主管理的权利，同时加强对于高等学校的法律监督。

在投入体制上，要坚持以政府投入为主、多渠道筹措教育经费的体制。

高等学校的投入特别是公办高等学校的投入，是当前制约高等教育改革发展和质量提高的重要问题。今后要按照《中华人民共和国教育法》、《中华人民共和国高等教育法》的规定，毫不动摇地坚持政府投入为主、多渠道筹措教育经费的投入体制，进一步明确中央政府、省级政府各自的经费投入责任，明确社会、家庭和学生的投入分担责任，出台社会组织、公民个人支持高等教育的有关经济政策和优惠办法。

在组织功能上，明确赋予高等学校繁荣社会主义先进文化的重要任务。高举中国特色社会主义理论伟大旗帜，强化高等学校的综合研究力量和哲学社会科学的研究力量，对于世界形势发展、国际政治经济文化教育现象阐述自己的观点，对于当代中国社会主义的重要问题进行深入的研究，形成中国特色的社会理论体系和文化解释体系，努力掌握当代文化发展和意识形态的话语权，为推动社会主义文化繁荣和创新作出自己的贡献。同时，形成高等学校本身良好的思想政治和文化建设氛围。

关于高等学校教师队伍建设“八五”计划的设想①

一、“七五”期间教师队伍建设情况及现状分析

“七五”期间，全国高等学校教师队伍的建设，在贯彻执行“教育必须为社会主义建设服务，社会主义建设必须依靠教育”的指导思想及有关方针政策的过程中，改革管理制度，调整队伍结构，提高人员素质，使教师队伍建设有了长足的进展，基本上适应了“七五”期间教育事业发展的需要。

“七五”期间，教师队伍数量继续有所增长。1990 年，全国普通高等学校共有专任教师 39.5 万人，比 1985 年增加 14.8%，平均每年递增 2.8%，其中 1986 年增长 8.2%，1987 年增长 3.5%，1988 年增长 2%，1989 年增长 1.1%，1990 年负增长 0.5%。增长率逐年降低，与“六五”时期增加 39.5%、年递增率 6.9% 的速度相比也有较大的下降，这说明“七五”期间，我国教师队伍建设在“文化大革命”十年动乱结束后，经过迅速发展已经走上稳步前进的轨道。与此同时生师比有了提高，1990 年普通高等学校在本科生达到 206.3 万人，研究生达到 8.4 万人，生师比为 6.2∶1，而 1985 年生师比则为 5.7∶1。

从 1985 年开始，高等学校改革职称评定工作，实行了教师职务聘任制，一批具有较高学术水平和教学能力的中青年骨干教师担任了高级职务，教师队伍的职称结构和年龄结构都得到了较大改善。1990 年我国普通高校专任教师中共有教授 15 052 人、占 3.5%，副教授 84 150 人、占 21.3%，讲师145 425 人、占 37.6%，助教 134 730 人、占 34.2%，教员 12 207 人，占 3.1%；具有高级职务的教师共达到了 99 202 人，占教师总数的 25.1%，而 1985 年

① 吴国凯，孙霄兵. 关于高等学校教师队伍建设“八五”计划的设想 [J]. 高等教育学报，1991 (4).

具有高级职务的教师只有33 280人，占教师总数的9.7%，1990年比1985年增加了近两倍。高级职务教师年龄老化状况有了明显缓解，1990年教授的平均年龄为59岁，副教授的平均年龄为53岁；而1985年教授的平均年龄为69岁，副教授的平均年龄为63岁，教师队伍在整体上也继续向年轻化方向发展。现全国高校教师的平均年龄为39岁，35岁以下的青年教师已占教师总数的48.7%，而1985年为37.7%，61岁以上的老年教师1985年有14 133人、占4.4%，1990年只有8 597人、占2.2%。

教师队伍的素质得到了提高。“七五”期间新增的青年教师中研究生毕业后选留补充的比例明显高于“六五”时期，据国家教委直属高等学校的不完全统计，“六五”期间补充的研究生占补足的青年教师数的42%左右，“七五”期间提高到78%左右。全国高校教师队伍中现有博士生3 882人，比1985年增加1.78倍，其中714人获教授职务，850人获副教授职务，具有研究生毕业学历的教师共有77 349人，比1985年增加1.56倍，占教师总数的比例由1985年的8.8%提高到19.6%。

“七五”期间教师队伍的学科结构进一步得到调整。几年来，我国教育事业根据国民经济和社会发展的需要，加快了教育、财经、政法等薄弱和急需学科、专业的发展，短线专业的师资力量为此也进行了加强，基本满足了培养人才的要求。1990年，教育、财经、政法类的专任教师分别比1985年增加了82.0%、48.9%和45.3%，理工农医等自然科学类教师占教师总数的比重由1985年增加的65%下降到1990年的61.5%，社会科学类教师的比重则由1985年的35%提高到1990年的38.5%。

总的来说，目前高等学校教师的数量与所承担的任务是相适应的，已经形成了一支学科较为齐全、结构日臻合理、具有较好政治和业务素质、基本上能胜任本职工作的教师队伍。

但是，从现有教师的结构来看，仍然存在许多问题，有的甚至十分突出，若不采取措施及时加以解决，势必影响教师队伍的建设和未来十年我国教育事业的发展。问题主要有以下几个方面。

1. 高级职务教师的年龄仍然偏大。虽然经过几年的努力，教授、副教授的平均年龄已有较大下降，但高级职务教师年龄老化的状况并没有根本改变。目前，专任教授中年龄在61岁以上的5 910人，占39.2%，56—60岁的6 169人，占41%；专任副教授中61岁以上的2 500人，占3.0%，56—60岁的22 666人，占26.9%，也就是说，如果严格按照国家关于年满60岁应当退休的规定，到1995年，现有教授的80.2%、现有副教授的29.9%将要退出现职；到2000年，现有教授的96.4%、现有副教授的79.1%将要退出现职。即使教授按65岁退休计算，到1995年，现任教授的39.2%将退出现职，到2000年，现有教授的0.2%将退出现职。几年前就曾预测到的退休高峰、同步老化问题在90年代将要成为现实。

2. 教师队伍整体的年龄结构不合理，各年龄段教师数的分布不均衡，中青年骨干教师较为缺乏。1990年专任教师总数中，35岁以下的占48.7%，46岁以上的占37.0%，而36—45岁的只有56 261人，占14.3%，从结构上看，存在较大的低谷现象，高级职务教师和学术带头人的情况更为严重，1990年36—45岁的教授、副教授合计为3 478人，占该年龄段教师总数的6.2%，其中教授只有147人，占教授总数的0.9%，36—45岁的副教授3 331人，占副教授总数的4%；1990年，我国高等学校自然科学类国家科研项目的第一专题负责人1 065人，其中66岁以上的137人，占12.8%，56—65岁的348人，占32.7%，36—45岁的489人，占45.9%，而45岁以下的只有91人，不到9%。研究表明，36—45岁这年龄段是科研活动最活跃、创造能力最旺盛的时期，而我国教师队伍恰恰在这一阶段存在着人才低谷。

3. 教师队伍的素质还有待于进一步提高。从学历上看，研究生毕业的教师占教师总数的比例只有19.6%，学历是教师基础理论水平和科学研究能力的重要标志，世界上一些发达国家的高等学校教师中具有博士、硕士学位的人数比例很高，而在我国，本科毕业的教师仍然是教师队伍的主体，从实际工作中看，相当一部分青年教师在政治思想和业务上还不够成熟，缺乏教学科研工作经验和实际工作锻炼，许多人不能很快成为骨干。

产生上述问题的原因是多方面的，36—45岁的教师缺乏主要是十年动乱耽误了整整一代人而造成的，高学历教师数量太少也与新中国成立后30多年没有大力发展研究生教育有关；在教师职务聘任工作中，没有克服论资班辈的现象，因而高级职务教师年龄老化的问题没能彻底解决；近年来教师队伍存在的突出问题是青年教师队伍不稳定，部分中青年教师外流，这进一步加剧了人才低谷的形成。本来，为了弥补“文化大革命”造成的损失，高校自1978年起每年都选留补充了大量毕业生，1990年，教师总数比1978年增加188 323人，净增91.36%，几乎翻了一番，仅1977年、1978年两级毕业生就选留了约4万人，使断层得到了补充，但是随着“出国热”、“公司热”的兴起，在高校教师待遇相对偏低的情况下，一批中青年教师思想波动，骨干教师、“尖子”外流突出，使部分学校、专业的队伍断层问题又明显起来。当然，教师的流失及结构失调问题原因比较复杂，除了上述情况外，也和学校的教师管理工作、教师工作条件和小环境的优劣等有很大关系，如有些学校片面强调所谓“动态平衡”有大进大出现象。

因此，“八五”期间，我国高等学校教师队伍建设和结构调整所面临的任务仍然是十分繁重的。

二、“八五”期间教师队伍调整的目标及对策

90年代是我国实现社会主义现代化建设战略目标的关键时期，90年代我国教育工作奋斗的总目标是：初步建立起适应社会主义现代化建设需要、面向21世纪、具有中国特色的社会主义教育体系，使教育必须为社会主义建设服务，社会主义建设必须依靠教育的方针得到进一步的贯彻落实。为此，要在八五期间使整个教育事业关系基本理顺，结构基本合理，稳步协调发展，为“九五”时期的发展提高奠定坚实的基础。

我国教育事业十年规划和“八五”计划要点提出，“八五”期间，普通高等教育要坚持方向，稳定规模，优化结构，深化改革，改善条件，提高质量。到1995年，全国普通高等学校在校研究生将达到9万余人，本科生210万人左右，据此测算，我国普通高等学校教师队伍的总规模将会有适度的发展，但不会有太大的变动，今后几年，我国教师队伍建设的重点应放在进一步稳定队伍、优化结构、提高素质上，尤其是要抓好学术带头人队伍的建设。根据测算，我们预计，到1995年，我国高等学校专任教师总数将控制在42万人以内，比1990年增加6.3%，高级职务教师的队伍将有适度增加，到1995年，我国高校专任教师中具有高级职务的人员将达到12.6万人，占

30%，其中教授将达到2.1万人，占5%，副教授将达到10.5万人，占25%；“八五”期间应努力提高教师的素质，提高具有研究生学历的人数占教师总数的比重，到1995年，使具有研究生学历的人数达到10万人左右，占23.8%；高级职务教师的年龄状况将逐步得到改善，到1995年，使教授、副教授的平均年龄进一步有所下降。

为了适应教师队伍建设所面临的形势和任务，克服目前存在的困难和问题，实现结构调整的目标，需要努力做好以下几个方面的工作。

1. 必须坚定不移地在教师队伍中贯彻执行党的知识分子政策，及中央、国务院关于加强和改进知识分子工作的精神。要正确认识和尊重教师的劳动，专门研究制定总体规划及政策，采取各种措施，进一步提高教师的社会地位，切实改善教师的工作条件和生活待遇，充分调动广大教师的社会主义积极性，要尽快制定教师法及配套的法规和规章并积极组织实施，要深化改革，完善教师管理制度，使教师队伍建设和管理工作走上法制化、规范化的轨道。

2. 坚持长期持续稳定协调发展的方针，实现队伍建设的良性循环。要保持政策的稳定性和连续性，进一步做好教师职务聘任工作，使这项工作转入正常化、制度化，坚决杜绝人为“刹车”的现象。今后教师职务评聘工作要实行宏观控制，努力做到有计划按比例。不同层次、不同类型的学校，教师的职务结构应有所不同。要做好定任务、定规模、定编制的工作，每年选留应届毕业生做教师时要做到均衡补充，避免数量上的大起大落。全国的年递增率控制在1%以内，若按每年的自然减员率为1.6%测算，则平均每年的补充率为2.5%左右，即平均每年需净增教师4 000人，加上补充减员6 000人，合计需补充10 000人，“八五”期间要以补充优秀的毕业研究生为主，平均每年补充的毕业研究生数应占当年补充数的半数以上。在制定教师退休、出国留学等政策时都要充分考虑是否有利于教师队伍的稳定，要坚决防止和克服因片面强调所谓“动态平衡”而大出大进的做法。

3. 积极培养学术带头人，加强梯队建设。鉴于在新中国成立后直至20世纪70年代，我国高等学校各个学科的教学、科研骨干基本上是新中国成立前培养的和留学后回国的那批知识分子，他们可以称为新中国的第一代学术带头人，进入80年代后，我们重视了中青年学术骨干的培养选拔工作，到“六五”末期，我们已基本完成从第一代向第二代学术带头人的过渡和新老交替。目前，我国教师队伍的中坚力量大都是五六十年代我国自己培养起来的大学毕业生。他们经验丰富、治学严谨、事业心强、政治素质高，担负了繁重的教学、科研任务和学校的党政管理工作，较好地发挥了承上启下的作用，然而，他们中的大部分人都已经或将要达到退休年限，很难继续成为教师队伍的主力军。现在教师队伍建设面临着许多困难，但同时也为结构调整提供了契机，我们要努力抓住这个契机，采取有力措施，争取用5年或稍长一点时间，逐步实现第二代与第三代学术带头人之间的新老交替，为到20世纪末我国高级专门人才的培养基本立足于国内打下良好的基础。我国高校的新一代学术带头人将以1977年恢复高考制度后培养的高级专门人才为主体，他们大都有一定的实践经验，其中有一批比较拔尖的人才，他们在政治上经历了几年来各种风浪的考验，逐渐趋向成熟，学术上思想活跃，敢于创新，业务上已经取得了突出的成绩，当前关键是要进一步做好培养提高工作。“八五”期间要选拔一批素质好、潜力大、在教学科研工作中已经崭露头角的中青年教师进行重点培养，优先给予机会享受学术休假，参与国内外学术交流，创造必要的条件，给他们压担子，支持他们进行科学研究，迅速走向学术前沿，从而加快他们的成长步伐。在学术带头人队伍建设的过程中，既要重视提高学术水平，也要重视提高教育教学能力，使他们为培养德智体全面发展的建设者和接班人作出应有的贡献。

4. 要高度重视青年教师队伍的建设。35岁以下的青年教师目前已占教师队伍总数的48.7%，因此必须抓紧做好培养工作。要坚持和完善青年教师参加社会实践的制度，积极引导他们走与工农相结合、与实践相结合的道路。要加强青年教师的教学实践锻炼，帮助他们过好教学关，熟练地完成本职工作中各个环节的任务。要设立指导教师制度，有计划地安排老一辈的专家教授对优秀青年教师精心培养扶持，带领他们承担重大的科技攻关项目，让他们在实践中锻炼提高。要继续坚持做好资助优秀年轻教师基金的工作，每年选拔一批优秀的青年教师给予重点资助，促使他们尽快脱颖而出，成为学术骨干，弥补由于36—45岁的教师缺乏而出现的人才低谷。

5. 下大力气选拔任命优秀中青年骨干教师担任高级职务。要坚决克服教师职务任职资格评审、职务聘任及晋升工作中的论资排辈现象，切实把评聘工作的重点逐步转向优秀的中青年骨干教师，今后，凡年满60周岁者，除个别学科因工作特别需要外，一般均得新晋升为教授或副教授，要逐步提高中青年教师晋升教授、副教授职务的比例，逐步做到晋升的高级职务人员以中青年教师为主体。聘任年龄在40岁以下的教授和年龄在35岁以下的副教授，可不受学校当年高级职务限额的限制，由国家拨出专项指标予以解决。建立专家选拔制度，国家教委每两年选拔一批有突出贡献的中青年教师，提高他们的社会地位和工资待遇。

6. 做好留学人员的工作。从1978年到1989年，国家公派和部门、地方一单位公派留学人员已有8万人，加上自费出国留学人员合计达到了10万人，约半数仍在国外学习和工作。其中有一批人员是我国高等学校近几年选留补充的优秀毕业生，有些在教学科研工作中已经作出了一定的成绩，经过几年的留学，他们基础理论扎实，有独立从事学术研究的能力，创新意识强，又掌握了当代最新的科学成就，因此，吸引他们早日学成回国，为我国的社会主义教育事业服务，对于弥补人才低谷、实现学术带头人的新老交替将起到积极作用。国家每年应拿出一定数量的专项拨款作为留学回国人员的科研启动费，为他们从事科学研究创造必要条件，要妥善解决他们的住房、工资等生活待遇，对于作出突出贡献的留学回国人员，要破格晋升他们的职务和工资。选派教师出国进修要切实坚持“按需派遣，德才兼备，保证质量，学用一致”的方针，以有利于教师队伍的稳定。要把对留学人员的工作同发挥我国自己培养的高级人才的作用结合起来，对国内培养的博士生，要用好霍英东基金。

关于当前高校教师队伍的所谓“断层”问题[①]

1978年以来，高校教师队伍得到了迅速发展。1990年，全国高等学校共有专任教师39.5万人。与1978年相比，教师队伍人数净增1.9倍，平均每年净增6.7%。1990年，全国高校共有教授副教授99 202人，是1978年的12倍，其中教授是1978年的5.57倍；副教授是1978年的15.4倍；讲师是1978年的3.69倍。目前高等学校教师队伍中，新补充的青年教师超过了半数，给教师队伍增加了活力，促进了队伍的年轻化。现在全国高校教师平均年龄为39岁，比1983年平均年龄降低了4岁。

一

近年来，社会上反映高等学校教师队伍出现了所谓“断层”现象。针对这一问题，1990年，我们对95所高校进行了调查，同时对全国高校教师队伍建设的状况进行综合分析。结果表明如下。

1. 高校教师年龄结构不合理，各年龄段教师数分布不均衡的问题确实突出存在。50岁以上的老教师和35岁以下的青年教师比例偏大，分别占总数的27.3%和48.3%，而36—45岁年龄段的教师人数偏少，占14.3%，中年教师年龄段呈现出低谷。当然，这一现象在不同地区、不同学校的表现是不一样的。据对95所高校的调查，35岁以下的青年教师占总人数的比例平均为39%。36—45岁年龄段的教师占15.7%，其中，理工类院校为24.2%，师范类学校为20.8%，综合性大学为24%。在我们调查的95所高校中，北京农大的这一比例最小，只有7.2%。

出现上述现象，主要是由于“文化大革命”造成的。在“文革”十年中，少培养了整整一代人，致使高等学校中这一年龄段的教师相对缺少。

① 孙霄兵. 关于当前高校教师队伍的所谓“断层”问题［J］. 高等教育学报，1991（3）.

1978 年以来，为了弥补这一损失，高校曾陆续选择了大量毕业生留校任教，仅 1981 年、1982 年两届毕业生就选留了 4 万多人，并对相当一部分中青年教师进行了各种培训，对其中不适应要求的进行了适当调整，使这一状况得到了相当程度的缓解。据统计，1983 年，全国 31—40 岁的高校教师为 55 286人，1988 年 36—45 岁的教师为 55 730 人，增加了 2 108 人。1954 年，全国 31—40 岁的教师为 53 622 人，1989 年 36—45 的教师为 55 730 人，增加了 17 434 人。1955 年全国 31—40 岁的教师为 55 854 人，1990 年，36—45 岁年龄段教师人数为 56 261 人，增加了 407 人。这表明，“文化大革命”后补充教师的工作正在发挥作用，在 80 年代，高等学校教师队伍青黄不接的状况已经得到较大的缓解。

目前，36—45 年龄段的教师的构成主要是 81、82 届毕业生和“文化大革命”中的毕业生（其中相当一部分经过了研究生、助教进修班的学习深造），他们的思想政治素质，业务基础和际工作经验较好，已经成为承上启下的骨干。但在教师因年龄关系越来越多地退出岗位、大量补充的是 35 岁以下的青年教师的现实情况下，就使 36—45 岁年龄段教师相对缺少这两个问题显得较为突出，甚至在某些学校、学科出现了青黄不接的局面。如上海某大学有的系目前没有一个 40 岁以下的在岗教师，有的系没有一个 36—50 岁的教师等。这类情况在部分重点院校和沿海地区、大城市的学校的部分系室也较为突出。

与此问题相联系的是高职称教师年龄日益增高，1990 年，全国高校 56 岁以上的教授占教授总数的 80. 2%，51 岁以上的副教授占副教授总数的 79. 1%，他们即将在今后 5—10 年内陆续退休。据 1990 年上半年对教委所属 20 所重点高校的调查，在近 600 多个博士点中，以 55 岁以下博士生导师为主的点占 10. 1%，而以 66 岁以上博士生导师为主的点占 46. 6%。有的大学各学科带头人的平均年龄已超过 66 岁，出现了缺少中年骨干，高职教师老龄化，青年教师不能及时接上老教师的班的状况。

2. 近年来，高等学校补充了大批青年教师。他们中大多数人坚持又红又专的方向，坚持走与实践结合、与工农结合的正确道路，有一部分人已成长为优秀的教学、科研和管理工作人才。也有部分同志缺乏对实际和国情的了解，对社会主义建设和改革的艰巨性、复杂性认识不足，对自由化思潮的侵袭缺乏警觉和抵制能力。一些青年教师政治思想上的问题更多些，同时，由于实际工作锻炼的时间不长，经验不足，青年教师的业务能力和水平也有待于迅速提高。我国五六十年代培养了大批高校教师，他们热爱祖国和社会主义事业，艰苦奋斗，甘于奉献，工作勤奋，治学严谨，具有丰富的教学、科研经验和较高的学术水平。青年教师要把老一代知识分子的优良传统和作风继承下来、发扬下去，在政治、业务素质上达到和超过老一代教师的水平，从而顺利完成高校教师队伍的新老交替，还要作出极大的努力。

3. 部分中青年教师外流也是引起关注所谓“断层”问题的一个重要方面。近年来，由于多种因素的影响，高校中青年教师“出国热”居高不下，部分教师出国留学逾期未归。同时，由于教育经费不足，教师待遇偏低，教师住房紧张等原因，一些教师离开高校流入企业和公司。据调查，一般学校外流的青年教师占补充总数的15%左右，有的重点校占到20%以上。对95所学校统计表明，1981—1989年间补充的毕业生外流数占补充总数的27%，其中30所教委属学校补充的毕业生外流数占总数的35%，36所部委高校占25%，29所地方院校占20%。从全国来看，外流量虽在合理范围之内，但京、沪等少数特大城市的高校和少数重点高等学校情况严重。出国留学未归和流入公司企业的教师中，不少人是教学科研骨干，有的是很有培养前途的教师，而一些想让其流动的却未能流出去。这种状况，给教师队伍的新老交替带来了困难。

总的来说，全国高校教师队伍的情况基本上是好的并继续向好的方向发展。但教师队伍年龄分布不均衡，老年教师即将大量退出岗位，中年教师缺乏，而青年教师在政治和业务素质方面特别是在政治思想方面距离改革和发展教育事业的要求还有差距，青年教师外流，不稳定以及教师待遇等方面的问题，必须引起高度重视，采取有效措施加以解决。

二

“八五”期间，加强高校队伍建设的主要设想和具体措施如下。

1. 坚持正确的政治方向，坚持知识分子与工农相结合的方针，完善政策导向，全面提高高校教师的思想政治水平和业务素质；贯彻教育与生产劳动相结合的方针，理论联系实际，主动适应经济建设发展的需要；提高教师的生活待遇，改善教师的工作条件。进一步调动广大教师的积极性；稳定队伍，优化结构加强培训，提高质量；加强学科梯队建设和培养新的学科带头人，有计划地实现教师队伍的新老交替，建设一支精干的、又红又专的教师队伍。

2. 把抓好中青年骨干教师的培养和学科梯队的建设，当做一项战略任务抓好。今后，对国家批准的有突出贡献的中青年专家和40岁以下教师晋升教授，35岁以下教师晋升副教授，可以不占学校的岗位数额，指标由各地区、各部门专项下达。从全国来讲，还要注意解决1982年以来毕业生晋升讲师的问题。为了吸引国内外争夺的优异人才，国家教委将设立特别评审组织，为他们评审高级教师职务，岗位数额和增资额由教委会同人事部解决，学校可以聘任。

3. 充分发挥老教师、学科带头人在培养、支持年轻学科带头人方面的传帮带作用。对在这方面作出成绩的老教师，要予以表彰和奖励。在退休政策上，首先要按有关规定，对达到离退休年龄的教师，应办理离退休手续。但对于少数人才外流严重、队伍结构严重失调的学校、学科，根据需要可以细致地做好适当延长学科带头人退休和退休后的返聘工作。特别是哲学社会学科，有许多特殊性，更要注意贯彻这一精神。经批准，对少数有明确培养年轻学科带头人任务的延长离退休年龄的教师，他们在延长期间仍聘任专业技术职务，并不再占原单位职务岗位数额。这样既可以缓解交班的紧迫，又不至于影响中青年的晋升。另外，关于老讲师晋升高级职务的问题，经主管部门提出，省市和部委人事（职改）部门审定，国家教委同意后，对人才密集的老校，也可以评定一些符合任职条件的老讲师的副教授的任职资格，不与工资挂钩，由学校视情况予以补贴。

4. 认真贯彻党中央、国务院关于加强知识分子工作的精神，努力为教师创造必要的生活条件和工作条件，充分发挥广大教师教书育人的积极性。当前，在国家财政困难的情况下，首先要对作出重大贡献的人才和对有突出贡献的中青年人才，予以重点解决。除了随着国家经济的发展，不断提高高校教师的工资水平外，要鼓励地方和学校经批准有计划地实行校内人事工资改革的试点工作，以打破校内的平均主义，提高教师的待遇。还要继续进行工资总额包干的试点工作。“八五”期间国家教委要会同人事部进行教育系统的工资改革试点工作。在政策允许的范围内，学校要尽量为教师办实事，为教师解决生活和工作条件方面的困难。教师住房问题，特别是青年教师住房问题要下决心尽快解决。

当前和今后一个时期是我国高等学校教师队伍建设的一个特殊历史时期。尽管队伍的新老交替面临着许多问题，但同时也为我们调整队伍结构、提高队伍素质提供了较好时机。只要采取有效的对策，解决好目前存在的问题，我国高校教师队伍一定会成为一支素质优良、充满活力的队伍，适应我国教育事业和现代化事业发展的需要。

二

建设有中国特色现代大学制度

切实推进落实与扩大高校自主权[①]

今天我们召开一个关于落实和扩大高校办学自主权的专题座谈会。

首先，这个会议的目的是切实推进落实与扩大高校自主权。召开这个会议，是因为在现代大学制度建设中的重要内容，或者对高校来说的改革重要动力就是进一步落实和扩大办学自主权。这是一个重要的工作，在《教育规划纲要》里有明确的表述，此前在《高等教育法》中也有明确表述，同时也是社会反映的一个热点。在现代大学制度建设中，要明确提出进一步落实和扩大办学自主权，也就是说要帮助学校解决自主权方面的问题。今天请大家来就是想请大家充分地谈当前办学自主权还存在哪些问题，怎么改进，需要做什么，是否需要专门为此再下一个文件。教育部曾经就直属高校办学自主权下过文件，就是十六条，当时这个文件起到了非常好的作用。今天还是否要针对办学自主权的问题专门提出一些措施？

其次，这次参会的是在现代大学制度试点工作中提出来推进落实大学自主权的学校和省。之所以大家在现代大学制度试点中提出来办学自主权试点，说明这些学校有这方面需求，而且经过一段时间应该有一些思考和成果，可以借这样的机会集中交流讨论一下。除了高校，还有浙江省，作为管理地方高校的省教育厅如何落实和扩大办学自主权，应该也有一些思考。我们讨论一下，看看在落实和扩大高校办学自主权方面有哪些问题，能够解决到什么程度。现在往往有一个现象，就是空泛地讲得多，一般议论多，但真正问到有哪些办学自主权没落实，也谈不出什么问题。通过这个会，要有具体的了解。

在落实高校自主权中，有一些问题需要认真研究解决。比如，关于机构

---

① 本文是作者 2012 年 3 月 21 日在教育部“落实和扩大高校办学自主权全体座谈会”上的讲话。

设置的问题，机构有些是要求上下对等的，比如审计、纪检等，还有一些机构可以不一一对应？如果不对应，或者一个部门挂几块牌子，会有什么问题？校内有些机构可以按照自己的情况设置，比如实行大部制等。高校机构许多是可以自主设置调整的。比如中央部委都希望地方机构自己有一条线可以抓，但地方也可以有一定的自主性。关于干部的问题，校一级该谁管的肯定要审批，中层干部应该就到上级部门备案就行。重要的岗位人事、组织、纪检部门可能要审批，国家机关也是按照这个规定在审批。人员聘任，省里不应具体审批到人头。关于引进海外人才问题，有些学校人才聘任的是不进入学校审定的正式编制岗位，应当实行合同聘期制，比如三年干得好就留，干不好就走。可以采用学校自筹经费解决。如果涉及这些人退休的问题，要单谈，在聘任的时候就要讲清楚，这都是可以通过合同确定的。这些人，如果是拿计划内的经费就要按计划内的办法处理，如果拿计划外的经费就可以计划外处理，这样可以减少很多矛盾。这个机制应该是灵活的，可以单谈的，不一定固定，一直管到退休。

关于落实自主权工作的收获，大家都谈了很多。我主要就谈几点感想。

第一，充分肯定了《高等教育法》实施以来，特别是《教育规划纲要》颁布以来，教育部、各地教育厅在推进大学自主权的落实方面做了一系列工作，使我国大学的自主权按照法律的规定和《教育规划纲要》的要求得到基本落实，这是一个基本的判断。听大家发言后我感到，这已经是一个共识。今天会议虽然人少，但参会人员能够代表各个层面，有高校、教育行政部门。虽然还有一些专科、高职等层次学校没来，但综合其他场合听到的意见，基本和大家意见是一致的。所以我觉得这是工作推进到目前阶段必须得出的基本结论、基本判断。如果没有这个基本结论，在高等教育领域，不利于构建高等教育改革发展和推进现代大学制度建设的环境。有了这个基本结论，就可以在这个基础上，按照贯彻落实《教育规划纲要》的要求，研究下一步扩大成果、推进工作的问题。

第二，当前研究落实和扩大高校自主权进入了一个新的阶段，进入到深层次问题的阶段，进入到了新的领域。这就是说推进大学自主权落实与扩大和政府的管理方式、办学方式、管理体制的改革有很大的关系。大家谈到改变政府的拨款方式、管理方式，这都是深层次的改革问题。大学自主权的推进与章程的制定也有紧密的关系，要研究如何通过章程进一步确定已有的和想要的自主权。要通过章程的形式，把好的做法固定下来，让政府和管理部门认可，这也是制定大学章程的重要角度。这一角度可以在章程制定过程中进一步强化。这里大家也谈到什么叫落实自主权，自主权的标准是什么？我认为，落实大学自主权的要求和标准基本上可以按照《高等教育法》和《教育规划纲要》的要求来衡量。当然也不只这些，还可以有一些协调得来的自主权，可以不仅在高教法和教育规划纲要的范围之内，可以通过与政府部门的协商，使大学的自主权实现协调的发展。

第三，大学自主权的运用包括两个方面，自律和他律，这也是大家一个新的共识。办一所学校，自律和他律很重要，怎么样把自主权更多地用在提高质量方面的要求上，这也很重要。研究这样一些问题，可以促使大家认识到自主权落实需要进一步的深化。有的同志也谈到，学校一定要积极主动地开展落实自主权工作，我觉得这个很重要。落实好大学自主权，这是法律赋予的权利，不落实好自主权也是高校没有完成好党和政府赋予的责任。大家还谈到在落实自主权中需要加强分类管理、分步推进，这对教育行政部门也提出了一个新的课题。不同的高校可能自主权的内容和表现形式也不一样，要通过分类，使学校结合自身实际，发挥长处，发挥特色，科学发展。

第四，下一步加强和推进自主权的落实，可能还要做几件工作。一是要进一步认识到，推进落实和扩大自主权这项工作，要进一步提高到高等教育管理改革的重要层面上来。现在可能还有一些同志还是停留在要把学校管住的认识上。今后要改变工作思路，要把工作思路转变到服务好学校的改革发展上来，而不是满足于管了哪几个审批、哪几个项目，提了哪些要求。要进一步强化树立为高校服务的认识，形成共识。二是除了教育部门，其他部门对高校进行管理和审批的工作要进行改革，我们也常有听到不少反映。外部体制的改革，管理的改革，审批的减少和规范也很重要，像大家谈到的发改、财政、人事、编制等部门的工作，也要推进改革，今天座谈会反映出来的一些问题，我们要积极向有关部门反映。今后部属高校在章程制定时如果碰到与其他部门协调的重大问题，可以在部里章程核准环节提出来，去协调解决，部里司局还要帮助高校协调解决与其他部门的一些问题。三是今年教育部应当审定一些大学的章程，按章程制定暂行办法来核准，省里的学校省里核准，部里的高校部里核准。今年要选几个学校核准，如果有成熟的，愿意作为改革试点的学校，可以尽早报上来，争取成为首批按照新的办法核准的高校。四是对于大学自主权的问题，媒体还是要给予积极正确的引导，要反映大学自主权这几年以来的实际进展情况，报道不能不作深入调查研究，不能不界定清楚话语范围。

今天的座谈会取得了很好的成果，会议也是我们按部领导要求了解大学自主权落实情况的一个具体举措。座谈会的成果要专门写一个报告，要把目前的工作情况和各个学校取得成绩写清楚，把大家的观点意见建议都反映清楚。一些具体的问题也会向有关司局沟通，比如人事问题、专业设置问题，会在报告里让相关司局了解，以便进一步改进工作。

推进现代学校制度建设的重大举措

——写在《学校教职工代表大会规定》出台之际①

《教育规划纲要》提出探索建立适合我国国情的现代学校制度的目标，其中明确要求学校“完善治理结构”，“加强教职工代表大会建设”。为了贯彻落实《教育规划纲要》，进一步促进教职工代表大会代表的发展，教育部在长期、广泛调查研究、征求意见以及与中华全国总工会深入沟通协调的基础上，研究制定了《学校教职工代表大会规定》（以下简称《规定》），经教育部2011年11月9日第34次部长办公会审议通过，并经中华全国总工会同意后，于2011年12月8日以教育部32号令发布，自2012年1月1日起实施。《规定》的制定颁布，是完善学校治理结构、推动学校民主管理和促进学校法制建设的重大举措，必将对现代学校制度建设产生深远的影响。

一、《规定》的颁布实施有利于加强学校的领导，进一步完善学校治理结构

改革开放以来，我国的教育体制改革和学校领导体制改革不断取得新的进展。1985年中共中央颁布的《关于教育体制改革的决定》要求在加强宏观指导的同时，扩大学校的办学自主权，提出“学校逐步实行校长负责制”，并要求“建立健全以教师为主体的教职工代表大会代表制度，加强民主管理和民主监督”。同年，教育部、原中国教育工会全国委员会制定了《高等学校教职工代表大会暂行条例》（以下简称《暂行条例》）并予以实施。《暂行条例》实施以来，促进了高校教职工代表大会制度的发展，带动了各级各类学校教职工参与民主管理和监督的进程。面临着新的形势和任务，1998年《高等教育法》规定高等学校实行党委领导下的校长负责制，《教育规划纲

① 孙霄兵．推进现代学校制度建设的重大举措［J］．中国教工，2012（3）．

要》明确了要坚持和完善党委领导下的校长负责制。因此，作为高校的治理结构重要组成部分的教职工代表大会代表制度，要按照《高等教育法》和《教育规划纲要》的要求进一步加强和改进，以有利于学校领导体制和治理结构的完善。

《规定》对教职工代表大会的性质、功能和地位进行了准确定位。按照现行《教育法》、《高等教育法》、《义务教育法》等的规定，在学校管理体制中，高等学校实行党委领导下的校长负责制，中小学实行校长负责制，教职工代表大会参与学校的民主管理和监督。《规定》对此予以明确规定“学校教职工代表大会是教职工依法参与学校民主管理和监督的基本形式”，这是在学校领导体制框架内对教职工代表大会的基本定位。这样，学校的治理结构进一步完善，更加有利于坚持社会主义办学方向，贯彻党的教育方针，培养合格的社会主义建设者和接班人。

二、《规定》的颁布实施有利于贯彻法律法规，进一步加强学校民主管理和监督

参与学校民主管理和监督是法律赋予教师的基本权利，也是落实党的知识分子政策的重要内容。教师参与民主管理和监督，有利于调动广大教职工的积极性和主动性，凝聚他们的智慧和热情；有利于克服学校内部的行政化倾向，保证学校民主决策、科学决策、科学发展。《教师法》规定：教师享有“对学校教育教学、管理工作和教育行政部门的工作提出意见和建议，通过教职工代表大会或者其他形式，参与学校的民主管理”的权利。《教育法》规定：“学校及其他教育机构应当按照国家有关规定，通过以教师为主体的教职工代表大会等组织形式，保障教职工参与民主管理和监督。”《高等教育法》规定：“高等学校应当面向社会，依法自主办学，实行民主管理。”“高等学校通过以教师为主体的教职工代表大会等组织形式，依法保障教职工参与民主管理和监督，维护教职工合法权益。”另外，《民办教育促进法》、《中外合作办学条例》等也都有相关规定。教育法律关于学校教职工代表大会的规定，为学校推进民主管理的形式、路径、范围等指明了方向，但规定

相对比较原则。1985年发布的《暂行条例》，限于高等教育领域，与《教育法》、《教师法》等法律的规定不能完全契合配套。一些地方根据法律和国家政策规定制定了相关的地方规范性文件，只适用于一定行政区域内的学校，并且大多只是专门规范高等教育或者基础教育阶段。

新的《规定》，扩大了适用范围，适用于我国境内公办的幼儿园和各级各类学校，民办学校、中外合作办学机构也参照本规定执行；同时把法律法规当中对教职工代表大会的参与民主管理和监督的权利进行了强调和细化，使其更具操作性。《规定》第七条从不同的方面和角度，规定了教职工代表大会的八项职权。第一至第三项规定，对学校章程、发展规划、工作报告提出意见和建议。第四项规定，讨论通过与教职工利益密切相关的聘任、考核、奖惩、福利和校内分配的原则、办法等。第五项规定，审议上一届（次）教职工代表大会提案的办理情况报告。第六项规定了日常的民主参与和监督。第七项规定，按照有关工作规定和安排评议学校领导干部。第八项为兜底条款，即讨论法律法规规章规定的以及学校与其工会商定的其他事项。需要特别强调的是，《规定》强化了教职工代表大会的民主监督职能。对于如何监督各类学校校内权力运行，需要进一步明确，特别是对于学校的重大决策，需要加强内部监督。对此，《规定》在“职权”这一章里提出教职工代表大会“通过多种方式对学校工作提出意见和建议，监督学校章程、规章制度和决策的落实，提出整改意见和建议”。同时在本章第八条提出：“学校应当建立健全沟通机制，全面听取教职工代表大会提出的意见和建议，并合理吸收采纳；不能吸收采纳的，应当作出说明。”第十三条教职工代表大会代表享有的权利里面规定了代表“提出提案并对提案办理情况进行询问和监督”。《规定》的这些制度安排，有利于全面实施法律，对于新时期按照《教育规划纲要》的要求全面推进学校民主管理具有重要意义。

三、《规定》的颁布实施有利于总结各地各校实践经验，进一步加强学校法制建设

1980年，党中央批准在部分高校和中小学开展教职工代表大会制度的试

点工作。1985 年，教育部、原中国教育工会联合颁布了《暂行条例》。经过 30 年的探索与实践，各级各类学校特别是高等学校，以教职工代表大会为组织形式的民主管理与监督制度建设发展得很快，积累了很多很好的经验与做法。实践证明，实施教职工代表大会制度，有利于调动广大教职工的积极性、发挥教职工主人翁作用，有利于集中教职工智慧、加强学校民主科学决策，有利于统一全校认识、凝聚全校力量，有利于维护教职工合法权益、实现公平公正，有利于协调利益关系、妥善解决学校的难点热点问题，也有利于加强对干部的监督、密切党群干群关系。但是，由于各地经济社会教育发展水平不同，各地学校教职工代表大会制度的推进程度不平衡；在教育系统内部，不同教育阶段学校的民主进程也不平衡。尽管法律有规定，政策有要求，有的学校领导仍然不够重视，教职工代表大会制度建设不规范，教职工参与民主管理与监督的渠道不通畅等现象依然不同程度地存在。而且，随着教育改革发展的深入，26 年前制定的《暂行条例》已经不适应学校民主管理发展的新情况新问题，不能适应贯彻落实《教育规划纲要》、扩大和落实学校办学自主权、推进现代学校制度建设的新形势新要求。因此，总结 30 年来实施教职工代表大会制度的成绩与问题、经验与教训，将成熟的政策与成功的做法上升为法律规定，制定《规定》取代《暂行条例》，具有非常重要的现实意义和深远影响。

《规定》厘清了相关法律关系，将教职工代表大会的重大问题制度化，为各地各校教职工代表大会代表建设提供了法律依据和保障。一是明确了教职工代表大会代表的人数界限和教职工代表的比例。关于建立教职工代表大会制度的人数界限，在征求意见中很受关注。原拟规定以 50 人为界作为建立教职工代表大会和教职工大会的分水岭。但在征求意见中有的学校提出，实践中中小学七八十人的学校很多，若规定 50 人以上的学校建立教职工代表大会制度，不利于中小学校推进民主进程。并征求全国总工会方面的意见，《规定》第十五条第一款规定：“有教职工 80 人以上的学校，应当建立教职工代表大会制度；不足 80 人的学校，建立由全校教职工直接参加的教职工大会制度。”由于一些中小学学校规模较小，为了更加广泛地使教职工参与学校民主管理和监督，可不再选举产生教职工代表而建立由全体教职工直接参加的教职工大会制度。对此，《规定》规定：“教职工大会制度的性质、领导关系、组织制度、运行规则等，与教职工代表大会制度相同。”关于教职工代表占全体教职工的比例问题，鉴于各地、各校情况千差万别，《规定》没有统一规定比例，而是由地方和学校其根据实际情况与需要因地制宜地确定。对此，《规定》第九条第二款规定由地方省级教育等有关部门确定；地方省级教育等部门没有确定的，由学校自主确定。二是明确了可以设立二级教职工代表大会。有的学校特别是有的高等学校规模大、管理层级多、教职工人数多，为了很好地发挥教职工代表大会制度的作用，院系一级可以实行教职工代表大会制度。对此，《规定》第十五条第二款规定：“学校实际情况，可在其内部单位建立教职工代表大会制度或者教职工大会制度，在该范围内行使相应的职权。”三是明确了可以设立执行委员会。《规定》第二十四条规定：“教职工代表大会根据实际情况和需要，可以在教职工代表中选举产生执行委员会。”考虑到各地各校情况千差万别，对此并没有作出强制性的要求，而是授权学校可以根据实际情况和需要自主决定是否选举产生执行委员会。选举产生了执行委员会的，在教职工代表大会闭会期间，由执行委员会牵头协商处理急需解决的重要问题（第二十四条），并根据教职工代表大会的授权，承担教代会的筹备等工作职责（第二十六条）。四是明确了教职工代表大会的工作机构。教职工代表大会没有下属的常设工作机构，它需要相应的工作机构保障其职权的顺利行使。1985 年《暂行条例》规定，“学校工会委员会承担教代会工作机构的任务”，根据该条例规定，在实践当中，学校工会成为了教职工代表大会的工作机构。同时参照《工会法》第三十五条第二款关于“国有企业的工会委员会是职工代表大会的工作机构，负责职工代表大会的日常工作，检查、督促职工代表大会决议的执行”的规定，《规定》第二十五条进一步明确：“工会为教职工代表大会的工作机构。”并在第二十七条规定：“学校应当为学校工会承担教职工代表大会工作机构的职责提供必要的工作条件和经费保障。”

《规定》为建立健全教职工代表大会制度提供了法律依据。教育部门和工会部门要紧密联系、勤于沟通、相互支持、互相配合，把握好学校教职工代表大会发展方向，指导、监督学校建立健全教职工代表大会制度，鼓励学校有利于教职工参与民主管理与监督的探索创新，鼓励民办学校、中外合作办学机构依法建立健全教职工代表大会制度。也希望学校依据《规定》并根据本校实际情况建立健全教职工代表大会制度，按照组织规则定期召开教职工代表大会，形成制度，形成校风，切实行使《规定》赋予的各项职权，促进学校学校民主决策和科学发展，促进中国特色现代学校制度的建设。

论中国大学治理结构的发展和建设①

一、中国大学治理结构建设的重要性和特殊性

“治理”（governance）是民商法中的公司治理理论的重要概念。大学治理的概念正是将这一理论、方法、视角引入现代大学制度研究领域与实践的产物。对于现代大学来说，科学、完善的治理结构是其存在发展的根本要素，尽管不同的国家、不同的大学，其治理结构不尽相同。

改革开放以来，中国非常重视大学治理结构建设，中国政府在 2010 年发布的《国家中长期教育改革和发展规划纲要（2010—2020 年）》（以下简称《教育规划纲要》）首次提出“治理结构”的概念。这是中国大学治理理论的突破，也必将为大学发展的实践提供指导。对于中国高校来说，当前研讨大学治理有着积极的意义。

1. 完善大学治理结构，是落实和扩大大学办学自主权的客观需要。改革开放以来，我国办学体制和教育管理体制都发生了重大变化。特别是党的十七大报告提出了“加快行政管理体制改革，建设服务型政府”的任务。具体到教育领域，就是要加快教育管理体制改革，实行政校分开，转变政府教育管理职能和管理方式，落实和扩大学校办学自主权。但是长期以来，我国高等教育管理难以摆脱“一放就乱，一收就死”的恶性循环，一个重要的原因就是大学治理结构不完善。在目前强调高校自主办学、大学自主权日益扩大的形势下，大学的决策责任增加，决策风险也随之出现。因此，需要构建科学的大学治理结构，确保大学在自主办学的同时做到自我约束、自我发展，依法自主办学。

2. 完善大学治理结构，是促进大学科学管理的客观要求。中国大学的

---

① 本文是作者 2012 年 2 月 20 日在澳门“大学治理国际论坛”上作的主题报告。

管理改革虽然取得了一些进展，但总的来说，大学行政化色彩浓厚，学术权力不彰，决策科学化、民主化程度低，监督机制缺乏。这使得大学办学活力不足，教师积极性不高，对学校的科学发展产生了严重的制约。因此，健全完善大学治理结构，建立更加科学的决策机制、更加民主的参与机制、更加高效的管理机制、更加完善的沟通协调机制，必将对提高高校办学活力、提高师生员工参与办学的积极性、提高社会支持大学办学的热情，产生深远的积极影响。

3．完善大学治理结构，是适应大学面向社会办学的客观需要。随着计划经济体制下层级制办学模式的破除，大学作为独立法人面向社会和市场自主办学的程度逐步深化，当今大学已经走到经济与社会发展的中心位置。高等学校的经费来源也发生了历史性的变化，办学经费的来源日益多元化。教育事业收入、海外及社会捐赠、企业赞助、银行贷款、国际援助等预算外资金在高校教育经费结构中的比重不断提高。这就使得大学的社会基础日益广泛，政府、校长、学校行政管理人员、教师、职工、学生、家长、校友、企业、社区、社会公众，都与大学的生存和发展存在多种关系，都具有参与大学重要事务决策的动力和需求。这对大学治理结构提出了新的要求。

4．完善大学治理结构，是提高大学办学水平，应对高等教育国际竞争的客观要求。随着知识经济的深入发展，国家竞争越来越多地表现为人才的竞争。大学作为高层次人才的集聚地和人才培养的中心，日益受到各国政府的高度重视，而经济全球化的趋势，以及随之而来的高等教育国际化，又将大学竞争推向了国际舞台。大学的治理结构，在很大程度上决定了一所大学的格局、高度和潜力。大学办学水平的提高首先是治理水平的提高。因此，完善大学治理结构，是中国高等教育提高国际竞争力的一个关键环节。

二、中国大学治理结构的探索发展

新中国成立以来，中国公办大学治理结构一直在探索的过程之中，历经曲折和变迁，但总的趋势是不断发展完善。梳理其发展过程，大致可分为三个阶段。

1．计划经济下的大学治理模式。在计划经济体制之下，中国的大学成为政府的下属事业机构，大学参照国家行政机构的等级权力模式建立了严格的科层式治理结构。国家包揽教育，政府控制着学校教学、科研、财务、后勤等所有方面，按照层级拨付进行资源分配，使得每一个层次都依赖于上一级层次，资源的获得渠道单一。政府仍然集举办者、管理者、办学者三者为一体，权力过于集中，统得过多、管得过严。大学处于一种非自主的地位，大学治理结构仅是一种垂直的、层级的、单向的管制模式。

2. 自主探索的大学治理模式。20 世纪 80 年代，中国开启了教育体制改革的步伐，教育管理体制方面也进行了卓有成效的探索。1985 年中央颁布《中共中央关于教育体制改革的决定》提出改革教育管理体制的任务是“在加强宏观管理的同时，坚决实行简政放权，扩大学校的办学自主权”。1993 年《中国教育改革与发展纲要》明确指出：“在政府与学校的关系上，按照政事分开的原则，通过立法明确高等学校的权利与义务，使高等学校真正成为面向社会自主办学的法人实体。”1995 年的《中华人民共和国教育法》重申了学校的法人地位，1998 年的《中华人民共和国高等教育法》也规定，高等学校应当面向社会自主办学，高等学校自批准之日起取得法人资格，并提出了高等学校的七项自主权。大学独立法人地位的确立，是我国高等教育改革与发展中迈出的重大步伐。此后，中国对大学治理结构进行了不懈探索，积累了很多的经验，为大学治理结构的发展完善奠定了基础。但不同大学的自主办学模式不尽相同。

3. 现代大学制度的大学治理模式。《教育规划纲要》是在新的历史起点上进一步推进中国教育改革发展的纲领性文件。《教育规划纲要》提出要建立“依法办学、自主管理、民主监督、社会参与”的中国特色的学校制度，构建政府、大学、社会的新型关系。《教育规划纲要》对大学治理结构建设提出了明确的要求，就是要改进和完善政府监管方式，加强和完善党的领导，充分发挥学术委员会在学科建设、学术评价、学术发展中的重要作用，探索教授治学的有效途径，加强教职工代表大会和学生代表大会建设，逐步形成自我约束、自我发展的良性机制。《教育规划纲要》中“治理结构”概念的明确提出，为中国大学治理结构的建设开辟了广阔前途，也注入了强大动力，是中国大学治理结构发展过程中的一个重要突破。

值得提出的是，改革开放以来迅速发展的民办高等学校在治理结构方面形成了自己的特色，同时也为公办大学的治理结构建设提供了新鲜经验和重要借鉴。

三、中国公办大学今后推进治理结构建设的措施

《教育规划纲要》对大学治理结构建设提出了明确的要求，中国内地公办大学围绕贯彻落实《教育规划纲要》，在协调大学和政府的关系、加强和完善领导体制、扩大学术权力、探索教授治学、加强民主管理监督、扩大社会参与等方面进行了一系列探索，取得了很大的进展，今后要进一步做好。

1. 完善大学领导体制。中国大学的领导体制经过了一个探索的过程，最终《高等教育法》和《教育规划纲要》明确规定，高等学校实行党委领导下的校长负责制。《高等教育法》确定了党委的职责，党委通过召开党委会议讨论决定学校重大问题，对学校工作进行领导；校长通过召开校长办公会议行使七项职权。党委管方向，管大事，同时支持校长独立行使职权。这一领导体制，为我国高校连续 20 多年保持稳定、促进高等教育事业科学发展提供了重要制度保障，同时还需要在实践中进一步发展完善。因此，《教育规划纲要》要求在坚持和完善党委领导下的校长负责制的前提下，健全议事规则和决策程序。今后，要构建科学的高校党政会议体系，进一步明确两个会议的职责定位、议事规则及议事范围，增强贯彻执行党委领导下的校长负责制的规范化。要规范重大问题的决策范围和程序，结合办学层次和传统，界定本校重大问题、重要事项特别是大额资金的额度、重要干部的级别和范畴；在议题提出上，校领导均可提出议题，但提交会议讨论之前，党委书记、校长和有关校领导应事先沟通、酝酿并基本达成共识；在决策程序上，必须经过提出方案、充分酝酿、会议决定等程序。

2. 制定大学章程。大学章程上承国家教育法律法规，下启学校规章制度，是规范高校与政府、社会及其内部关系的准则，也是大学治理结构的基础。1995 年颁布的《中华人民共和国教育法》、1998 年颁布的《中华人民共和国高等教育法》和 1999 年教育部《关于加强教育法制建设的意见》都明确要求，申请设立高等学校的，应当向审批机关提交章程，并对章程应规定

事项作了明确说明。就像公司章程是公司治理的宪章一样，大学章程也是大学治理的宪章。从某种意义上讲，内地大学制定章程的过程就是大学“立宪”的过程，是大学落实和扩大办学自主权、完善大学治理结构的重要机会。但由于各种原因，目前中国大学章程建设工作并没有按要求全面展开，不少学校仍在“无章办学”。今后，中国大学要按照教育部 2011 年颁布的《高等学校章程制定暂行办法》的规定制定章程。章程要全面反映学校的管理体制与运行机制，凝练学校办学理念和办学传统，彰显学校特色，要把高等教育法等法律法规对学校办学和章程制定的原则性规定具体化。要通过章程的制定，界定政府和大学的关系，规范大学内部权利的运作，明确社会力量参与大学治理的方式和程序，进而奠定大学治理结构的法律基础。章程一旦制定公布，就必须确立章程在高校办学中的核心地位，严格按照章程规范管理、依法自主办学。2012 年要起步。

3. 建立健全大学理事会或董事会。董事会制度被国外办学实践证明为一项行之有效的管理制度。一所大学要办好，不仅要搞好教育教学工作，也要和社会各方面加强联系。在市场经济的背景下，创建中国特色的大学董事会制度，有利于沟通大学与社会，有利于学校拓宽办学资金，也有助于打破传统的行政管理观念和封闭的办学体制，推动高等学校主动适应经济社会发展，改变学校内部决策方式，形成利益相关者共同讨论和决定学校改革发展的良好治理模式。因此，《教育规划纲要》提出，探索建立高校董事会或理事会，健全社会支持和监督学校发展的长效机制。在中国大学，董事会、理事会不是决策机构，而是社会合作机制。在董事的人选上，要保证学校承担的公共职能和学校的公益性质。要制定完善董事会章程，确立董事会创办的依据、性质、宗旨，明确董事和董事长产生的程序、董事会议表决制度，明确学校和董事的权利与义务关系等，最大限度地发挥董事会制度的作用。董事会成立后，要逐步扩大董事会的职能，发挥董事会在学校事业规划、建设计划、专项工作部署等重大事项审议、领导班子评议、深化产学研合作、筹集办学资源等方面的作用，并把校董会的地位、职责、作用以大学章程的形式予以规定和制度化。

4. 建立和完善教授委员会和学术委员会。大学本质上是一个学术机构，教授是教学、科研活动的主体。大学走向卓越，需要积极发挥教授的作用。健全大学治理机构，必须积极探索教授治学的有效途径，建立完善教授委员会和学术委员会。《教育规划纲要》提出，要充分发挥教授在学术研究和学校管理中的作用。要明确教授委员会或学术委员会的构成，以普通专家学者为主，确保学术委员会依照学术委员会章程独立开展工作，依法履行审议学科、专业设置、教学科学研究计划、评定教学科学研究成果等有关学术事项的职责。教授参与学校管理，可以减轻学校的管理压力，调动教授参与学校事务和民主管理的积极性，提高其责任心和主人翁意识。

5. 健全教职工代表大会代表制度。教职工代表大会制度是大学治理结构的重要组成部分。1980 年，中国在部分高校和中小学开展教职工代表大会制度的试点工作。1985 年《中央关于教育体制改革的决定》中规定了在学校逐步实行校长负责制，建立和健全以教师为主体的教职工代表大会制度，加强民主管理和民主监督。这些规定，标志着我国大学的治理取得了历史性突破。经过 30 年的探索与实践，各级各类学校特别是高等学校，以教职工代表大会为组织形式的民主管理与监督制度建设发展很快。教师参与民主管理和监督，有利于调动广大教职工的积极性主动性，凝聚他们的智慧和热情；有利于克服学校内部的行政化倾向，保证学校民主决策、科学决策、科学发展。但是，由于各地经济社会教育发展水平不同，各地学校教职工代表大会制度的推进程度不平衡，一些大学教职工代表大会制度建设不规范，教职工参与民主管理与监督的渠道不通畅等现象依然不同程度地存在。中国的大学要按照 2011 年教育部颁布的《教职工代表大会代表规定》的要求，进一步完善教职工代表大会制度，保障大学教职工民主参与权和监督权。

6. 完善大学内部管理体制。一是完善校院两级管理体制。校院两级管理体制是大学治理结构的重要组成部分。在大学的自主权不断扩大的同时，要逐步扩大学院一级的自主管理，使作为基本教学单位的学院更具活力。二是整合学校管理机构，探索大部制改革。一些高校行政管理部门过多，职权交叉重复，效率低下。推行“大部制”改革，有利于复归学术本位，进一步降低行政成本、提高管理效能和效率，也使大学治理结构更加科学、高效。三是探索公开选拔高校校长制度。校长的教育理念、管理水平对大学的发展有重要的影响。因此，中国的大学要深化高校人事制度改革，倡导教育家办学，探索校长职业化的途径，在条件成熟的高校推行公开选拔校长制度。当前，西南财经大学在世界范围内选拔校长的工作正在进行。

7. 完善校务公开制度，推进阳光治校。2010 年，教育部出台了《高等学校信息公开办法》，要求高校按照“统筹规划、突出重点、切合实际、稳步推进”的工作思路，不断创新公开形式、丰富公开内容、增强公开效果。校务公开制度的完善，有利于提高教育工作透明度，保障师生员工和社会公众的知情权、参与权、表达权和监督权。

8. 强化国家督导，加强审计监督。健全国家督学制度，坚持督政与督学并重、监督与指导并重，强化对政府落实教育法律法规和政策情况的督导检查。即将出台的督导条例，将高等学校纳入国家督导的范围。加强对学校的审计监督，教育部和财政部根据《教育规划纲要》的精神，印发了《高等学校总会计师管理办法》，并逐步实施高校总会计师制度。

大学治理结构的形成总是与特定的历史环境相关联，不同的国家、不同的大学也会有不同的大学治理结构。因此，中国的大学既要不断学习借鉴其他国家大学治理先进的经验，也要结合自身情况不断探索实践，建立符合中国大学特点、更加科学、充满活力的大学治理结构，促进中国高等教育科学发展。

继续深入推进中国特色现代大学制度试点工作①

今天，我们在这里召开完善现代大学制度研讨会，主要任务是交流试点工作进展情况，研讨大学章程建设和大学内部治理结构相关问题，明确进一步推动现代大学制度改革试点工作的思路举措。今天参加会议的主要是改革试点南方片区的13所高校负责同志和有关专家。华中师范大学为这次会议的召开做了大量工作，为我们创造了一个良好的研讨环境。

今天的会议是交流和研讨，目的是分享思想、交流经验、启迪智慧、推进工作。希望大家畅所欲言，围绕推进现代大学制度建设，积极交流经验、建言献策，合力推动试点工作再上新台阶。下面，我讲三点意见，与大家讨论。

一、关于各试点学校工作进展情况

《教育规划纲要》以人才培养改革为核心，以体制机制改革为重点，系统设计了教育改革的整体框架，确立了人才培养体制改革、考试招生制度改革、建设现代学校制度、办学体制改革、管理体制改革和扩大教育开放6项重点改革任务和10项改革试点任务。这10项改革试点都是制约教育事业科学发展的重点难点问题，也是人民群众关心的热点问题。《教育规划纲要》把现代大学制度作为十大改革试点之一，推动现代大学制度从理论研究、学校自发探索进入了由国家主导的试点探索阶段，并使之成为国家的统一决策、统一部署。这是我国高等教育改革发展前所未有的历史机遇，必将充分激发学校的办学活力，充分调动广大师生的积极性、主动性、创造性，推动我国高等教育事业进入科学发展新阶段。

---

① 本文是作者2011年11月25日在华中师范大学建设现代大学制度研讨会上的讲话。

2010 年 12 月 20 日，教育部政策法规司在北京召开了建设中国特色社会主义现代大学制度试点工作会议。邀请了中组部、人力资源和社会保障部、全国总工会、工业和信息化部、中科院、浙江省教育厅等相关单位负责同志，教育部直属司、人事司、财务司负责同志，国家教育体制改革领导小组办公室有关同志，28 所试点高校试点工作负责同志及有关专家学者参加了会议。会上交流了试点方案，对建设现代大学制度进行了深入研讨，提出了建立试点工作机制的意见建议，对试点工作进行了全面部署。试点工作会议召开以来，在国家教育体制改革领导小组办公室统一领导和部署下，各试点学校认真落实试点工作方案，试点各项工作有序展开、扎实推进，取得了可喜的成绩，呈现出良好的发展势头。

一是各试点高校高度重视。各试点学校充分认识改革试点工作的重要性，学校领导把推进改革试点作为重要工作职责，纳入重要议事日程，有的还亲自担任试点项目负责人，切实加强对改革试点工作的领导。现代大学制度是大学的基础性制度。可以说，一个大学能走多远、能变多强，不是取决于其规模和一些具体指标，而是取决于基础性制度的完备程度。

二是工作方向更加明确。各试点高校根据试点工作会议的要求，反复研究完善试点方案，科学统筹、系统设计，明确了改革目标、改革措施、进度安排、配套政策、保障条件、责任主体、风险分析及应对措施、预期成果及推广价值等核心内容，这些都为试点工作指明了方向。同时，各试点高校坚持一切从实际出发，在科学分析自身办学传统和优势的基础上，针对自身面临的重点难点问题，确立改革任务、目标及政策措施，可以说，改革试点各有侧重、各有特色、各有优势。

三是有了专门的机构和队伍。大部分的试点高校都组建了由校领导牵头、相关部门负责人和专家学者参加的专门工作队伍，拨付专门工作经费，为试点工作提供了坚强有力的组织保障和经费支持，确保了改革试点的顺利实施。

四是若干制度建设取得突破性进展。总体来看，各试点高校在以下 9 个方面制度建设取得了显著进展。

（1）坚持和完善党委领导下的校长负责制。有的试点高校，如湖南大学提出了完善党委全委会、党委常委会、校长办公会、书记办公会的议事规则和程序，进一步明确权力边界。长安大学明确校党委权力范围，制定校党委各岗位工作职责条例，明确以校长为首的行政管理系统的权力范围，制定行政系统各岗位工作职责条例。重庆大学探索形成了“职责分工不分家，相互支持不拆台”的党委行政有效分工配合的工作方法。

（2）建立和完善教授治学体制和学术管理体制。探索充分发挥学术委员会重要作用的制度机制。有的试点高校，如重庆大学出台了完善校学术委员会相关工作的实施意见，明确校学术委员会的工作职能、构建思路和运行组织架构，进一步完善和修订学术委员会章程，调整组建了新的校学术委员会。西北农林科技大学明确教授委员会是学院（系）最高学术决策机构，明确教授委员会组建的基本原则、基本程序，议事的基本规则，委员资格的取消和增补条件等。华中师范大学明确教授委员会是学校最高学术权力机构，负责学术资源配置、学术评价、学术决策、学术论证、学风建设和学术申诉等工作，学校领导、职能部门负责人、院（系）院长不担任教授委员会主任委员、副主任委员，仅作为一般委员进入教授委员会。

（3）完善校院两级管理体制。如天津大学研究制定《天津大学校院两级管理模式实施细则》，学院自主制定财务政策、自主支配收入和支出，明确学院在事业发展中的主体地位。复旦大学赋予医学学科相对独立和完整的管理权限，保证医学学科建设和医学人才培养的完整性。西北工业大学研究确定学院管理权限，确定学院目标责任关键指标，对学院实行整体绩效目标考核，根据学院整体绩效目标考核实施奖励。东华大学建立“阳光下的博弈机制”，按照分类指导和公开、透明、公平、公正的原则，确定学院人、财、物的投入和相应的管理权限。

（4）深化人事分配制度改革。如浙江大学通过设置教学科研并重岗、研究为主岗、教学为主岗、知识转移岗、团队科研/教学岗等，对教师岗位进行分类管理。四川大学提出建立以业绩贡献和能力水平为导向的分配体系，将“身份管理”转变为“岗位管理”，实行岗变薪变的绩效工资分配制度。华东师范大学制定不同岗位、不同学科领域的人才评价标准，实行综合素质评价与特殊才能评价相结合、近期绩效与长期绩效相结合，完善以鼓励创新和业绩贡献为导向的薪酬分配办法，建立人才特区制度。中国政法大学建立教师学术能力公开报告制度和当场票决制度。

（5）探索建立理事会或董事会。这是《教育规划纲要》提出的一项重要任务。早在1989年国内就有高校，如中国矿业大学，成立了高校董事会。目前，全国已有超过200所公办高校建立了学校理事会或董事会。中国特色高等学校理事会或董事会的建立和发展，将有助于打破传统的行政管理观念和封闭的办学体制，推动高等学校主动适应经济社会发展，改变学校内部决策方式，形成利益相关者共同讨论和决定学校改革发展的良好治理模式。如北京师范大学创新高校共建模式，探索建立高校与中央部委、地方政府、社会组织等合作共建的新模式。

（6）探索学校大部制改革。推行“大部制”改革，有利于复归学术本位，进一步降低行政成本、提高管理效能和效率的需要。如中国科学技术大学推动实现行政权力由管理向服务的转变，加强服务窗口建设，建立扁平化、简约化的服务组织结构，成立行政服务中心和学生服务中心，为师生提供“一站式”便捷服务，实行“首问负责制”、“限时办结制”。西南财经大学提出发挥学校财经学科优势，试行总会计师制度，完善以总会计师为核心的财务管理制度。

（7）创新基础学术组织。如北京师范大学搭建以学科为基础的数量适当、分布合理、运行高效的学部制实体单位布局。东南大学探索建立实行学术特区，给予学术特区在人员评聘、薪酬分配、实验室建设等方面充分的自主权。哈尔滨工业大学全面推进国际首席学术顾问计划，将各学科首席学术顾问纳入学科发展战略研究团队，参考基础交叉研究院的模式，建立若干适合人文、社科类学术特区。华南理工大学通过集成相关学科优势，构建创新平台，将学校不同人员充实到基层学术组织，扩大基层学术组织的人事管理和财务管理权限，建立健全奖惩和退出机制。

（8）完善校务公开制度。如四川大学推广系主任民主直选制。华东师范大学不断加强学校信息公开制度建设，实行教育质量年度报告公开制度。中国政法大学推进党务公开，健全党内情况通报制度，建立学校党委新闻发言人制度，建立党委成员定期与学校广大教职工网上见面制度，党委成员网上值班制度，建立党委决策听证制度。

（9）制定和完善学校章程。如华中师范大学积极建立大学章程，明确规定大学的宗旨与使命、组织机构、各利益相关方的权利义务、运行机制、学术事务的处理等内容，作为规范大学运作的“宪法”。

五是探索形成了改革长效机制。建立了上下沟通协调机制，推动试点学校与主管部门加强相互联系，共同探索、共同研究解决试点工作中遇到的问题和困难，确保了改革的正确方向。今天的研讨会，就是这一机制的具体体现。建立了专家咨询机制，国家教育咨询委员会体制改革组对试点过程中的重大理论问题和现实问题、重大改革事项进行论证评议，提供咨询意见。建立了教育部及其他部门对试点工作的指导服务机制。建立了试点高校间的交流借鉴机制，推动各试点高校间及时总结交流彼此的好经验、好做法、好成果，互相学习，互相支持，共同发展。

这些成绩的取得，是试点工作同志们辛勤努力的结果，凝聚着你们的汗水和智慧。在这里，我代表教育部政策法规司，向在座各位，并通过你们向所有试点工作的同志们表示亲切的慰问和诚挚的谢意！

二、关于我们正在开展的工作

现代大学制度涉及大学的内外部关系。在外部关系上，首先是与政府的关系。一年多来，为了切实推进现代大学制度建设，解决社会意见比较集中的政府对学校管得过多过细以及监督监管制度不完善的问题，进一步推动政府与学校的良性互动，遵循着放权与还权的基本思路，一系列国家层面的改革举措也在不断推出，不断厘清政府、社会、学校三者之间和各级政府以及教育部门之间的关系和职责，为建立现代大学制度提供了良好的支撑和保证。

一是进一步明确政府管理学校的权限和职责。进一步简政放权，重点做好制定政策、宏观指导和推动发展、监督检查工作。推进转变政府教育管理职能和管理创新，促进管办评分离，形成政事分开、权责明确、统筹协调、规范有序的教育管理体制，努力朝着政府定位更加准确、责任更加明细、行为更加规范、组织更加科学，政府间关系更加合理，政府、学校和社会的关系更加和谐的方向发展。召开地方政府管理高校体制机制研讨会，研讨地方政府转变教育管理职能的基本方式。今年5月26日，教育部政策法规司在昆明召开了“地方政府管理高校体制机制研讨会”，邀请教育部及其他相关部门负责人，部分省级教育行政部门负责同志、部分地方高校主要领导同志和相关专家学者，总结交流了有关省份创新地方高校管理体制和运行机制、促进学校服务区域经济社会发展方面的有益做法和经验，分析了地方政府管理高校的现状和问题，研究了深化地方高校宏观管理体制改革的政策思路。

二是落实和扩大学校办学自主权。逐步改变政府直接管理高等学校的方式，促使学校真正成为自主办学的实体，并承担应有的责任。教育部在改革中，把下放高校自主权作为重要工作。扩大了高校本科专业设置权限，修订了《普通高等学校本科专业设置管理规定》，除国控专业外，高校可以自主设置《基本目录》和《专业名录》内所有本科专业。逐步扩大高校自主招生权，2011年自主选拔录取试点高校达到80所。改革学科设置管理模式，二级学科由学位授予单位在一级学科授权权限内自主设置。放权58所研究所院单位自行审核博士、硕士学位授权点，委托省级学位委员会初审一级学科博士点和审核一级学科硕士点，深入推进学位授权审核制度改革。

三是推进高等学校治理结构建设。研究制定党委领导下的校长负责制实施意见和《公开选拔高等学校校长的工作方案》，完善大学校长选拔任用机制。研究制定《高等学校章程制定暂行办法》，以大学章程建设为抓手推动高校依法自主管理，明确高校内外部权利义务关系，促进高校完善治理结构。会同全国总工会研究制定《教职工代表大会规定》，完善教职工代表大会制度。

四是深入推进依法治教。配合国务院法制办开展《考试法》草案、《教育督导条例》审议工作，修订《职业教育法》、《残疾人教育条例》，启动《校园安全条例》、《残疾人教育条例》修订工作。研究制定《教育部规章立法规划（2010—2020年）》，确定了43件规章立法项目。大力推进依法行政，对教育部行政审批事项进行清理，完成教育部规章和规范性文件清理工作，废止4件规章，修改12件规章，废止423个规范性文件。

五是加强督导评估。健全国家督学制度，坚持督政与督学并重、监督与指导并重，强化对政府落实教育法律法规和政策情况的督导检查。研究新的高校教育教学评估标准和方式。建立教育部经费监管事务中心，研究尽快成立高等教育拨款咨询委员会，充分发挥专家智库作用和教育经费的政策引导作用，提高教育经费分配、管理、使用的科学化、民主化水平。强化信息公开，发布《高等学校信息公开办法》，保障公民、法人和其他组织依法获取高等学校信息的权利，促进高等学校依法治校。研究制定学校办学基本标准，制定和完善各级各类学校生均拨款标准，努力做到用标准加大投入、用标准加强监管、用标准加强问责。

在看到这些成绩的同时，我们也要清醒地看到，试点工作既涉及体制机制，也涉及思想观念，还涉及人的切身利益，有些方面认识不尽一致，难度大、压力大，矛盾也比较多，许多问题没有现成答案，需要在实践中不断探索。

三、确保试点工作取得阶段性成果

2012 年是改革试点的第三年，本届政府要全面完成各项任务，兑现向社会的承诺。教育体制改革是重点任务之一。中央领导同志多次强调，2012 年教育体制改革一定要“务见成效”。经过一年多的努力，推进现代大学制度建设试点工作的思路基本明确了、机制建立起来了，有关配套政策逐渐完善。现代大学制度改革试点是本次教育体制改革的“深水区”，一直受到广泛关注，师生热切期待，希望早日看到改革的成效。如果不能见到成效，广大师生就不会满意，党和政府的公信力也将受到影响。

具体到现代大学制度改革试点，应该继续按照“依法办学、自主管理、民主监督、社会参与”的要求，改革创新、狠抓落实，确保取得阶段性成果，具体有以下五点建议。

一是按要求制定章程。大学章程上承国家教育法律法规，下启学校规章制度，是规范高校与政府、社会及其内部关系的准则。1995 年颁布的《教育法》明确提出，设立学校及其他教育机构必须有章程：1998 年颁布的《高等教育法》明确要求，申请设立高等学校的，应当向审批机关提交章程；并对章程应规定事项作了明确说明。但由于各种原因，目前我国大学章程建设工作并没有按要求全面展开，不少学校仍在“无章办学”。1999 年 12 月，教育部在《关于加强教育法制建设的意见》中再次强调，“各级各类学校特别是高等学校要提高依法管理学校的意识，依据法律、法规的规定，尽快制定、完善学校章程，经主管教育行政部门审核后，按章程依法自主办学”。2003 年 7 月，教育部在《关于加强依法治校工作的若干意见》中再次重申，“学校要依据法律法规制定和完善学校章程，经主管教育行政部门审核后，作为学校办学活动的重要依据”。2006 年 6 月，我们在吉林大学召开了“直属高校依法治校工作经验交流会”，对大学章程制定工作作了明确要求和广泛动员。但由于各种原因，目前我国仅有 30% 的高校制定了章程。这些已制定的许多章程还不符合新的要求。大学缺乏章程，不符合有关法律要求，不符合国际惯例。从目前部分学校已发布的章程来看，还存在着文本质量参差不齐、总体水平不高、内容雷同现象，未能体现学校个性特征，内容存在结构性缺失、重点事项缺乏翔实规定、制定程序不合法、实施推进力度不够等问题。因此，必须要加快推进大学章程建设，切实改变大学办学“无章可依”、“有章不依”等问题。

各试点学校要做章程制定的“领头羊”，切实增强对章程法律地位和权威的认识，确立章程在高校办学中的核心地位，以章程建设作为建设现代大学制度的主要突破口，加快工作步伐，2012 年前，研究制定出符合法律规定的章程，并予以公布。章程要全面反映学校的管理体制与运行机制，凝练学校办学理念和办学传统，彰显学校特色。要注重把《高等教育法》等法律法规对学校办学和章程制定的原则性规定具体化。比如说“党委领导下的校长负责制”，各学校应该有自己的议事规则和具体办法，在章程中都要予以具体说明。章程一旦制定公布，就必须要严格按照章程规范管理、依法自主办学。此外，大学章程制定实施目前在我国还处于初创探索阶段，要随着实践的检验和反馈不断完善章程。根据有关规定，大学章程须经主管教育行政部门审批后才能生效。因此，要进一步理顺章程核准备案等工作机制，筹备成立教育部章程审核领导小组。

二是制定党委领导下的校长负责制议事规则。自高校实行党委领导下的校长负责制以来，中央有关部门及各地各高校认真贯彻中央有关要求，坚决执行并不断探索完善了这一体制，为我国高校连续 20 多年保持稳定、促进高等教育事业科学发展提供了重要制度保障。但是，目前高校贯彻执行党委领导下的校长负责制，还存在少数同志对这一体制的内涵理解不到位、部分高校在实践中较难正确处理党政分工合作关系、部分高校党政会议制度和重大问题的决策程序还不够规范和完善等问题，有的高校会议种类繁多达八九种，各种会议职责界定不清晰；有的高校以党政联席会议代替党委会议作为领导决策机构；有的高校会议议题的提出随意性较大，民主集中制坚持不够好。

制定议事决策规则是完善党委领导下的校长负责制运转机制的重点。要构建科学的高校党政会议体系，党委通过召开党委会议讨论决定学校重大问题，对学校工作进行领导；校长通过召开校长办公会议行使职权，党委会议、校长办公会是党委、校长履行职责职权的载体和重要形式，要进一步明确两个会议的职责定位、议事规则及议事范围，增强贯彻执行党委领导下的校长负责制的规范化。要规范重大问题的决策，结合办学层次和传统，界定本校重大问题、重要事项特别是大额资金的额度、重要干部的级别和范畴；在议题提出上，校领导均可提出议题，但提交会议讨论之前，党委书记、校长和有关校领导应事先沟通、酝酿并基本达成共识；在决策程序上，必须经过提出方案、充分酝酿、会议决定等程序。

三是建立理事会或董事会。高校董事会制度最早起源于英国。英国高校的董事会是学校的最高决策机构，负责创设办学条件，筹措教育经费，聘任校长、教师，校长对董事会负责。私立学校董事会承担着对学校投资的责任，公立学校董事会吸收社区、教育局、学生家长和教职工共同参与。董事会制度在美国得到了比较充分地实践。在美国，董事会作为独立的机构，拥有很高的地位和较大的权力，处于整个管理系统的顶端，是学校最高决策机构和最高权力机构。但往往董事会不直接参与学校管理，而是任命校长进行管理。美国董事会的最大优势是保证了大学与外部的联系，构建了民主参与的大学管理体制。美国著名高等教育专家 J. V. 鲍德里奇就曾指出，“理解校外人士的管理在美国高等教育中所起的作用，是理解当代美国学院和大学管理的关键”。董事会制度被国外办学实践证明是一项行之有效的管理制度。

要办好一所大学，不仅要搞好教育、教学工作，也要和社会各方面加强联系。在市场经济的背景下，创建中国特色的大学董事会制度有利于发挥学校的办学自主权，有利于沟通大学与社会，有利于学校拓宽办学资金，有利于建立民主科学的管理机制。

要积极探索成立高校董事会、理事会，没有设立高校董事会或理事会的，要在2012年设立，让更多的社会资源进入学校，扩大社会合作，为经济社会发展作出更大贡献。在董事的人选上，要保证学校承担的公共职能和学校的公益性质，在发挥校外人士连接社会作用的同时，更要注意吸收校内教师和学生代表入会。要制定完善董事会章程，确立董事会创办的依据、性质、宗旨，董事和董事长产生的程序，构建董事会各个组织、董事会议表决制度，明确学校和董事不同的权利与义务关系等，形成管理科学、产权明确、利益平衡、民主监督的管理体系，最大限度地发挥董事会制度的作用。理事会成立后，要逐步扩大理事会的职能，发挥理事会在学校事业规划、建设计划、专项工作部署等重大事项审议、领导班子评议、深化产学研合作、筹集办学资源等方面的作用，并把校董会的地位、职责、作用以大学章程的形式予以规定和制度化。

四是建立完善教授委员会和学术委员会。大学本质上是一个学术机构，教授是教学、科研活动的主体。大学走向卓越，需要教授治学。哈佛大学前校长德里克·博克说：教师就应该广泛控制学术活动。他们最清楚高深学问的内容，因此他们最有资格决定应该开设哪些科目以及如何讲授。此外，教师还应该决定谁最有资格学习高深学问，谁已经掌握了知识并应该获得学位。更显而易见的是，教师比其他人更清楚地知道谁最有资格成为教授。要积极探索教授治学的有效途径，建立完善教授委员会和学术委员会，充分发挥教授在教学、学术研究和学校管理中的作用，普遍设立教授委员会或学术委员会。要明确教授委员会或学术委员会的构成，应以普通专家学者为主，确保学术委员会依照学术委员会章程独立开展工作，依法履行审议学科、专业设置、教学科学研究计划、评定教学科学研究成果等有关学术事项的职责。

五是公布质量报告。试点高校要着力建立有效的校内教学质量监测和调控机制，建立健全学校本科教学质量保障体系。建立本科教学自我评估制度，根据学校确定的人才培养目标，围绕教学条件、教学过程、教学效果进行院系评估、学科专业评估、课程评估等。应特别注重教师和学生对教学工作的评价，注重学生学习效果和教学资源使用效率的评价，注重用人单位对人才培养质量的评价。学校在自我评估基础上形成本科教学年度质量报告，在适当范围发布并报相关教育主管部门。今年，全国有 39 所高校公布了 2010 年度本科教学质量报告，主动接受社会监督，取得了很好的社会效果。

建设现代大学制度改革是一项复杂而艰巨的系统工程，政治性、政策性强，社会关注度高，牵一发而动全身，必须处理好四种关系。一要处理好自上而下和自下而上的关系，认真落实国办文件要求和教改有关规定，注重统筹规划、系统设计，同时又积极立足本校实际，尊重改革规律、尊重师生意愿，积极探索符合本校实际的建设现代大学制度的实现形式，形成现代大学制度的不同模式。二要处理好事业发展与制度建设的关系，在实施教育项目和计划时，要与建设现代大学制度有效衔接起来，注重制度建设，发挥更为长久的效益。三要处理好突出重点与整体推进的关系，把章程作为建设现代大学制度的突破口，全面推进各项试点工作。四要处理好立足国情与面向世界的关系，积极借鉴吸收世界上建设现代大学制度的先进经验，又不盲目崇拜，坚持立足国情、批判吸收，努力探索具有中国特色、时代特征的现代大学制度。

下一步，我们将及时跟踪、了解试点进展情况，加强对现代大学制度试点高校的调研跟踪，总结现代大学制度建设的不同模式并予以推广。我们还将加强与部内司局和有关部委的联系，探讨推进试点工作的路径，尽早出台更为详细的指导意见。

刚刚闭幕的党的十七届六中全会，提出了社会主义文化大发展大繁荣的要求。建设现代大学制度，是大学文化的重要组成部分，在文化大繁荣中具有特殊的地位和作用。承担现代大学制度改革试点任务的高校，都是综合实力强、管理水平高、办学历史悠久的高校，在探索现代大学制度方面都积累了一些宝贵经验。作为试点高校，大家是建设中国特色社会主义现代大学制度的先行者、探路者，承担着为全国改革积累经验的光荣使命。让我们锐意进取、扎实工作，不断推动现代大学制度改革试点工作取得新成绩，为建设高等教育强国、办人民满意教育作出更大贡献。

中国特色现代大学制度的基本内容与推进策略①

一、正确认识高等学校的组织性质和法人地位是构建现代大学制度重要的基础

现在谈现代大学制度，首先要明确：什么是大学，什么是高等学校。大学或高等学校，不是随便说的，必须有一个界定。这个界定就是法律的界定。

按照《高等教育法》的规定，首先，大学是一个公共组织，具有公益性。《高等教育法》规定，设立高等学校，应当首先符合国家利益和社会公共利益，不得以营利为目的。这就规定了我国高等学校的组织性质。高等学校与企业不同，企业是营利性的，高等学校不能营利。不能营利不等于不能赚钱，但是不能分红。高校举办者可以投入资金设立学校，学校也可以通过自己的活动积累财产，积累资金，但是积累的资金和财产必须用于学校本身的建设和发展，不能由举办者分红。比如，西南财经大学是教育部直属高校，教育部只有投入的责任，没有拿钱走的权利。这就是高等学校的非营利性。高等学校的任务就是培养人才。今年胡锦涛总书记在清华百年校庆讲话中讲了高等教育的四个功能。过去我们讲，高等教育的使命、任务是人才培养、科学研究、社会服务。这次总书记讲话以后，增加了文化传承和创新。今后高等学校有四大功能：人才培养、科学研究、社会服务、文化传承和创新。高等学校的非营利性、公益性要体现在这几个方面。这里主要说的是公办高校。民办高校除了经营性或营利性学校外，也要更充分地体现公益性。总之，我国高等学校办学要以公益为出发点，高等学校的组织性质是公共的性质，要把公共服务作为自己的首要目标和基本任务，不谋取私利。

① 本文是作者 2011 年 11 月 20 日在西南财经大学作的主题演讲。

其次，高等学校按照法律规定是事业法人。这就表明高校不是政府，也不是政府的附属机构，是独立的事业法人。《高等教育法》规定高校应当面向社会自主办学，高校自批准之日起即取得法人资格。因此，高校的办学和管理主要由学校自主进行，而不是政府包办。大家也许觉得，大学的独立法人地位是天经地义的，实际不见得。世界上很多国家的大学，不是独立法人。比如日本在2004 年以后实行了大学法人化制度，在此之前，日本的高校不是独立法人。日本的国立高等学校全部是由文部省统一管理。文部省在每个学校设立监管人员，花一分钱办一件事，要上报文部省。法国、德国的大学同样不是法人。目前，法国也在争论大学要不要法人化，但是困难很多。它们是由总统任命一个大学教授，而我们评聘一个教授，校长经过一定的程序，就可以任命。所以，在谈到高等教育改革的时候，我们迈出了重大的步伐，就是按照 1998 年《中华人民共和国教育法》的规定，高校是独立法人。既然是独立法人，在自主权方面就比较丰富和完善，在发展机制上也比较灵活。这样，就使我国的高等教育形成多元化、多渠道发展的局面。这是我国高等教育发展改革的重要成果。大家不必自我鄙视，我们的大学基本制度，我个人认为，在世界上是先进的。

再次，我国高等学校虽然不是政府，但是它是有部分公共事务管理权的法人。这个部分公共管理权，就是自我管理的权力。所谓的自主权，是法律赋予学校的一种公权力。这种权力对于学校一系列内部管理制度，对学生和教师的权利都产生了影响。我国《高等教育法》规定了高校的七项办学自主权。这个自主权，就是来源于法律。通过法律对高等学校的授权，使我国高等学校的自主管理和政府对高等学校的行政管理，形成了一种权利（权力）上的互相配合、互相支持、互相监督的格局。因此，有些权利是学校自主享有的，还有一些权利是政府来保障的。高校学校的管理权是公权力，当然这种公共权力和国家机关的行政权力性质上是一样的，也是需要受到司法的监督和其他社会监督的。现在政府的公共权力，要受行政法的制约。如果政府侵权，可以提起行政复议和行政诉讼。高校在这方面性质也是一样的，只不过要通过特别的渠道进行。

保证高等学校实现法定权利是构建现代大学制度的基本要求。既然高等学校是承担公共服务的公益法人组织，不仅有部分管理的权利，还要有法定的权利。因此，我们讲的七项自主权，就是这种法定的权利。按照《高等教育法》和《中华人民共和国教育法》的规定，法定权利有这么几项。第一是自主招生权。制订招生方案，自主调整系科招生的比例。第二是自主设置和调整学科、专业。学校想怎么招生以及具体科系的设置比例，由学校自主决定。学科的设置，是学校自主的。最近教育部又下放给学校专业设置权。第三是自主制订教学计划、选编教材、组织实施教学活动，也就是教育教学权。高校如何教学，国家不应过多干预，一般不编统一教材，除了特别项目以外；使用什么教材，国家不管；如何组织实施教学活动，国家不管。不像中小学，有教学大纲，有规定的教材，不能使用国家没有批准的教材。这些教材都要经过国家审定，因为要保证国家意志在义务教育阶段的体现。大学不一样，没有国家统编教材，如果有一些，也是推荐使用，不是强制命令。大学的教学计划也可以自主制订，教育教学活动可以按自己愿意的方式来实施。这是大学教育教学的自主权。第四是自主开展科学研究、技术开发和社会服务。这就是科学技术研究开发权。大学既要承担纵向的国家交予的人才培养的任务计划，也可以开展横向的科学研究、技术开发和社会服务。当然有很多科学研究的任务是国家布置下来的。但是这些任务往往是通过招标、竞标的形式进行的。还有横向的科学研究、技术开发和社会服务，是高校自主进行的。不做不利于高校自身的发展。有的学校说不搞这些，专门培养人才，当然也可以。第五是自主开展国际交流与合作，这是国际交流权。可以在办学的很多方面，开展国际交流与合作，请外国人来讲学，聘请外籍教授，招收外国留学生。这样的活动基本上都是按照学校自己的意愿开展的。当然，有的要经过国家批准。第六是自主确定内部的组织设置和人员配备，这就是自主的机构的设置权。学校可以设教务处，也可以设教务部，有的机构可以合并，也可以不和国家的行政机构一一对应起来，实行“大部制”。第七是依法自主管理和使用学校的财产，即自主的财产使用管理权。公办学校的财产不是属于学校，而是属于国家。所以，学校资产的处分，要经过政府的批准。这和民办学校不同。民办学校的财产属于法人自主，归学校所有，任何机构和组织不能处置，除非学校变更、消失。但是公办学校的财产处置权在政府。比如，前些年高等教育管理体制改革的时候，很多中央部门学校下放到地方，学校财产就从中央政府划归到地方政府，财产的处置权、所有权发生了变化。在财产问题上，学校有管理和使用的权利。国家把财产交由学校管理、使用，不能损坏，而且应当保持增值。这就是学校的七个自主权。

理解现代大学制度，理解自主权利的内涵是非常有必要的。这是高等学校的一类权利，即自主权。《中华人民共和国教育法》还规定了学校在民事活动中享有相应的民事权利。这也是一大突破。这就意味着，高等学校可以开展民事活动，享受民事权利。高校可以和社会上的其他单位、机构、企业开展民事活动，可以买东西，人力资本、知识成果也可以作为民事活动的标的物。比如讲学、讲课、提供服务，都是可以收取费用的。这非常重要，如果高校没有这些民事权利，就会受到很大的限制，这些民事权利不是所有的机构都有的。

高等学校的民事权利应当服务于高等学校的组织性质，不能和它的公共职能的要求相冲突。比如，不能把某一个教室卖掉，也不能随意用校园名义换取商业利益。比如西南财大光华校区，如果命名为李嘉诚校区，恐怕就有问题。过去有的地方管理得不严，命名了一些这样的建筑物，以后要加以规范。前几年，有的商学院、法学院以外国人的名字或国外商业机构或品牌命名，以后这种情况也要限制。另外，《高等教育法》还规定高等学校的一些自由，国家依法保障高等学校的科学研究、文学艺术创作和其他文化活动的自由，可以归纳为高校的学术自由、创作自由、教育教学自由。科学研究的自由、文化科研活动的自由当然也要符合法律的规定，但是国家要给予保障。某种言论，即使与社会一般的价值有所不同，国家同样要给予保障，但前提是这些言论不违反国家宪法的基本原则和法律的规定。所以，高校的教师在课堂上进行探索是可以的，但是不能违背原则。要特别强调学术探索的自由、科学研究的自由和教育教学的自由。这几种自由的范围是不同的。教育教学的自由更多地要受到限制。如果在课堂上讲和教育教学无关的、不正确的言论，因此遭到处分，法律是不予保障的。比如讲地理，我们可以讲不同的观点。在地理课上认为山西划到华北是不对的，但是有的单位认为根据地理结构把山西划到华北是对的。这是一种探索。这样不同的学术观点争论是可以的。但是最近北京市海淀区的一位历史教师，讲明朝的故事。有的人认为这段言论政治上不正确，是野史的观点，错误百出。学校就找他谈话，法律专家在讨论，应不应该对其进行批评、劝诫、制止。有人认为应该，有人认为不应该。但是学校对他的批评处置，如果这位教师去告，法院不一定支持。

此外，高校还要承担法定的义务，这也是构建现代大学制度的重要内容。现在我们谈论高等学校的时候往往讲权利多，讲义务少，在强调落实高校办学自主权的同时，应明确学校的义务，明确高校自身承担的职责。第一，高校承担社会公共义务和职责，就是要通过自身承担的四大任务来促使受教育者和社会成员接受高等教育，享受高等教育的成果。取得的成果要为社会服务，高校不仅要强调完成教学科研任务，还要为社会服务，为提高国民素质服务，为当地的经济建设服务。第二，高等学校应自觉承担政府赋予的职责。高校应按照政府确定和要求完成任务。政府会通过一定的方式给高校下达任务，比如每年招多少学生，这是主要的任务，当然还有其他的任务，比如稳定。政府要求高校提供科学研究的成果，但是现在还没有一定的量化指标。高校要自觉承担政府赋予的义务。规划纲要中，给高等学校确立了一项责任，主动公布学生培养质量的结果。每年质量报告要向社会公布。每年学生的素质、人才培养方面有没有提高，要体现出来。以什么指标体现，自己考虑。以后教育部也会做统一的规定。

二、《教育规划纲要》中对现代大学制度的要求

这次新颁布的《教育规划纲要》里，专门设了一章讲建设现代学校制度，其中专门有一节，就是规定中国特色现代大学制度。“现代大学制度”这一概念的提出，表明我国非常重视大学制度的建设。如果说前些年的教育改革主要重视政府对于教育事业、对于学校的管理的话，这次重视现代大学制度的建设就表明，我国教育改革发展已经有了一个根本性变化，已经从重视政府管理行为，转变为重视学校自身建设、重视现代大学制度建设。

什么叫现代学校制度？纲要提出，要依法办学、自主管理、民主监督、

社会参与。一是依法办学，就是按照教育法律法规和其他法律法规进行学校的管理。二是自主管理，有关大学自主办学的内容刚才已经谈到了。这里还要注重中小学也要自主管理。三是要接受监督，包括政府的监督、社会的监督、媒体的监督、群众的监督，有校内监督也有校外监督。校内监督方面，教师代表大会要参与学校的民主管理和民主监督。教育部马上要出台教职工代表大会的规定，要促进、规范学校内部教职工代表大会的建设。四是社会参与。我们可以采取多种方式，中小学、社区要参与，家长要参与，要和社区联动，成立家长委员会。这些都是现代学校制度的内涵。

但是现代大学制度不能满足于此。因为大学的情况更为复杂，现代大学制度提出进一步的要求。现代大学制度的提法，是在一份正式文件里面提出来的，也是党中央、国务院第一次在高规格的文件中提出来的。以前学者探讨过，教育部的文件也提出过，但是阶位不够高。也就是说，通过《教育规划纲要》的规定，使中国特色现代大学制度成为国家的规定。现代大学制度有四方面的要求。

一是要完善治理结构。大学是有治理结构的，治理机构最早是从商业的制度中延伸出来的，现在用到各种社会组织上。完善治理结构，就是正确处理大学内部的治理关系。要处理大学里面的四种权力关系。

1. 党委领导。高等学校的领导是党委，完整的表述是党委领导下的校长负责制。这是第一位的，不是教职工代表大会领导。有的学校把章程通过的权力交给教职工代表大会，党委通过以后还要教职工代表大会最后通过。这和国家提倡的治理结构是不符的。

公办学校要坚持党委领导下的校长负责制。当前，关键是如何落实好党委领导下的校长负责制，这需要进一步探讨。有关部门正在研究制定关于实施党委领导下的校长负责制的具体意见，要通过制度来解决这个问题。《教育规划纲要》提出，要健全议事规则与决策程序，依法落实党委的职责和校长的职权。

2. 校长负责。校长有职权，党委有职责，这是《高等教育法》当中明确写出的。党委要管大事、管方向，同时党委要支持校长独立负责地开展工作。校长有七项具体职权。所以纲要提出要健全决策制度和程序，依法落实党委、校长的职责和职权。

3. 要发挥学术委员会的作用。《教育规划纲要》提出，要充分发挥学术委员会在学科建设、专业评价、学术发展中的重要作用。学术问题要充分发挥学术委员会的作用。要充分发挥教授在学术研究和学校管理中的作用。要探索教授治学的有效途径，教授不仅要在教学、科学研究中发挥作用，在学校的管理中也要发挥作用。现在教授在学校管理当中没有发挥好作用。有一些管理权要交给教授，比如他的团队、实验室由教授自己来管，减轻学校管理的压力，同时也调动了教授管理的积极性。

4. 要重视民主参与管理和监督的权利。这体现在教职工代表大会、学生代表大会和工会等群众组织当中。重要的事情要听取他们的意见，要征求他们的意见。教职工代表大会担负着重要的职权，对于涉及教职工切身利益的，比如住房、福利等问题，要经过教代会协商解决。

二是要加强章程建设。纲要提出，各级各类学校要依法制定章程，根据章程规定依法管理学校。章程是学校的“宪法”，是我们制定学校的各种规章制度的依据之一，是学校团结凝聚共识的制度基础。以后大家办事按照章程办，不要灵机一动，不看章程，不看法条，拍脑袋决策。现在学校的管理中，有很大的事情，没主意了就几个人商量一下。有时会开会提出好的意见，出个文件发下去。但有时也会出一些不好的文件。解决这些问题，在学校里就是要提倡法制。章程就是法制的基础。领导换了，新一任领导也要按章程办事。

三是扩大社会合作。要探索建立高校董事会、理事会。成立高校董事会、理事会是为了健全社会支持和监督学校发展，形成长效机制。它们不是决策机构，是来帮助办学的。董事会、理事会可以让一些社会名流、企业界的人士，甚至让当地政府的人员来，促使他们出力，或者给予捐助，或者提供意见，或者提供社会领域的合作，总之是为学校提供帮助的。任何时期都要团结大家一起干，否则，你虽有好主意，大家也有可能会反对你。集思广益，最后工作就能顺利解决。董事会、理事会的机制建立之后，还要探索高校与行业企业共建的模式，推动高校与科研院所、社会团体资源共享，形成有效机制，不断提高服务经济社会发展的能力。《教育规划纲要》提出，要推进后勤社会化的改革，社会合作中也要包含后勤社会化的推进。

四是要推进专业评价。《教育规划纲要》提出，要探索与国际高水平教育评估评价机构的合作，形成中国特色的高校的评价模式。当前，我国教育仍处于重要的发展机遇期，但同时也面临许多挑战和困难，比如教育管理体制仍有待进一步完善，教育投入仍相对不足，维护稳定仍然是重中之重等。处理好这些问题非常重要，但具体到学校办学而言，建立学校的质量评价制度也尤为重要。

衡量一个大学学术水平、教学水平，靠的不是社会上的一般议论，也不是靠美国的大学排行榜，还是要依靠专业的评价。蔡元培先生说："大学者，研究高深学问者也。"高等教育的人才培养、科学研究和社会服务水平要依靠专门机构进行评估，而不是靠社会议论、新闻舆论或领导印象来评价。我们专业评价的机构发展不足。因此要鼓励专业机构和社会中介组织对高等学校的学科专业、课程等水平进行评估，建立科学规范的评估制度。一个学校办得好不好，要有专业机构进行专业评价。在某种程度上讲，政府说了不算，法院说了也不算，必须是专业机构说了算。《教育规划纲要》提出要探索与国际高水平评估机构的合作，形成高水平的评价模式；还提出，要建立高等学校质量年度报告发布制度。首先应当是高校自己发布质量报告。一所高校教育质量在每一年分别达到了什么水平，应该建立自己的指标评价体系，并能通过不断努力使各项指标逐步提高。时机成熟时，这些指标就可以上升为统一的规范性要求。

高等学校体制改革的关键还是要推进管办分开、政校分离，落实和扩大高校的办学自主权。还要探索符合学校特点的管理制度和配套政策，克服行政化的倾向。行政化的倾向，要从外部和内部两个方面来克服。从外部来讲，各个国家机关要减少对高等学校的行政审批。现在国家行政审批制度改革已经进入第六轮，以后还要继续减少。比如大学的研究生院，要由学校自己决定是否建立，不再审批。现在不批不能成立，以后要取消。其他各个有关部门，财政、人事、发改、税务部门等都要减少对学校的审批项目。从学校内部来讲，要改变科层的模式，减少学校的层级和机构，在学校里，使行政机关真正成为服务机构，为第一线的教师服务，为学生服务，建立以人为本的环境。特别是高校的行政人员，不要以为自己是行政干部，学生和教师有什么事情必须求我，否则不办事；要进一步树立服务的心态，转变职能，改进作风。

三、有关中国特色现代大学制度的试点和工作的推进

《教育规划纲要》颁布以后，落实改革的问题被提上日程。因此国务院办公厅印发了《关于开展国家教育体制改革试点的通知》（国办发［2010］48 号），把改革高等教育的管理方式，建设现代大学制度作为单独的试点项目。其中，关于推进大学章程，完善学校内部的治理结构项目里，有 20 多所试点学校，包括北京大学、中国人民大学、清华大学、中国政法大学、天津大学、大连理工大学、吉林大学、东北师范大学、复旦大学、东南大学、东华大学、华中师范大学、重庆大学、中南大学、四川大学和西南财经大学、西北农林科技大学、长安大学、兰州大学、北京航空航天大学、哈尔滨工业大学等 20 多所高校。这是按照国务院文件的要求进行的。

一年来，试点工作取得了很好的成果，主要体现在：一是各个学校领导高度重视，对现代大学制度进行了认真的思考和讨论，确定了试点方案。有的学校还成立了专门的团队和班子，组织专家研讨。学校领导，不管是书记、校长，以及具体落实的处室都非常重视。二是指导思想进一步明确。当前建设中国特色现代大学制度要坚持科学发展、以人为本，突出内涵发展，目的是提高质量，增强活力。教育部还要召开专门的质量会议。三是注重制度建设，注重系统改革、顶层设计，强化制度建设。我们的工作要通过系统改革、顶层设计、强化制度建设，进一步系统化、科学化、理性化、精细化。学校的管理要上台阶、上水平，要靠制度，不能只靠人。你管得不好，人家说你无能；管得多了，人家说你揽权。所以，要让制度来管人，时间久了大家都会按制度办事，水平都提高了，领导省了心，大家也都拥护你。

各个学校要因地制宜、因校制宜，提出本校建设现代大学制度的具体目标、主要内容和若干措施。有的措施正在落实，有的正在酝酿。在具体工作中，还有以下具体成果。

一是比较深入地研究了我国大学的治理结构。首先，很多学校制定了议事规则和相应的制度。党委怎么管、校长怎么管，更清楚了。其次，比较明确地处理了学术权力和行政权力的关系。在教育规划纲要的试点工作开展之后，学术委员会有了新进展，呈现出新气象。在推进现代大学制度改革试点的过程中，很多高校按照政校分开、管办分离的原则，要求党政领导全部从学术委员会中退出，不参与；或是即便参与，也只是作情况介绍，没有投票权。这是现代大学制度建设取得的一个实质性进展。《教育规划纲要》特别提出，要探索教授治学的有效途径，充分发挥教授在教学、学术研究和学校管理中的作用。教授不仅要教学，进行学术研究，还要参与学校管理。参与决策、管理以后，人的觉悟就会提高。参与这个事情，就要对它负责，就会本着对事情负责的态度来想问题，就不会仅从个人的角度想问题。为什么现在许多老百姓讲个人利益多，讲个人的权利诉求多，就是事先沟通不够，道理讲得不够。维权，不是只讲要钱，不是不讲国家利益、集体利益，政府要善于做工作。再次，要进一步调动教职工的积极性。很多学校深化了教职工代表大会制度。通过一年的改革，很多学校在院级成立了教授会。教授会与教代会、工会有什么关系？教代会、工会是民主参与管理和监督的一种形式。教授会是直接管理的一种形式。当然，教授会在某些问题上可以起到管理的作用，也可以进行咨询。学校这一级建立教授会的比较少，院系级建立的比较多。

二是推动了机构设置的改革。机构设置也是一种权力资源的配置，机构改革是一种重新配置。在目前的试点当中，机构配置也有变化。从纵向上，很多学校把校本部的行政管理权放到院系一级，加强了院系的建设。在院系建设上，提出了很多有特色的制度。有的建立党政联席会议，有的提出党政联席会议下的系主任负责制。在院系这一级的机构设置上，法律没有明确的规定。《中国共产党普通高等学校基层组织工作条例》，规定的是联席会议。从横向来看，行政权力的机构重组或者融合，把行政权力机构进行整合，减少行政管理的处室数量。在教育教学管理上也进行了整合，有的学校实行学部制。

三是积极推进了章程的建设。很多学校制定了学校章程，比较早的是吉林大学、中国政法大学等，当然还要根据新的章程制定办法进行修改。北京大学也在制定章程，他们还搜集了全世界各个著名学校的章程，编辑出版。通过这套书，我们可以看到，世界著名大学对章程都是非常重视的。比如斯坦福大学的章程、哈佛大学的章程有800多页，这是历史演变的结果。这样校长管理起来就相对轻松，有事情翻本本条条，不用天天开会。如果学校的会开少了，教育部的会也就少了。反过来，教育部的会少了，学校的会也就少了。

四是通过试点工作推进学校的教育教学改革，加强了人才培养和科学研究，促进了学科专业的调整。

五是进一步推进了高校和社会的共建机制，很多高校成立了董事会或理事会。我前不久参加了中国政法大学新的董事会的成立仪式。董事会、理事会还要进一步研究如何发挥作用，让全社会共同办好学校。

六是进一步推进了内部管理体制改革。有的学校完善了分配制度，推进了后勤改革，推进了教师的聘任管理制度，提高了管理水平。

七是形成了一些新的机制，如上下沟通协调机制。学校的内部上下沟通协调，学校和主管部门上下沟通协调。还成立了专家咨询的机制，重要的问题请专家给予帮助。有的还成立了指导服务的机制。教育部、一些省教育行政部门，对学校进行指导。试点学校之间成立了交流借鉴的机制。大家互相交流，互相借鉴。

在试点工作当中，要进一步准确和切实把握试点工作。因为大学制度的建设不是一蹴而就的。中国公办普通大学有2 000多所，大学的问题非常敏感，因此要通过试点逐步进行。也要看到现代大学制度建设是一项系统、复杂的工程，涉及体制机制、思想观念、切身利益问题。人们的认识也不尽一致，改革的难度大、压力大、矛盾多。很多问题没有现成答案，必须在实践中加以探索。

第一，在试点工作中，要加强领导，高度重视，牢牢把握改革的方向。现代大学制度的试点政治性、政策性都很强。党的教育事业要坚持党的领导，这是我国基本的政治制度和政治原则。所以搞现代大学制度的试点，也要把握住这个方向。要落实科学发展观，现代大学制度试点，建设现代大学制度，最根本的是要促进高等学校科学发展。为此，各个试点学校要切实加强领导，科学统筹，系统设计，保证组织到位、措施到位、保障到位，没有到位的要抓紧到位。要妥善处理好改革、发展与稳定的关系，确保改革的力度、发展的速度与广大师生的可接受度的统一。要研究改革过程中新出现的问题中新的经验，不断完善制度。要特别注意按照法律法规的要求，推进改革试点工作依法加强制度建设。

第二，要坚持广集众智，调动各方力量，形成改革合力。改革是否成功，关键要看人民群众、师生员工是否满意，实践效果是否可行。要看实践，首先要去实践。不实践，就没有结果。因此《教育规划纲要》提出，要尊重基层和学校的首创精神，这样才能推动关键环节的改革和进步。所以，要进行深入的调研，征求群众的意见，要召开听证会、咨询会、讨论会，让大家的意见汇集到改革试点中来。这次《教育规划纲要》做得不错，很重要地是因为两次公开征求意见，一次是有文本征求意见，一次是没有文本征求意见。征集了全社会的意见将近500万条，做到了问政于民、问需于民、问计于民。

第三，要积极探索，稳妥推进。一方面，要坚持解放思想、更新观念、探索和实验，要争取在2012年在某些方面取得新的突破，争取完成一些阶段性的目标。虽然是十年的规划纲要，不能等到十年以后去完成。短期要有目标，要在本届政府期间有目标。《教育规划纲要》提出，财政性教育经费要达到GDP的4%，这是在本届政府要完成的。自己说的自己要做，不能推到下一任做。2012年要有阶段性的成果，2012年要让各地报成果，四川省各高校有哪些成果能够在全国推广。要按照纲要的精神，充分论证，稳妥操作。各个试点学校千差万别，面临的情况各不相同，不能用同一个模式，要从实际出发，立足校情，科学分析学校办学的传统和优势，针对实际问题，找准突破口，形成各有特色、各有优势的改革试点新局面。

第四，要抓住改革的关键环节。规划纲要提出很多高等学校的关键环节，要抓住这些关键环节。一个重要的方面是要加强教师队伍建设，要提高教师的素质，提高教师的质量。教学质量的提高、学校办学水平的提高，关键在于教师队伍要提高，同时管理队伍要加强。要推动管理制度的改革。在教师队伍和管理人员队伍建设当中，要进一步实现聘任制和岗位管理制，还要实行校务公开制度。要加强关键环节，关键环节每个学校有所不同，我们要用心、找准。所以各级领导要集中精力到基层去解决这些问题。领导同志沉下心来，摸准学校的问题，认真解决，是解决关键环节、热点难点问题的基础，没有这样的基础，什么事情也办不成。

第五，要完善试点的实施方案和配套政策。没有配套政策，政策单兵独进，就难以成功。其他部门的政策也要配合协调、协同推进。既要长远，又要全面，真正通过试点让学校的面貌有个变化。所以，我们要改革，大家一起做好这项工作。

第六，要加快形成新的试点工作的机制。各试点学校之间、试点学校与有关部门之间、学校内部之间，要建立沟通协调机制，统筹协调，形成新的机制、开创新的局面。一是要建立上下沟通协调的机制。试点部门、试点学校、主管部门和有关部门加强联系。有什么问题，可以向省教育厅、教育部反映。政法司是试点工作牵头单位，可以向我们反映。我们以后要更多地召开座谈会、经验交流会、专家咨询会，搭建交流平台，推荐典型经验。二是试点学校之间要建立相互学习、交流借鉴的机制。大家一起做，形成一个正确的环境或趋势，事情就更容易解决。三是要建立专家咨询的机制。有问题要多听专家的意见、群众的意见。专家可以为我们出高招，也可以分解改革风险和改革压力。改革可能涉及某些利益，让专家来说话，让大家感到这不是出于某个人的意见，而是有一个专家机制在发挥作用。四是教育部和其他部门要建立为试点学校指导服务的机制。要多倾听大家的意见和存在的问题，我们解决不了的，要向其他部门反映。要加强指导，要多开交流会，要召开政策讨论会、理论研讨会，集中一些问题，重点解决，提出方案。如现代大学制度的内部治理问题或党委领导下的校长负责制问题，或发挥专家委员会学术委员会的问题，哪些是难点要提出来，专门加以解决。现在的情况，是各项改革进展顺利，也许是还没有碰到改革的硬骨头，也可能本来也没有硬骨头，只要大家去做，就可以化险为夷。不要怕有问题。《教育规划纲要》起草小组在纲要起草完成以后，就改成了国家教育体制改革领导小组。这个领导小组扩大了成员，由 20 个部门组成。这样就形成了解决问题的机制。虽然这次改革试点，不下拨专款，但是提供给大家一个反映问题的机会。

四、有关高等学校章程的建设

《教育规划纲要》提出要加强章程建设，各级各类学校都要依法制定章程。为了推动高等学校制定章程，按照章程规定来管理学校，教育部决定发布一个高校章程制定暂行办法作为教育部的规章，以部长令的方式发布。在高校当中，形成一个制定章程的共同的要求。发布以后，是否制定章程，就不是认识高低的问题，而是工作要求的问题。现在这个办法已基本成熟，在年底之前要公布。

1. 章程制定的现状以及出台章程制定办法的必要性。制定章程，应该是一个大学本身的题中应有之义，早在京师大学堂的时候，就制定了章程。北京大学在成立的时候也有章程。新中国成立后，章程制定的要求没有得到强调。改革开放以后，在报批大学的时候，也要求制定章程，但是没有明确规定，章程制定得比较简单，一页纸，几句话，实际上不是完整的章程。我们现在讲的章程，是新的要求下的章程。教育部政法司在1998年召开的全国教育法制工作会议上以及在会上通过的推进依法治校的意见当中，都提出要制定章程。按照这个要求，有些学校也制定了章程，但是数量不足、质量不高。2007年，我们对高校制定章程的情况进行了调查。全部公办学校当中，只有20%的学校制定了章程。在教育部70多所直属高校当中，只有10所制定了章程。目前的情况是，大多数公办学校没有章程，其中很多学校对制定章程持观望态度，大家不清楚制定章程是不是教育部的要求。目前，《教育规划纲要》明确提出要制定章程，把它作为一个标志。现代大学制度怎么加以体现？很多问题很细，没有显现度。新的章程就是一个重要的标志。所以，建议在座的各个学校的书记、校长，要制定自己学校的章程。

2. 制定章程过程中存在的一些普遍性问题。教育部要针对这些问题提出制定章程的总方案、总指导，就是关于高等学校章程制定的暂行办法。制定这个办法，有利因素体现在，一是可以体现教育部和各高等学校落实《教育规划纲要》、推进章程改革的决心。要让章程成为高等教育改革的重要标志。这个办法，也有利于推动各方面重视和关注高校章程的建设。二是要对高校进行指导和规范。制定章程，既不能搞错了，也不能搞歪了；既不能过于分散，也不能千校一面。三是要明确章程的法律地位和作用。章程的制定，政府要批准，要把章程做成学校推进改革和政府指导改革的共同文件。四是要总结推广高校在制定章程过程中好的做法和经验，以产生示范效应。暂行办法要明确章程的定位，章程应该起到对内依法完善治理结构、对外明确学校权利义务的作用，是高校进行自主管理的依据，是依法治校的制度基础。因此，要明确章程的法律地位。为此暂行办法规定，章程是高校自主管理、依法治校的基本准则。高校内部管理制度和规范性文件，高校实行管理和对外合作，都要以章程为依据。同时，要公开章程，不能让章程成为校长、书记抽屉里的内部文件。

3. 关于章程制定的原则。要有政治的原则，把握社会主义办学方向。要有法治的原则，遵守法律对公办学校的定位。要强调自主管理，遵循法制统一，要把法制的要求、自主管理的要求落实到具体的工作规范当中。每一个部门，都要考虑如何依据章程，加强管理、提高质量。要按照规划纲要的要求、法律的要求，体现改革的原则。章程的原则就是三条，一是规划纲要的要求，二是法制的要求，三是改革的要求。

一要细化《高等教育法》确定的章程的基本内容。《高等教育法》对高校确定了九方面内容。（1）学校的名称和校舍。名称里面也包含知识产权和法定的办学机构。（2）办学宗旨，载明办学性质、办学理念等。比如学校的性质是全日制的高等学校；办学定位是世界一流大学，还是服务地方经济的高水平大学；培养什么人才，办学的理念是什么，校训是什么。现在校训太重复，没有特色。很多学校都是“求实创新”，没有特点。学校要办出特色，要在办学理念上体现出来。新中国成立前，我国第一所女子大学——金陵女子学院的校训是“厚生”。作为女子学院就是要爱护生命、让生命成长，让生命厚起来，这就体现了校训的特点。（3）办学规模。包括办学的层次、规模、招生方案和比例。现在有一个风气，就是专科要办本科，本科要办研究生，有了研究生要有博士点；成人的学校要变普通，普通的要变综合，一条道路，一个模式。其实这样未必都对。今年排名第一的不是哈佛大学，而是加州理工学院。它并没有叫大学，而且是理工，规模只有七千人，但是它是顶尖的学校，出了很多诺贝尔奖获得者。为什么我们的学校没有求精华、提质量的机制，而往往都追求外延的扩展。这是个很大的问题。(4) 学科门类的设置。设置调整学科门类的原则和程序。现在很多学校盲目发展，不光是征地皮、扩大招生规模，而且门类也没有控制；不仅一般学校，著名大学门类也没有控制。追求门类齐全、追求大而全，没有特色。只要有特点，就是好学校。(5) 教育形式，哪些是全日制，哪些是半日制，哪些是学历教育，哪些是非学历教育，有没有远程教育、中外合作办学，这些都要明确。(6) 内部管理体制。(7) 经费来源，财产和财务制度。(8) 举办者与学校之间的权利义务。举办者是政府，要载明举办者对学校进行考核的方式，以及投入的机制。(9) 章程修改程序。其他必须由章程规定的事项，比如学校的分立与合并，校标、校徽、校歌的确定等。

二是高校的自主权及其内涵和形式的规则。高校要通过章程，明确、伸张、扩大自己的权利。不要有了章程，反而自主权萎缩了。通过章程和主管部门界定权利的界限，主管部门按章程规定管理学校。

三是要按照规划纲要的要求，把学校的治理结构、民主管理、学术体制、专业评价、社会合作明确为章程的内容。(1) 要明确学校的决策机制。(2) 明确学校内部机构的设置。(3) 明确学术管理的机制。(4) 明确学术与专业评价的机制。(5) 明确民主参与的机制。(6) 明确保护师生合法权益的规定。(7) 明确参与社会合作的体制机构和运行规则。

4. 关于章程的制定主体与程序。章程由学校的固定班子起草。要通过民主的程序，听取各方的意见，经过教职工代表大会讨论，经过校长办公会讨论，然后由党委会讨论，最后由学校报请政府有关部门批准。比如教育部直属学校由教育部批准，省属高校由教育厅批准。

5. 规范学校与举办机关、主管部门的关系。有人认为学校制定章程管不了政府，没用。这次制定章程，政府的责任也要体现。要把学校的要求写出来，政府是否接受在审批的时候可以讨论。从某种角度理解，章程就是学校和政府的合同。章程在规范学校的同时，规范政府的行为。制定章程也是转变政府机关工作作风和管理职能的要求。有些时候，可以事先要求有关主管部门参与起草。主管部门也应该改变管理方式，通过授权、让渡等方式，给予学校更多的自主管理权。有的学校就可以给自主举办国际会议的权利，有的学校就没有。不要一刀切，根据学校不同的情况。改变一放就乱、一收就死的局面。可以探索个别让渡、特别授权、特别认可的方式，进一步监督促进学校依照章程自主办学。形成政府和主管部门在章程上都有约束力，各自依法、依照章程办学，学校自主办学、政府依法支持和管理的格局。

关于制定《教职工代表大会规定》的重要问题[1]

最近我们做了两方面工作，一是怎么认识教职工代表大会的办法，怎么认识，是一种什么样的法律地位。二是我们对文本进行了修改。我们首先需要明确几个问题。

第一，这个规定是教育部和全总联合发的规章，由于是一个规章，所以要受法律法规的制约。原来我们也想制定一个行政法规，报到国务院法制办去。后来考虑到报了以后要拖很长时间，而且不牵涉其他的部门，所以没有报。虽然法律地位有一些影响，也是可以的。当然不是说不可以再讨论，如果教育部和中华全国总工会在规章范围内协调不下来，也可以报国务院制定一个行政法规。

第二，制定这个条例的法律依据。我们研究了《工会法》，如果仅仅依照《工会法》来制定教职工代表大会规定，我们认为是不够的。《工会法》虽然用了“职权”的概念，但是和教职工代表大会比起来，规定的职权过窄、过低，和过去的方案以及已有的实践还有一些距离。仅仅依据《工会法》，达不到我们的目的。《工会法》讲的是职工代表大会参与企业的管理，教职工代表大会规定的是行使民主管理权利的机构，提出意见建议。因此，我们还要依据教育方面的法律，包括《教师法》、《高等教育法》、《教育法》，这些法律规定的是教职工代表大会参与民主管理和监督。教职工代表大会如何参与民主监督，是一个重要内容。要按照这些法律的要求，更加符合教育的特点。

第三，对教职工代表大会的作用的总的判断。即依法参与学校民主管理

---

① 本文是作者 2011 年 10 月 25 日在教育部全国总工会《教职工代表大会规定》制定工作座谈会上的发言。

与监督。所以，参与民主管理应该怎么参与，参与哪些内容，以什么方式参与，是一个比较大的问题。连带的问题是监督，监督什么，干部的行为要不要监督。我们在研究这个事情的时候，认为1985年以后我国的学校领导体制，是要探索校长负责制，1998年《高等教育法》确定了党委领导下的校长负责制。1989年以后，原来校长负责制的试点全部停掉。决策和领导核心的组成是党委领导下的校长负责制。学校领导权有两个内核，一个是党委，一个是校长。党委也监督校长，校长也参与党委工作。教职工代表大会对行政监督的权利配置的力度就变了。原来是校长领导，所以配备了一个教职工代表大会参与民主管理与监督。所以说教职工代表大会不是权力决策机构。从中华全国总工会的意见来看，他们认为教职工代表大会平时是不开会的，如果写常委会要写清楚。工会有脱产干部，教职工代表大会没有，监督是学校工作重要的内容，监督本身也是民主管理的一个部分。学校的政治生活要正常，有了监督才正常。

第四，关于教代会和工会的关系。工会有个《工会法》，教职工代表大会没有法。《工会法》按分类是社会法，但它不仅仅是社会法，有更广泛的性质。因为规定的民主权利，劳动者都要参加的，这是一种政治权利。法上写的权利不一定适应教代会的特点。我认为，教职工代表大会的权利是高于工会的权利。教职工代表大会要盯几个事，工会不盯什么事。教职工代表大会的职责比工会权重还要大，还要高，因为高校是知识分子聚集的地方。这样的话，工会是它的办事机构，也可以明确，但是从理念和具体的职能上讲它们是不一样的，现在没有办法。如果成立一个专门的组织，成立常委会，就可以不要工会了。是不是要搞个常设机构？全总也不同意，不想它平时提事，只想它会上提事。还有一个问题，高校和中小学50人以下规模的怎么办？现在规模的学校，成立教职工代表大会是没问题，人少的、规模小的，要不要以乡镇为单位成立？即使要成立，也是自愿的，不能由行政出面。实际上，教职工代表大会和工会的关系，是借用工会的组织关系，或者说是共享、共生关系。

第五，关于学校内部的管理制度。这次《教育规划纲要》讲得很清楚，高校就是党委领导下的校长负责制，这是领导权，教职工代表大会是参与民主管理和监督。规章就在这些权利范围来制定，如果超越这些范围，就不是教育部的规章能决定的。大的方面，教职工代表大会不是一个权力组织。工会有这个想法，但是表达不出来，《工会法》和《教育法》都没有依据。有的想表达成校内的人民代表大会，但是没有依据。不是道理上不行，而是法律上不行，没有依据。所以要牢牢把握教代会民主管理和监督的性质，不能搞成权力机构、立法机构。

至于法律责任，我认为意义不大，制定了法院也不会采用。我们也考虑过专门委员会。现在教职工代表大会要起作用，要有建议权。除了围绕自己切身利益，参与管理也要对学校改革发展进行专门的研究提出专门的提案，这就要专门的委员会。比如对于学校财政的分配、发展方向，学校校园规模、办学方向、教育教学质量，要有专门委员会促使学校发展。这就不仅是提意见，还可以咨询。有专门的小组，开展研究，提供意见。它是一个更广泛的群众组织。学校行政和党委可以就专门问题咨询教代会。

第六，今年尽快出台。修改这个稿子，主要是对教职工代表大会功能的表述上再讨论一下，都是技术问题。其他的，教职工代表大会的作用是什么，首先有一个语词表述的问题。按照《高等教育法》，现在校长是“职权”，党委是“职责”。开始我们想，能不能表述为“职能”。党委是“职责”，校长是“职权”，教职工代表大会是“职能”。不管如何表述，主要内容实际上集中在教职工切身利益上。现在稿子里写的“职权”，还是不错的，也可以考虑。职权包括知情权、参与权、监督权、表达权等。

现在大体上就是这样一个表述，如果没有大的意见，总的就是按照教育法律的要求，在我们这个层面理清楚，尽快出台。我们长期以来一直是支持工会的工作，希望共同制定好这个规章。

要精心设计教职工代表大会制度①

今天，我们召开这样一个座谈会，是非常重要的，会议也取得了比较丰富的成果。虽然会议时间不长，但是许多问题进一步清晰了。我们来主要是向大家学习的。听取了大家这么多年在开展工会工作和教职工代表大会工作的实践经验，就一些重要问题进行了研讨，很多意见大家都具有比较高的共识。我也谈几点意见。

一、要高度重视和认识在新形势下教职工代表大会制度建设的重要意义

认识新形势下教职工代表大会制度，就要对 1985 年学校教职工代表大会暂行规定做一个回顾。我们知道，改革开放以后我国的教育体制一直在改革，1985 年的《高校教职工代表大会制度暂行条例》是在当时的条件下制定的。当时中央提出教育体制改革的决定，对高等学校来说，主要是进一步明确高等学校自主管理的权利。1998 年《高等教育法》明确了党委领导下的校长负责制，就需要以此为中心展开高等学校权力结构的设计，就必须有一套新的架构。这套制度架构，有的同志表述为党委领导、校长负责、教授治学（有的还表述为教授治校）、民主管理，最后还是觉得民主参与比较合适。在这期间，《教育法》、《高等教育法》、《教师法》都讲的是参与民主管理与监督。回顾一下这个过程，可以使我们对制度的演变有更清晰的理解。我们要把文件背后的历史脉络和背景理清楚，这是一个重要的文件起草的基本要求。

---

① 本文是作者 2011 年 8 月 26 日在呼和浩特市教职工代表大会制度研讨会上的讲话。

二、对新的教职工代表大会制度，在非常重视的基础上，要进行精心设计和认真落实

第一，党委领导下的校长负责制要明确。教职工代表大会制度应当围绕党委领导下的校长负责制这个核心权力结构进行配置和设计，不仅是对原来的暂行条例简单地增加或者减少，必须进一步明确。民主管理或者民主参与要有具体的内容。除了现有的内容以外，要增加新的内容。要对现有的包括过去的内容进行调整，按照大家的要求，增加提出提案的权利。在相关条款里，要进一步加强知情权的描述。有的不一定要提意见，但是一定要知道，因为现在有校务公开制度。还有，参与学校章程的制定。即将发布的《高等学校章程制定暂行办法》，也提出要参与高等学校章程的制定。还有，《教师法》里面关于教师义务的条款是不是要写进来，还有《教育规划纲要》提出的两个充分——充分发挥教授在教学科研和学校管理中的重要作用，充分发挥学术委员会的作用是不是要写进来？刚才讲的都是参与民主管理的内容。

第二，重新设计和建构教职工代表大会制度，监督要单独作为一章。监督要作为教育行政管理和教育改革的重要方向，从制度设计上讲，督导不局限于中小学，高等学校也要放到督导的范围里面来。这是正在起草的督导条例已经明确的，这点大家没有争议。关于督导的性质、地位、职权也要重新设计，但是把高校作为督导的内容，大家是没有争议的。这是行政机构从外部对学校进行监督，学校的内部监督机制在哪里？不明确。现在一些高等学校规模很大，运用、调动的资金非常大，权力也非常大，基建、招生、参与重大项目，都是上亿元资金；还有学生队伍几万人，教师队伍几千人。对于学校的重大决策，需要监督，但仅靠外部监督是不够的。能不能够把教职工代表大会的监督职能进一步明确？因为监督是上位法的概念，教育部要落实监督的具体事项。监督哪些方面，可以作一些更宽泛的考虑，人财物、班子、个人，都可以考虑涉及。监督也就是学校的事项，要通过一套制度、程序让教职工知道，对一些事情，教职工认为不对的，可以发表意见、提出建

议或者向上级部门反映。现在高等学校的监督主要来自于外部，如媒体、地方政府、主管部门。能不能把民主管理和监督分成两块，进一步充实教职工代表大会的功能，强化其功能？不能把职权全去掉了，该给的管理权要给，也要给扩展性权利。这个文件修订十几年出不去，就是因为意见不一致。给权利，要给得合法；不给，要讲清楚道理。

第三，对一些具体的制度要进行精心设计。如教职工代表大会里面是否要成立一些专门的组织？是不是要分专项的组或者专项委员会，这些委员会可以专门行使其功能？如在学校规划建设方面，是否可以成立专项的组？对学校的改革事务，是否可成立专项的组？发表意见要有一个轨道，有了轨道集中在一起，就形成合力，就成为有价值的精华，而不是仅仅发牢骚、倒苦水。又比如，在和工会的关系上，我也非常赞同大家的意见，在《工会法》的基础上，又依据了《教育法》、《高等教育法》、《教师法》，我们可以比《工会法》里的权利设置再多一些，毕竟高校是高级知识分子聚集的地方。所以工会的制度设计可以用，还可以依据教育的法律法规再设计一些制度，使整个教职工代表大会制度能够有法律依据、符合现代大学制度的要求，能够和党委校长的领导体系形成合力，同时能反映广大教职工的意愿呼声，能够为学校建设出谋划策，共同为学校的科学发展而努力。这是这次修订教职工代表大会的目的和任务。

在一个办法之中全面地反映大中小学的意见，最好不要分开，否则就会互相抄，如果真有特殊的情况，再做考虑。

参加这个会，启发了我的一些想法，和大家做个交流。回去以后，我们会根据大家的意见，做进一步的修改，还要反馈到各省进一步征求意见。到时候大家再对新的稿子提出意见。这当中有一个关键的环节，就是要和工会的同志讲清楚这个道理。不是说这次修订就一定增加更多的批准、决定等，这些不是不愿意，而是上位法没有依据。如果一定要那样做，就需报请全国人大或者国务院作出决定。

要重视教育外部制度改革[①]

一、深刻认识教育外部的体制机制改革的重要性和必要性

第一，教育的外部体制机制改革是贯彻落实《教育规划纲要》中提出的重要主题。《国家中长期教育改革和发展规划纲要（2010—2020年）》提出，把改革创新作为教育发展的强大动力。教育要发展，根本靠改革。要以体制机制为重点，鼓励地方和学校大胆探索和试验，加快重要领域和关键环节改革步伐。这既包括教育内部的体制机制、重要领域和关键环节，也包括教育外部的体制机制、重要领域和关键环节。近期以来，在贯彻《教育规划纲要》的工作中，地方和学校提出了许多改革思路措施，取得了可喜的进展。这些思路措施既涉及改革教育内部制度，也涉及改革教育的外部制度。教育外部制度的改革是教育界往往无法解决的，因此提出教育外部制度的改革就显得更加迫切和重要。

第二，改革教育的外部制度是《教育规划纲要》提出的重要内容。《教育规划纲要》指出“推进政校分开，管办分离”，“适应国家行政管理体制改革要求”，“构建政府、学校、社会之间新型关系”等要求。这些要求明显体现出，教育的外部制度是教育改革的重要内容。也就是说，当前制约教育改革发展的重要因素既有教育的内部制度，也有教育的外部制度，同样需要着力加以改革。

第三，正确认识教育外部制度与教育内部制度相互关系和地位作用。改革教育外部制度必然涉及正确处理教育外部与教育内部制度的相互作用。讨论这一相互作用涉及对于教育外部规律与教育内部规律的作用的认识。教育

① 孙霄兵．要重视教育外部制度改革［J］．中国机构改革与管理，2011（4）．

规律分为教育内部规律和教育外部规律。所谓教育内部规律，是指教育自身发展的规律、教育教学规律和人才成长的规律，也可以认为是人的成长的规律。教育外部规律，是经济社会对于教育的作用的规律。一般来说，教育内部规律的作用是决定性的。然而由于教育的特殊的性质，教育内部规律的决定性作用，往往表现为长期的、全面的、曲折的，而且往往要求通过一定的中介。教育外部规律的作用虽然是非最后决定的，然而往往体现为当下的、短期的、直接的、易显的。因此，人们往往认为教育的外部规律的作用是决定性、关键性的。教育的外部制度的作用也是这样。当前，人民群众对于教育改革的急迫要求，需要在重视教育的内部规律和作用的同时，重视教育的外部规律的作用。而且教育的外部规律和制度的作用，在现阶段，往往表现为体制性的。有的同志认为，不涉及教育外部因素和制度也能很好完成教育体制的改革。我们认为，从低里说，这是一种天真的、不了解中国国情的想法，往高里说，是一种对于教育体制改革的逃避和解脱。当然，也要努力形成由教育内部制度改革推动教育外部制度的改革的机制。

二、推进教育的外部制度改革的主要内容

第一，教育体制改革的总体要求是全面形成与社会主义市场经济体制和全面建设小康社会目标相适应的教育体制机制。《教育规划纲要》提出了这一要求。《教育规划纲要》指出，“增强教育活力与体制机制约束的矛盾，为教育事业健康发展提供强大动力”，强调增强教育活力和提供强大动力。从学校层面上说，“依法保障学校充分行使办学自主权和承担相应责任”。这些要求是教育外部制度与教育内部制度建设的共同目标。

第二，改革教育的外部宏观管理制度。教育的外部制度首先涉及教育的外部宏观管理的制度。所谓教育的外部宏观管理的制度的制约，体现在宏观的层面，也体现在微观的层面。教育的外部宏观管理制度，体现在教育的外部管理的许多方面。这些教育的外部宏观管理的制度，不是由教育制度产生形成的，也不是可以通过教育内部改革而加以影响。教育可以提出改革要求，但是不能从根本上改变它。要改变它，必须要依靠教育的外部改革力量。当然，也还有涉及教育的微观管理的层面和制度。但是这些教育的微观

管理的层面和制度，没有教育外部宏观管理的制度的影响作用大，教育自身可以通过自己的改革更多地对它们产生影响。当前改革面对的外部的主要矛盾和问题是教育外部宏观管理的制度。

教育的外部宏观管理存在的问题的核心是把教育事业混成于一般的事业，减损甚至消泯了教育自身的特点。这样的统一的管理模式往往来自于计划经济时代，其根本特点是整齐划一的管理，已经不完全适应今天社会和教育改革发展的需要，不完全适应办人民满意的教育的需要。因此，其自身也在改革。教育是全社会唯一的培养人的事业，教育机构是全社会唯一的培养人的机构，强调这一根本要求，按照这一根本要求来构建现代教育制度。《教育规划纲要》指出："探索适应不同类型教育和人才成长的学校管理体制与办学模式，避免千校一面"。当然，如果不考虑教育的特点，按照一般的行政管理要求，教育活动也会绵延下去。但如果教育的特点长期得不到有效充分的体现，会从根本上影响到教育质量的提升，甚至也成为造成教育质量的平均划一或者低下的一个重要因素，会从根本上影响到经济社会的发展。在这个意义上，我们也可以把教育的外部宏观管理制度作为国家行政管理体制的改革的重要组成部分，改革教育的外部宏观管理制度需要总体推进行政管理体制的改革。可喜的是，许多行政管理体制改革的重要措施正在考虑和展开。

第三，改革对于教育和学校的行政审批制度。《教育规划纲要》提出："减少和规范对学校的行政审批事项。"我国法律意义上的行政审批审查制度已经建立，其宗旨是减少实际存在的行政审批事项，已经取得了可喜的成果。但是仍然存在有大量的对于学校的行政审批事项。管理学校的行政审批事项的部门，既包括教育行政部门，也包括其他行政管理部门。这是影响学校发挥自主权和创造性的一个重要因素。我们认为，在改革中可以通过试点，进一步减少实际存在的行政审批事项，如果确实需要审批的，也要改变审批方式，更多尊重学校的意见，"由学校承担相应责任"。

第四，改革学校的行政化管理制度。《教育规划纲要》提出："随着国家事业单位分类改革推进，探索建立符合学校特点的管理制度和配套政策，克服行政化倾向，取消实际存在的行政级别和行政化管理模式。"这些要求可以归纳为，改革学校的行政化管理制度，建设现代大学制度。这既需要推进教育内部和学校内部制度的改革，也需要推进教育和学校外部的制度的改革。因为即使是在学校的管理制度方面，教育和学校外部的制度所起的作用也是很大的。改革学校的行政化管理制度的方向是建立“符合学校特点的管理制度和配套政策”，在此基础上完善治理结构、加强章程建设，扩大社会合作，推进专业评价，实行科学管理，依法治理。

第五，改革教育外部具体管理制度。在教育改革试点工作中，许多改革具体工作不再是教育行政部门牵头，而是有国家多个部门牵头，这就形成了新的工作机制。这个机制有利于从外部和内部两个方面推进教育管理体制改革。当前，改革教育外部具体管理制度主要做好以下方面。

要推进教育的机构编制管理制度改革。总的来说，近年来，教育的机构编制制度对于教育改革发展的保障和规范作用推动了教育事业的发展。在具体审批活动中也基本适应学校和教育机构设置、干部职数和人员编制的需要。今后，还应当按照《教育规划纲要》提出的要求，“逐步实行城乡统一中小学教师编制标准”，“探索相对独立的教育督导机构，独立行使督导职能”，“建设专职督导队伍”，在事业单位分类改革中体现教育的特点，准确确定各级各类教育的定位等，不断满足教育事业改革和发展的需要。

要推进教育的人事管理和社会保障制度改革。近年来，国家逐步完善了教育的人事管理和社会保障制度。改革教育的人事管理和社会保障制度，按照《教育规划纲要》提出的要求，进一步更为具体地落实对于教育和教师的优先优惠政策，“依法保证教师平均工资水平不低于或者高于公务员平均工资水平，并不断提高。落实教师绩效工资。”“建立统一中小学教师职务（职称）系列，在中小学设立正高级教师职务（职称）”，“完善符合职业教育特点的教师资格标准和专业技术职务（职称）评聘办法”，“对长期在农村基层和艰苦边远地区工作的教师，在工资、职务（职称）方面实行倾斜政策，完善补贴标准。”“落实和完善教师医疗养老等社会保障政策”、“对作出突出贡献的教师和教育工作者设立荣誉称号”、“推行校长职级制”，等等。

要推进教育投入制度改革。教育的投入制度是教育外部制度的关键制度。近年来，国家和财政部门进一步提高了教育投入标准，教育经费有很大的增长。令人振奋的是，《教育规划纲要》明确了“2012 年达到 4%”的目标和重申了法定“三个增长”的要求。在此前提下，要求进一步“优化投入结构，完善投入机制，加强经费管理”，调动中央和地方的两个积极性，“保障学校办学经费的稳定来源和增长”。制定并逐步提高学生人均经费基本标准和财政拨款基本标准。当前，还要按照《教育规划纲要》明确的重大项目，提出具体的经费安排。同时需要在具体项目的经费安排方法加以改革，改变在某些情况下经费项目安排过细过碎的做法。

三、推进教育的外部制度改革的原则和方法

第一，要按照教育优先的原则来安排改革。《教育规划纲要》要求在改革发展中要突出教育优先的地位，或者说，要通过改革使教育优先的政策得到落实。在今后诸多改革中，要强调教育改革的上游地位，同时把教育改革与社会改革结合起来，促使社会改革的优化。

第二，要坚持分类指导。坚持分类指导的原则，不仅体现在教育事业和其他事业的改革发展中，在教育内部的各级各类教育事业中也要采取分类指导。也就是说，既要体现教育事业的特色，也要体现不同的教育层次类别性质的特色。

第三，要形成新的体制机制。要通过改革，形成权力下放、自主管理、民主参与、多元监督的体制机制。在改革中作为行政管理部门，要下放权力；作为学校机构，要实行自主管理；作为学校教职工，要积极参与民主管理；作为社会，要实行多元监督。从长远看，改变“一管就死，一放就乱”的局面，打破要么权力过于集中在行政部门的状况，要么形成基层滥用权利的循环，必须形成新的行政审批和机构运行机制。

第四，要采取试点先行。《教育规划纲要》指出：“根据统筹规划、分步实施、试点先行、动态调整的原则，选择部分地区和学校开展重大改革试点。”这就是说，重大教育改革试点并不意味着只是在教育内部进行试点，也要就教育外部制度进行试点。

第五，要让教育的外部制度与内部制度的改革相结合。

强调重视改革教育外部制度，加大推进教育外部改革的力度，绝不是要

为减弱教育内部改革的力度找借口，而是要把推进教育外部与教育内部的制度的改革进一步更好地结合起来。要通过推进教育的外部制度的改革促进教育内部制度的改革，也要通过推进教育的内部制度的改革作为推进教育外部制度的改革，从而进一步形成活力，使教育体制改革尽快取得更大的、更直接的成效。

进一步推进现代大学制度创新与探索[①]

今天，我非常高兴能出席在沈阳师范大学召开的“现代大学制度创新与探索”国际论坛。这次会议非常重要。辽宁省政府、辽宁省教育厅和沈阳师范大学的领导都对此次会议非常重视，我国高等教育学界的许多著名专家、研究者也都出席了这次会议，这说明大家对于现代大学制度非常重视。在此，我简单讲两点意见。

第一，建设现代大学制度是当前我国教育改革发展的一项重要内容。

就高等教育来讲，建设现代大学制度也是当前高等教育改革发展的主要内容之一。2010 年，我国颁布了《国家中长期教育改革和发展规划纲要(2010—2020 年)》（以下简称《教育规划纲要》)。在《教育规划纲要》的“改革”部分专门设有一章，讲的就是建设现代大学制度。“现代大学制度”这一概念的提出，表明我国非常重视大学制度的建设。如果说前些年的教育改革主要重视政府对于教育事业、对于学校的管理的话，这次重视现代大学制度的建设就表明，我国教育改革发展已经有了一个根本性变化，已经从重视政府管理行为，转变为重视学校自身建设、重视现代大学制度建设。

对于“现代大学制度”，《教育规划纲要》作出了明确的规定，包括完善治理结构、加强章程建设、重视社会合作和推进专业评价四个主要方面。《教育规划纲要》颁布后，现代大学制度建设作为贯彻实施的十大重点试点工作之一，全国各地进行了积极探索。这一年来，这项工作取得了很多进展，各个学校作出了很多有益的探索，包括辽宁省、沈阳师范大学。试点的探索主要从两方面进行：一是从实践上，在如何完善现代大学的内部治理结构、如何加强章程建设、如何推进社会合作、如何提倡专业评价等方面都取

① 本文是作者 2011 年 8 月 25 日在沈阳师范大学“现代大学制度创新与探索”国际论坛上的讲话。

得了积极的进展。二是从理论上，如何探讨现代大学制度的建设工作也在开展。有的学校召开了关于大学章程建设的研讨会，探索现代大学制度的性质、特点和治理结构。这样的探讨实践与理论研究活动，今后还要进一步提倡、鼓励。

第二，推进现代大学制度创新与探索。

从教育部来讲，在推进现代大学制度创新方面，今年要着重开展两项工作。

一是要制定高等学校章程制定的暂行办法。对于如何制定好一个章程，教育部要出台相关办法。制定高等学校章程，让章程成为校内的宪法，成为凝聚政府和学校共识的文件，是非常重要的。现在，教育部里已经讨论过办法的初稿，并正在进一步征求意见，预计会在年内颁布。

二是教育部与全国总工会正在一起研究制定关于教职工代表大会的办法。教职工代表大会是我国法律规定的教职工群众参与学校民主管理、民主监督的重要制度。如何确定和完善教职工代表大会制度也是现代大学制度建设的重要内容。现在，教育部正在积极调研有关教职工代表大会制度的建设，力争今年能够出台教职工代表大会的相关规定。

目前，大家正在积极开展试点工作。在这两个文件出台的同时，进一步推进现代大学制度的建设。总的来说，建设现代大学制度要根据中央的精神，根据《教育规划纲要》的要求。目前，对于现代大学制度的建设仍然处于大家共同探讨、百花齐放、相互学习、取长补短的阶段。现代大学制度究竟是什么模式，可能不同的大学会有不同的特点，很难用一种统一、固定的模式予以明确。因此，目前很难出台现代大学制度的统一文件来具体规定现代大学制度。希望不同的学校，通过探讨能够形成自己各具特色的制度、模式和风格。

深入推进试点学院改革[①]

很高兴参加这个会，我从头到尾参加了会议，学习了两位领导的讲话，也学习了各试点院校的做法和经验，很有启发。谈三点体会。

第一，举办试点学院是高等教育领域的一项综合性改革。综合性体现在以下几个方面：一是办学体制改革，是对我国现有普通公办高等学校的一次重要改革。长期以来，我们讲的办学体制改革主要指民办教育的发展，社会上对于公办高等学校体制改革有批评，认为没有举措、动不了。这次试点学院改革是从院系这样相对基层的单位入手，必须视其为办学体制改革，否则改革的意义就会下降。二是新的大学制度的改革。主要涉及院校内部治理结构问题，如何领导，如何监管，如何参与，要形成新的体制，形成制度，形成文化。三是教育教学改革。涉及人才培养、科学研究以及其他重要问题。四是内部管理体制改革，即以人事分配制度为主的管理体制改革，涉及教师管理制度、分配制度改革。我认为“综合改革”起码有这四个方面的含义，可能还不止，要从这四个方面把握，不要偏废哪一个，要综合性、全面性地考虑。

第二，试点学院改革要依法推进。学校、司局在部党组的领导下，要统一认识，并将这个统一认识形成一个办法、一个制度。建议制定一个试点学院的章程，章程有四个方面的作用：一是保证试点学院推动工作的利益。因为这是一项综合改革，不仅涉及内部的综合，还涉及外部的综合。外部的综合不仅是教育部，还包括财政部、发改委、人社部，改革需要他们的支持和认可。过去的一些改革，没有形成共识的，不同的部门在制度、政策上不认可，一些后果由学校承担，成为历史遗留问题，这是不可以的。要重视教育的外部体制改革，教育外部体制改革甚至超过内部体制改革的重要性，经

---

① 本文是作者 2011 年 8 月 25 日在试点学院工作座谈会上的发言。

费、制度、人事等问题，要通过章程作出一些规定来保证试点院校的利益。二是明确改革方向。各个学院有自己的特点，但是要有一致的方向。这个方向就是纲要的方向，是中央领导一系列指示的方向，目的就是要培养拔尖创新人才。三是规范试点行为，规范政策，改革要可控。四是有利于分类推进。这些试点学院有理工科的、文科的、社会科学的，可以逐步探索分类推进改革。除了教育部层面，建议承担试点的学校也要制定一个试点学院文件或章程，可以避免攀比。

第三，建议进一步突出人才培养模式改革。要把纲要中有关人才培养体制改革的精神学深、学好、学全、学透。试点学院要按照纲要的要求，树立系统培养的观念，推进大中小学的结合，教学、科研、实践的结合，家庭、学校、社会的结合。学校和科研机构之间要进行多种联合培养，形成体系开放、选择多样的人才培养体制。试点学院要把高等教育不同阶段的人才培养打成一个黄金链条，从本科、硕士到博士，一条龙地出人才；否则就会造成片段式培养，割裂培养程序。建议一定要重视博士生的培养，这是我国高等教育人才培养的核心，要专门研究优秀的博士如何成长，如何成才，从博士的角度倒回去设计硕士怎么培养、本科生怎么培养。

深入研究实践现代大学制度①

首先，我很高兴出席北京外国语大学组织的教育法制论坛。借此机会，我想讲两点感想。

第一，教育法制特别是现代大学制度的研讨受到了越来越多的重视。这些重视来自于政府、领导和社会各界。

一是现代大学制度建设受到了领导的高度重视。

从中央到各地、到教育部门的领导，都对建设现代大学制度给予了很多的重视。长期以来，在考虑如何领导、管理大学时，大多是把它作为一个一般的社会事业单位。大学本身不同于一般社会组织的特点并没有得到充分的认识和高度的重视。尽管在“文化大革命”前，曾经以中央的名义制定过《高教六十条》，使大学的特点得到了一定的体现。但总的来讲，还是把它作为一个普通的社会事业单位来管理。这使得大学的功能不能得到充分的体现，使大学的人才培养、科学研究和社会服务没有在社会上占到应有的地位，从而迟滞了大学对于经济建设和社会发展的作用的发挥，从而使整个社会的发展受到了影响。改革开放后，大学改革也仍然仅限于作为一种事业单位的层面。强调大学内部要搞活，要给大学放权，就像要给企业放权、要把企业内部搞活一样。这样的工作从1985年《中共中央关于教育体制改革的决定》颁布之后就开始体现了，直到《高等教育法》出台，才开始对大学的特点有比较深入的认识。2010年颁布的《国家中长期教育改革和发展规划纲要（2012—2020年）》特别提出，要完善中国特色的现代大学制度。我认为，这是对学校、对大学的功能和地位认识的新的飞跃和全新的提高。这使大家进一步明确，要建立现代大学制度。这个现代大学制度与一般的企业制度、事业单位和政府制度不一样。但是，提出这样一个概念，并不等于现

---

① 本文是作者2011年4月23日在北京外国语大学教育法制论坛上的致辞。

代大学建设就已经建立、完善了。这个命题仍然处于提出的初级阶段。怎么做，还需要我们进一步研究、实践。最近，我看到越来越多的学校、专家以及社会各方面的人员也都在关心现代大学制度的建设。这是一个很好的动态。北外也很重视现代大学制度的建设。今天会议有一个题目就是公立大学的法律治理和公立大学的治理结构。整个上午都是在探讨这个问题。北外是一个语言类的学校，也关注教育法律问题和大学建设问题，说明现代大学制度建设的要求正在日益地深入人心。

二是现代大学制度建设受到了学校领导的重视。

过去，在管理大学、领导大学时，位于第一线的书记、校长都是靠工作经验、靠上级领导的指导、靠一些文件规定进行的。但是，这样的一些经验、指导和文件并没有形成一种有规律的认识，并没有形成一个法律制度。在很大程度上，大家都是凭经验、凭感觉、按领导指示在办事，在管理大学。一方面，政府对于大学治理没有一个明确的要求。办一个大学，怎么样叫办好，怎么样叫办得不好，并没有一个明确的要求，只是在学科、师资队伍建设、招生等问题上有一些具体的要求。由于没有一个明确的要求，通常就靠行政来划分级别，看你是“985”学校、“211”学校，或看你是几本招生，有一本学校、二本学校、三本学校。有时候，这些类别会被拿来作为衡量大学的标准。尽管对于学校办学也提出了一些要求，但不是制度上的要求。大学内部有很多各种各样的事情。如果出了问题，有了矛盾，应该秉承什么原则、制度来处理，往往不是很清楚。现在，大学在很大程度上都普遍存在着这样的现象。今后，大学还是要建立一个自我发展同时又能够自我约束的机制。社会或主办单位也要设定一个办学的标准。当前，高等教育的任务是提高质量。但是，提高质量不仅仅是依靠外部的投入，也不仅仅是依赖于好的生源和老师。要提高质量，要建高水平的大学，要办世界一流的大学，核心还是要创建一套既具有普遍的法制原则又能适合每一个大学特点的制度。这是最重要的。这也是为什么当前更多的法律界、教育界人士关心现代大学制度建设的重要理由。今天，看到最高人民法院、北京市法院的有关领导和法官都来到了这里，我也非常高兴。今后，我们要多欢迎他们关心现代大学制度的建设。

三是现代大学制度的建设也受到了社会更多的重视。

这里讲的社会，既包括学生的家长，也包括媒体，是社会各界广泛地对于学校的关注。这样的关注使我们在全社会有一个很好的氛围。社会在关注大学，大学也要关注社会。但是，这样的关注还应当有一个很好的渠道，有一个很好的互动关系。现代大学制度就能够很好地解决大学的内部和外部的重要关系。

第二，要进一步深化对于现代大学制度的探讨。

我认为，可以从几个角度来探讨现代大学制度问题，或者说公立大学的治理结构问题。

其一，关于现代大学制度的内涵。

这在学术界有很多的探讨，尽管可能不是特别全面。《教育规划纲要》提出了四个要点。一是要完善治理结构。学校党委、校长、学术权利和民主参与权力之间的共同组成，叫做治理结构。当然，这是《教育规划纲要》的说法。从纯粹学术的意义，特别是从公司法的角度来讲，治理结构还有别的意思。比较重要的，还包括学校的财务问题。二是要加强章程建设。这也是现代大学制度建设的一个重要内容。《教育规划纲要》明确提出，各类高校应依法制定章程，依照章程规定管理学校。我们刚刚在湖南召开了一个关于全国高校制定章程的座谈会。关于高校怎么制定章程，教育部想在今年出台一个指导制定高校章程的办法。高校的章程要适应不同的学校情况，不能千篇一律，不能千校一面。三是要扩大社会合作。《教育规划纲要》特别强调，要探索建立高等学校理事会或董事会，健全社会支持和监督学校发展的长效机制。要提倡每个高等学校都建立理事会或董事会。前一段，中国政法大学举行了一个成立理事会的仪式。我认为这个做法很好。今后，要充分发挥理事会或董事会的作用，使高等学校进一步与企业、行业、科研院所和社会团体来共建、推进资源共享、协调合作。四是要推进专业评价。学校是一个专门的学术、教学机构。它的质量好坏、组织特点，一定要由同行来评价，要由专业的机构来评价，而不能由其他的人来评价。所以，今后在推进高校专业评价方面要做长期的努力。要通过专业评价来确认每一个高校的质量高低。

其二，关于如何处理好学校内部和外部的关系。

现代大学制度涉及学校的外部关系，也涉及学校的内部关系。一方面，学校外部关系的改革和建设很重要。特别是在当前，很大程度在某些领域改革教育、改革学校的外部关系的重要性甚至超过了对于学校内部关系的治理和改革。我们的社会是一个严格的行政管理或者说是行政化的社会，学校的每一件事情都有相关的部门在管理。这样的一些制度往往把学校管得比较紧、比较死。所以，我们也要注重改革学校的外部制度，比如投入、人事、科研等制度。另一方面，学校的内部制度也要重视改革。从现代大学制度的内涵讲的四个方面，也可以看成一种制度。从另一个角度来讲，每一个大学都有政治关系、行政关系、学术关系，还有重要的经济关系。现在，学校管理着校办产业，学生的学费，很多独立的机构、中心，大量的基建，有的学校还管理着校医院、工厂、农场，学校内部有大量的现金流量。这些都导致学校产生越来越多的经济关系。学校要把这些经济问题处理好，不能出问题。现在，有些人不够重视，出了很多问题。几乎每隔一段时间，就会有学校领导和有关同志犯经济错误的报道，有教育部的直属高校，也有地方学校、职业学校，还有中小学，很普遍。所以，中央反腐的会议，把治理高校腐败也作为一个重要的内容。这个问题也应该用制度的方式来解决。

其三，要突出解决现代大学制度建设中的重要问题。

按照《教育规划纲要》的要求，提出了推进现代大学制度建设的试点。不仅是要建设一套制度，而且是要有针对性地解决当前学校存在的重要问题。这些问题在各个学校有所不同。有的是人事问题，有的是学校提高质量的问题，各个学校的情况不同。但是，要通过现代大学制度建设的改革试点，切实解决一些问题，包括解决校内的一些纠纷和矛盾。法学也好、教育学也好，它们一个共同的特点就是实践性特别强。因此，我们在探讨过程中，要解决一些问题。会议上提出的一些题目都是解决问题的题目，不能探讨一个理想的模式而后束之高阁，很漂亮，但是不实用。我认为，这些问题都值得大家探讨。

建设中国特色现代大学制度[1]

今天我很高兴有这样的机会，参加2011年全国高校后勤改革发展推进工作交流研讨会。按照会议要求，我就建设中国特色的现代大学制度以及最近我们工作上的考虑，给大家报告三方面内容。

一、中国特色现代大学制度的基本内容

《教育规划纲要》非常重视教育体制改革，将建设现代学校制度列为专门一章，作为教育体制改革的重要内容。改革开放以来，我国已经进行过三次大的教育体制改革。前三次改革更多的是强调政府的教育管理改革、学校积极性的发挥、人事分配制度和后勤社会化改革等。这次教育体制改革与前三次有所不同，强调的是从制度上完整地理解和建设现代学校制度，特别是中国特色的现代大学制度。

在《教育规划纲要》中，第一次以党中央、国务院文件的形式提出了“现代大学制度”。过去，教育部的文件里也出现过“现代大学制度”，特别是一些专家学者也强调“现代大学制度”，但在如此高阶位的文件里，也就是中共中央国务院批准的《教育规划纲要》里，是第一次正式出现“现代大学制度”的表述。现代大学制度与现代企业制度不同。根据《教育规划纲要》，现代大学制度包括完善治理结构、加强章程建设、扩大社会合作和推进专业评价四方面基本内容。

（一）完善治理结构

第一，要处理好大学与政府的关系。

这是完善大学治理结构的前提。《教育规划纲要》明确提出，要推进政

① 本文是作者2011年4月16日在长沙“2011年全国高校后勤改革发展推进工作交流研讨会”上的讲话。

校分开、管办分离。在《教育规划纲要》制定过程中，这种说法曾有过争议。最后，中央还是采纳了这种表述。“政”，不是指“政治”，而是指“政府”。不能说大学与政治没关系，但大学要与政府分开，大学是大学，政府是政府，不能混为一谈。过去，很多人将大学作为政府的附属机构、下属单位，在中央和地方的高校里都有所表现，这种认识是不正确的。大学是一个拥有自主权的学术专门组织，并不是政府的附属机构。《教育规划纲要》提出，要建设依法办学、自主管理、民主监督、社会参与的现代学校制度。同时，也要做到管办分离，管大学和办大学要分离。政府举办了大学，但并不是事无巨细都要管。法律规定的，可以管；法律没有规定，或学校在自主权范围内的，要由学校自主管理。这就是学校的自主权。这里，要特别强调高等学校的自主权，《高等教育法》有明确的规定，就是大家通常所说的七项办学自主权。

第二，要处理好学校内部的领导关系。

一是要坚持和完善党委领导下的校长负责制。很多同志对于党委领导下的校长负责制可能会有各种各样的想法。但是在制定《教育规划纲要》时明确，党委领导下的校长负责制是一个好的制度，要坚持和完善党委领导下的校长负责制，在这个问题上不能动摇；关键是要把它落实好。现在，有的专家提出了许多其他说法，比如校长负责制，或理事会作为学校的最高决策机构。这些说法都不符合《教育规划纲要》的精神。《教育规划纲要》提出在教育体制改革的试点过程中，对于如何落实好党委领导下的校长负责制，要制定专门的实施意见：要健全议事规则与决策程序。党委如何议事，校长如何议事，要有规则和决策的程序；要依法落实党委、校长职权，完善大学校长选拔任用办法。根据《高等教育法》第四十一条规定，推荐副校长人选是高等学校校长的职权，但现在并没有得到很好的落实。有的地方任命高等学校的副校长，没有尊重校长的意见，最后都定下来了再通知校长。从法制的角度来看，这不符合法律的精神。

二是要落实学术组织的学术权力。《教育规划纲要》提出了两个充分发挥：一是充分发挥学术委员会在学科建设、学术评价、学术发展中的重要作用；二是充分发挥教授在教学、学术研究和学校管理中的作用。这里，特别强调教授还要在学校管理中发挥作用。一般而言，教授在科学研究中通常会很好地发挥作用，但过去没有提过教授在学校管理中也要发挥作用。希望大家考虑，教授如何在学校管理，包括学校的后勤管理中发挥作用。我相信，后勤管理不仅是校本部的后勤管理，教研室、院、系、学部、中心等层次都会涉及后勤管理的相关问题。在这些管理层面上，教授都要发挥自己的作用，而不仅仅是后勤处在发挥作用。

第三，要处理好民主参与管理的关系。

《教育规划纲要》提出，加强教职工代表大会、学生代表大会建设，发挥群众团体的作用。特别是教职工代表大会，涉及教职工的切身利益，比如工资待遇、住房、医疗、职务问题等，这些都与后勤工作紧密相关。今年，教育部将与全国总工会或教育工会共同研究制定教职工代表大会的有关规定。其中的关键问题是，教职工代表大会对有关教职工切身利益的问题有没有审议通过的权力。有的学校的教职工代表大会有审议通过权，如果教职工代表大会不通过，党委或行政就不能作出决定。究竟应该怎么明确，我们还将进一步探讨，也希望大家在会上或工作中提出意见和建议。

第四，要处理好学校内部的经济关系。

学校内部的经济关系，体现在学校财务管理、学校投入、校本部和校办产业、校办医院以及执行落实国家有关财税法律的关系当中。要在高等学校试行设立总会计师职务，设立纪检组长的轮流、互相交换任职制度。这都是为了保障学校能够正常依法科学地完成经济运行活动，否则就会出问题。现在，学校在管理过程中，包括后勤管理和基建管理，出了不少问题。报纸上连续不断地公布了高校涉案，特别是腐败涉案的问题，值得我们高度重视。《教育规划纲要》没有直接讲学校的经济关系，但是强调了要推进学校后勤社会化改革。从学校完善治理结构来讲，学校要处理好内部的经济关系、管理关系和学术关系。

（二）加强章程建设

这是指，每一所高等学校都要有依照法律规定独立制定符合自己学校实际情况的章程。章程，通俗地说，是学校内部的“宪法”，是学校的基本制度。要通过章程来落实、维护学校自己的权利，规范高等学校的办学，推进高等学校的改革和保障教职工的权利。有人认为，现在没有章程大学不是也运行得很好？事实并非如此。所以，《教育规划纲要》强调要加强章程建设，各类高校应依法制定章程，依照章程规定管理学校。要通过学校章程来实现学校管理思想的重大转变，从依照人管理改变到依法管理的轨道上来。

（三）扩大社会合作

《教育规划纲要》里提出，探索建立高等学校理事会或董事会。截至目前，很多高校建立了理事会或董事会。按照《教育规划纲要》的规定，高等学校的理事会或董事会与企业的理事会或董事会不同。企业的理事会或董事会是决策机构，学校的理事会或董事会是一种健全社会支持和监督学校发展的长效机制。学校在办学时，不是孤立的，而是要同社会发展多种关系，形成学校促进社会发展、社会支持学校发展的新机制。有的同志认为，这就是一种筹款机制。其实，这种理解并不全面。理事会或董事会成员可以对高校的科学研究、人才培养、社会服务提出建议和要求，学校也可以通过理事会或董事会开展单凭学校自己做不到的事情，包括科学研究、社会服务、人才培养、学生就业、学校发展方向、如何为地方经济发展服务等很多方面。在制定《教育规划纲要》时，这也是反复争论的焦点，但最后还是写进去了。要通过理事会或董事会以及其他的形式探索高等学校与行业、企业紧密合作共建的模式，推进高校与科研院所、社会团体的资源共享，形成协调合作的有效机制，提高服务经济建设和社会发展的能力。这里特别强调了推进高校后勤社会化改革。理事会或董事会也可以把高校的后勤工作作为一个重要内容。

（四）推进专业评价

按照蔡元培的说法，大学是“研究高深学问”之专门机关。高等学校办学需要评价，最核心的是需要专业评价。大学可以由社会评价、政府评价、媒体评价、群众评价，但衡量高等学校人才培养、科学研究和社会服务水平最根本的是专业评价。高等学校不是一般的学术团体，聚集了许多高级的知识分子。因此，《教育规划纲要》提出，要鼓励专门机构和社会中介机构对高等学校学科、专业、课程等水平和质量进行评估，建立高等学校质量年度报告发布制度。现在，高等学校没有质量发布制度，大学不好评价自己的质量究竟如何。但是，按照《教育规划纲要》的要求，高等学校、高等教育的最大任务就是要提高质量。如果高校自己没有衡量办学质量的指标要求，是不利于学校的长远发展的。现在，很多高等学校仅仅满足于学校的正常运转和稳定，能够完成一些基本任务。这些工作很重要，但这并不是全部，也不是高水平的要求，核心任务还是要提高质量。

二、高等学校的章程制定办法

为了落实好建设中国特色现代大学制度，进一步推进学校改革，教育部提出，今年要研究出台高等学校的章程制定办法。办法将对每个学校如何制定章程提出一些共同的要求。这项工作已经列入 2011 年教育部的工作重点。高等学校的章程制定办法涉及的内容很多，在这里我跟大家汇报以下五点考虑。

（一）高等学校和举办者的关系

高等学校制定了章程，如果举办者不认可，就不能执行。因此，按照法律的规定，高等学校在制定章程时要经过审批部门的批准。大学最初是由哪个部门批准设立的，现在就要由哪个审批机关对学校章程进行核准。现在，全国本专科普通学校 2 000 多所，由教育部管理的有 72 所。现在考虑教育部直属的高校由教育部核准，省里的高校由省教育厅来核准。核准，不仅仅是走形式，学校可以凭借制定章程的机会，将自己的招生、机构设置或很多其他自主权需要落实的方面在章程中尽量地予以展现，将作为章程建设的相关问题与行政机关进行讨论。按照中央的要求，国家行政部门的行政审批权要有法律依据，要经过行政许可法的洗礼，这是从上至下的。要想设立行政审批或取消行政审批，必须上报中央行政审批改革领导小组（设在监察部）批准。这次通过制定章程，学校可以进一步明确自己应当有哪些权利，可以去跟政府讨论，这是从下而上的，也是双方合作的一个过程。今后，行政机关应进一步转变作风，善于用章程管理学校，而不是事项管理。当然，这是一种理想状态，但是我们要争取实现这种理想状态。有的同志讲，学校在章程制定的过程中，可能很多有所突破的内容都被抹去了，没有通过，但也要尽量积极去争取。

（二）学校内部如何起草、通过章程

一般的学校都是成立一个专门的班子。有的学校很重视这个班子，像北京大学就成立了由书记和校长共同牵头的章程起草工作领导小组。在学校里，章程要经校长办公会、教职工代表大会和党委会议通过，才能报主管部门核准。从现在的实践来看，这几个环节都不能够逾越。有的学校，比如中国政法大学是教职工代表大会通过，吉林大学是学校党委通过。这在今后的章程制定过程中还要进一步明确。但是不管是谁通过，都要走完学校的民主程序，都要广泛地征求学校广大教职工的意见，在校内要形成共识。校内都形不成共识，主管机关就没法有共识。

（三）章程的主要内容

按照《高等教育法》第二十八条规定，章程包括九项内容。

一是学校的名称、校址。一般而言比较简单，但很多学校不止一个校址，像吉林大学有八个校址，就得选择一个作为法定登记地址。

二是学校的办学宗旨。在讨论中，我们认为应当包括学校的性质、定位、类别、学生的修业年限、培养目标和原则等。

三是学校的办学规模。包括审批机关核定的办学层次、招生人数、招生方案和比例。当然，不是说每一项都要有。比如，招生人数可能不容易确定，每年可能会有所改变，这些也可以不写，但基本的要求要有。

四是学科门类的设置。包括学校的主要学科、专业设置、调整学科门类的原则程序等。

五是教学形式。包括学校实施的全日制、非全日制，修业年限、内涵、要求等。

六是内部管理的体制。包括学校的法定代表人、组织机构、决策机构、内设机构，也包括教学、科研、学术、行政、人事、后勤管理体制，还包括学校的运营机制和监督机制。

七是经费来源、财产和财务制度。包括学校的经费来源渠道、使用原则、资产属性、管理制度和财务管理制度等。

八是举办者与学校之间的权力义务。要载明学校的举办机关、举办者对学校进行管理或考核的途径、方式、程序、标准，学校的主要负责人和负责人产生与任命的机制，举办者的投入与保障义务等。

九要有章程修改的程序。包括如何启动、审议，章程的解释权。

以上是《高等教育法》明确规定的高校章程必须包括的九项内容。章程的制定可以不仅有《高等教育法》的内容，还可以有一些其他的事项。比如，《教育规划纲要》提出的高等学校改革和发展的一些重要的内容，理事会或董事会，甚至包括教职工、教职员工和学生的权利义务，学校与社会的关系等。大家也可以考虑一下，后勤工作的哪些内容需要放到章程里。

（四）章程的专门执行机构

很多学校认为，应当有一个专门监督章程的制定、执行的机构，或指定专门机构依据章程审核学校的内部规章制度，监督章程的执行与组织。有的学校还提出，建立章程委员会。这些都可以探讨。总体而言，现代大学制度也是处于不断地探讨过程中。只要是符合教育改革发展要求的、符合《教育规划纲要》要求的，我们都要支持。

（五）学校的指导思想

章程要明确学校的指导思想。要依照党的教育方针、大学的基本要求、培养人的基本要求，体现民主、科学、公开的程序。要反映广大教职工、学生的要求和意愿，使章程成为凝聚共识、促进管理、增进学校和谐的过程。章程涉及的内容很多，鉴于时间关系，鉴于讨论的成熟程度，只能简单地给大家汇报这样一些内容。今后，我们将进一步广泛征求意见，也希望大家认真思考学校章程的有关问题。

三、进一步推进高校后勤社会化改革

关于推进后勤社会化改革，在座的各位是专家，我接触不是很多，但是可以从贯彻《教育规划纲要》的精神方面谈一点想法。

第一，要进一步贯彻《教育规划纲要》提出的政事分开、管办分离的原则。

在贯彻《教育规划纲要》的过程中，学校内部要有一个分权的过程。过去在高等教育的管理中，政府和学校的权利范围不是很清晰。如果说校长好当，也好当；如果说校长不好当，确实也不好当。有的高校校长受到了过多的约束。曾有一位大学校长告诉我，他想出国去谈事情，但省里不批准，因为按照省里的规定，像他们这种级别的干部，只能五年出国一次。大学校长进行广泛地甚至是频繁地学术交流是很正常的。可能校长一共就只能干五年或十年，如果五年才允许大学校长出国一次，在位期间只能出国一两次，这与推进教育国际化的要求不符。当前，有些高等教育的管理规定还留有过去计划经济的痕迹，不一定适合现在高校改革发展的特点和要求。一方面，要有政府和学校进一步分权的过程。办学自主权实际是行政机关的行政权与高校的自主权相互监督、相互促进的过程。国家要管理公办的高等学校，但不是由政府直接管理，而是要授权学校自主管理。这是学校自主权的法律来源。另一方面，除了政府和学校的关系，学校内部的权利也要进一步划分清楚。无论是学校本级的权利，还是院系的权利，或者某一职能部门的权利，都要进一步明晰。如果不明晰，出了事都找校长解决，校长就会整天忙于处理这些琐事，其他人的积极性、创造性也调动不了。所以，学校内部分权化的趋势要进一步地加强。要通过制定章程进一步明确校内各级机构和组织的权利。后勤管理的权利也要进一步明确，如学校和后勤处或后勤集团、后勤处或后勤集团的职工之间的权利义务关系都要明确清楚。

第二，要依法制定后勤的管理办法。

要按照制定章程的要求，把后勤制度作为学校的一项基本制度来加以规范。现在很多学校重视教学科研、人才培养和社会服务，很多后勤制度可能实际上并未摆到学校中心工作的层面。尽管遇到事情时会觉得后勤保障很重要，但在制定基本制度的时候可能就不太重视。我们要努力改变这种状况。现在后勤的问题很突出，包括食堂、学费等。所以，要进一步提高后勤的管理水平，一定要依法制定后勤的管理办法，依法管理，依法推进后勤社会化。

第三，要进一步加大后勤改革的力度。

《教育规划纲要》提出，要推进高校后勤社会化改革，这表明了对于后勤社会化改革的充分重视，也对以往后勤社会化改革的成绩作了认可。有人对以往后勤社会化的评价不高，也有人认为这不是一项重要的改革，因此，在讲到高校改革时往往不把高校后勤社会化改革作为一项重要内容。我们认为，应当充分重视高校后勤社会化改革。要把后勤社会化改革作为今后高等学校改革的一个重要内容。在后勤社会化改革中，要注意全面实行聘任制度和岗位管理制度，按照新的法律要求妥善处理好后勤社会化中的一系列法律关系，包括建立合同制、聘用制等。我也希望，今后能进一步研讨这样的制度，使高校的后勤工作、使高校的后勤社会化改革走上一个依法治理的轨道。

总之，中国特色现代大学制度是新中国成立以来也是改革开放以来的一项新的重要制度，涉及高等学校的各个方面，大家都要高度重视。要认真贯彻落实《教育规划纲要》的要求，使我国高等学校通过改革、通过中国特色现代大学制度建设呈现出崭新的面貌，提高各项工作的管理水平，真正把我国的大学建设成为中国特色的现代大学，让我国的大学成为高水平的大学，其中一部分成为世界一流大学。

建立法律意义上的现代大学制度①

非常高兴有这样的机会作一个发言。我想谈三个内容。第一，权利与职责；第二，自主与监督；第三，内部与外部。我认为，目前这三个概念跟我国建立法律意义上的现代大学制度紧密关联。

一、权利与职责

现在，我国大学的管理者、领导者已经有一个普遍的意识，就是大学有自己的权利。这个权利与政府的行政权不一样，大学有它的自主权。如果是公立大学，这种自主权是从政府那里分出来的，是按照法律的规定，依法分离，授予给了大学，是法律授予。这是大学权利的概念。

这样的一个权利概念，我们现在有的大学领导者、管理者和大学有关组织、机构及其负责人仍然不太清楚。大家认为，大学是按照上级的命令，是按照党和国家的要求来设立、运行的。他们不熟悉法律上的权利概念，因此在大学的设立、运行和管理当中，缺乏权利的概念。所以，他们就会用传统的行政化的指令性模式来运转大学。目前，建立一个正确的权利概念非常重要。也就是说，大学有大学自主的权利，政府有依照法律规定的政府的权利。

如果说权利的概念还有一些的话，在权利与职责这样一对法律关系中，职责的概念就更加稀薄了。这也体现在两个方面。一方面，有的大学的管理部门，如教育行政部门，在管理大学的时候，对于自己的管理职责、保障职责、维护职责，往往不理解为一种职责，而理解为一种权利，但这种权利的边界是不清楚的。另一方面，有的大学自身也缺乏职责这样的一个概念。有的大学知道自己是在办学，但是办到什么程度，应当履行什么职责，就算完成了广义来说是国家和社会，狭义来说是办学者、授权者要求的一种标准，

① 本文是作者2011年3月27日在北京大学“大学治理与大学章程学术研讨会”上的主题发言。

对自己的职责也还是认识不明晰的。具体而言，政府对于大学的人才培养指令、科学研究水平、社会服务的质量和能力缺乏一个明晰的要求和规定。大家都知道，北京大学的学生质量好，如果我们跟其他学校比一比好在哪里，应当达到什么水平才体现了国家对于北京大学的要求呢？这也是不清楚的。对于大学的领导人，无法用这样的职责来判断他的工作好坏。企业是有标准的，对企业负责人可以有一个经济指标的要求，可以有社会效益的要求，但是对于大学这种要求就很难。尽管很难，今后，在明确大学权利的同时，要进一步明确大学的职责。

对于这个问题，新颁布的《国家中长期教育改革和发展规划纲要(2010—2020年)》提出了两个重要的概念，就是要推进“政校分开，管办分离”。政校分开曾有争议，但最后还是写进来了。这个“政”不是指政治，大学不可能脱离政治；它更多的是指一种行政管理部门或是行政管理体系，指的是政府要和学校分开，管理要和办学分离。《教育规划纲要》的这两个概念，对于我们进一步认清大学权力和职责的法律关系，提供了一个新的认识角度。

二、自主与监督

自主与监督是贯穿教育立法和教育法律实施的一对矛盾。

首先，要进一步明确大学的自主权。大学享有七项自主权，《教育规划纲要》又重申了这些自主权，并对某些自主权进行了扩展和强调，目的还是希望大学能够自主办学。自主办学要求政府下放权力给学校，中央下放权力给地方。对于这个自主权的下放，是有条件的，要符合法律的规定。大学会有博士点、硕士点设置问题。最近有的学校一成立就提出，要学位权，要招生权，要设置权。如果全国都这样下放，就会导致盲目和冲动，将会出现失序的状态；同时也用不好这个自主权。

其次，要加强对大学的监督。这个监督包括大学外部的监督，这类监督有很多种，广义来讲有政府的监督、群众的监督、媒体的监督和专门机关的监督等。但还有一个重要的就是大学内部的监督，要自律。大学在自主的时候要自律，但自律的机制我认为现在也是不足的。当前，从现在大学改革的情况来看，大学的外延式扩张，增加招生规模、争取投资扩大土地、扩大建设规模的冲动在全国是非常普遍的。能不能有一个以质量为中心的自律基础的建立，目前对大学的发展和改革非常重要。如果没有这样一个自律机制，大学就会陷入到外部的冲突上去。因为很多政府愿意给学校土地，作为一种招生引资的办法。大学怎么通过自律来推动教育的质量，培养人才和科学研究及社会服务的水平，来体现文化发展的责任，这也需要在大学的章程制定过程中认真加以思考。

三、内部与外部

对于现代大学制度的内在因素的判断，《教育规划纲要》讲了四点：第一要完善治理结构，第二要加强章程建设，第三要扩大社会合作，第四要推进专业评价。这四点对于现代大学制度的治理框架提出了一个明确的要求，也都涉及一个内部和外部的问题。

首先，要解决大学内部的法律关系问题。现在，教育界和社会，对于大学的内部建设的职责要求得比较多，例如大学要去行政化，要落实自主权，要保护学生的权益，保护教师的权益等。这些都需要按照现代大学章程制度、按照这四点要求来做。

但是，我们也要看到，现在大学是在一种社会条件下，一种社会法律环境当中运行的。我认为，我们的大学很大程度上受到外部社会环境和社会法律环境的制约。大学的编制、人事、机构设置以及很多活动，包括国际会议等，都要服从政府和政府相关部门的管理和制约。比如大学有一个项目，就分得很细，要填很多表。所以，我们这次改革时就提出，能不能让大学的项目大一点，并让大学来自主操作这些项目。所以，我认为，现在解决大学的外部关系、外部环境及外部的法律关系，改革相应的制度，某种程度上超过了对于大学内部治理结构建设的迫切性。

要下决心推动出台一个新中国成立以来从未出台过的关于高等学校章程的制定办法。这个制定办法中不仅要规定一些程序，一些法律要求，而且也应该有实体性的内容。我们提交了这个稿子上会，希望大家多给我们出主意，想办法，共同把这个章程制定好。

学习贯彻全国教育工作会议和《教育规划纲要》的精神　切实推进现代大学制度的试点工作①

国务院办公厅下发了《关于开展国家教育体制改革试点的通知》，对教育体制改革试点工作进行了全面部署，标志着《教育规划纲要》提出的十大教育体制改革试点正式启动实施。在规划纲要制定过程中，成立了教育规划纲要起草工作小组；《教育规划纲要》起草完之后，起草工作小组就改成了国家教育体制改革领导小组。原来这个组有 14 个成员单位，后来追加了 6 个，现在共 20 个成员单位。国家教育体制改革领导小组的组长是刘延东同志，由国家教育体制改革领导小组办公室（教改办）负责有关的具体工作。通知下发之后，教育部进行了认真研究部署，根据通知要求对所有的体制改革任务进行了分工。按照教改办的统一部署，由政法司负责牵头现代大学制度的试点工作。今天我们在这里召开社会主义现代大学制度的试点工作会议，是一项必须推进的工作，不是座谈会。会议的主要任务是，进一步学习贯彻全国教育工作会议和《教育规划纲要》的精神，交流各试点高校的试点方案，听取对推进试点工作相关工作的意见建议，对试点工作作出部署。

会议的召开具有良好的基础。现在参加建设现代大学制度试点工作的学校名单，是在全国各地各高校申报的基础上提出的。今天来参会的同志，在前一轮工作中都提出了本地区、本学校希望在体改工作当中承担的项目，也开展了一些工作。今天，按照统一部署，交流方案有了统一的基础。

为深入做好《教育规划纲要》的贯彻落实工作，从今年年初开始，教育规划纲要工作小组办公室就结合《教育规划纲要》提出的重大改革，研究确定了近期启动实施的重点任务，并将这些重点任务公开发布，请愿意先行先

① 本文是作者 2010 年 12 月 20 日在“建设中国特色社会主义现代大学制度的试点工作会议”上的发言。

试的地区和学校，选择一项或几项申报国家改革试点，按照“自愿申报、专家评审、协商论证、综合平衡、统一部署”的原则，制定国家教育体制改革试点总体方案。

在第一轮申报的时候，各地各校改革的积极性很高。教育规划纲要工作小组办公室组织相关领域的专家，主要从科学性、合理性、操作性等方面，对所有项目提出修改完善建议，并将意见反馈给申报单位，进一步完善试点方案。试点方案再次上报后，教育规划纲要工作小组办公室组织由教育部门、相关管理部门和专家组成的综合评审组，重点就试点方案的改革措施、配套政策、保障条件等进行研究论证，提出修改完善建议，反馈给申报单位。经过“三下三上”的过程，总体方案不断完善，在全国教育工作会议上，进一步听取了与会代表的意见。根据全国教育工作会议上大家所提的意见建议，又对试点总体方案进行修改完善，并按程序审定。

8 月 27 日，国务院召开电视电话会议，对教育体制改革试点进行了统一部署。在《关于开展国家教育体制改革试点的通知》中明确了现代大学制度试点的重点任务和试点地区、试点单位。所有的试点项目，都是各地各校根据《教育规划纲要》提出的改革要求，紧密结合自身实际研究设计的。

参加这次会议的有 26 个学校，各个学校非常重视，13 个学校是校级领导参会，每个学校都提供了书面材料。今天，我们还邀请了这项工作涉及的中央机关部门。这项工作是教育部负责牵头，中组部、人力资源社会保障部、财政部和全国总工会 5 个单位共同负责。除了财政部，其他部门的同志都参加了这次会议。按照教育部领导的要求，我们还邀请了国家教育咨询委员会的咨询委员魏书生同志参会。

今天，我们开了一个很好的会，有 30 位同志作了精彩的发言，这对我们的工作是一个很大的支持。在制定《教育规划纲要》的过程中有一条原则，就是边试点、边制定、边实施。在教育体制改革的十大试点中，现代大学制度的试点难度非常大，对于它的概念、定义、内涵都有不同的看法。前一阶段，学术界、理论界以及不少的学校已经对现代大学制度进行了初步的探索，但是作为《教育规划纲要》明确部署的教育体制改革的一项重要任务，这仍是一个新命题。对教育部来讲，落实这项任务也没有太多的经验，需要不断地学习研究。今天，第一个很好的收获是向大家学习了不少的东西。我也讲三点意见，与大家共同交流。

一、现代大学制度试点工作有序展开，取得了可喜的前期成果

当前，“现代大学制度”已经以党中央国务院文件的方式写入了《教育规划纲要》的文本中。过去在某些文章甚至在个别的文件中也出现过这个概念，但是从来没有这么高阶位的文件来确定，还有些争议。这次，《教育规划纲要》明确确定了中国特色的现代大学制度这个概念，但对其内涵大家还可以有不同的探讨。《教育规划纲要》颁布后，我们要集中力量做好贯彻落实工作。按照《教育规划纲要》和试点工作的部署，我们前一阶段已经确定了现代大学制度的试点单位，包括学校和个别的地方。

目前，试点工作已经取得了一些前期成果。一是各个学校领导高度重视，对现代大学制度进行了认真思考和讨论，确定了试点方案，取得了初步的成果。有的学校还建立了专门的队伍和团队或班子，组织了专家研讨。各个学校领导不论是党委书记、校长还是具体负责这项工作的处室都非常重视，将之作为一件重要的工作来抓。二是建设中国特色的现代大学制度的指导思想进一步明确。总体而言，是以中国特色的社会主义理论为指导，以邓小平理论、“三个代表”重要思想和科学发展观为指导。特别强调，现代大学制度要坚持科学发展，以人为本，着重高等教育、高等学校的内涵发展，目的是增强活力，提高质量。三是注重制度建设。这次的教育改革需要系统设计，顶层设计，通过制度来推进。现在的政策有一个特点，就是越来越要求科学化、制度化，也可以说是理性化。改革开放以来，很多教育改革工作着眼于解决实际难点、热点问题，从问题入手。当然这是需要的。但现在，我们既需要解决问题，同时也需要加强理性的系统研究、顶层设计。四是各个学校因地制宜、因校制宜，提出了本校建设现代大学制度的具体目标、主要内容和拟采取的若干措施。有的措施已经在落实，有的还在考虑酝酿。

从内容上讲，现代大学制度试点工作还取得了以下成果。

第一，比较深入地研究了我国大学的治理结构。主要集中在几个方面：一是各个学校制定了议事规则和相应制度，以更好地坚持和完善党委领导下

的校长负责制，处理好党委和校长的关系。现代大学制度必须坚持和完善党委领导下的校长负责制，要加强党的领导。在现代大学制度的建设中，这项工作有了新的发展。通过现代大学制度的前期申报和试点工作，各高校进一步加强了党的建设，党委书记和校长更加团结，采取了更好地合作办法。二是非常着力、明确地处理行政权力和学术权力关系。这是大家谈得比较多的，是一个亮点。很多学校明确规定，学术权力要与行政权力分开，学术委员会要让真正的学者、专家来充分发挥作用。因此，一些学校的校领导退出了学术委员会；即使参加，也没有投票权。这是学校去行政化的一个实质性进展。三是在调动学校教职工的积极性等方面也做了一些探索。

第二，推进了机构设置的改革。这也是一个特点。机构设置的改革也是一种权利的重新配置。一方面，体现在学校权利的纵向变化。很多学校把一些行政管理权、教育教学权放给院系一级，以进一步加强院系建设，在院系建设上提出了很多各有特色的制度，例如党政联席会或党政联席会下的系主任负责制，并对此进行了积极的探索。另一方面，体现在学校权利的横向变化上。一是行政权力的融合。很多学校把原来众多的行政部门进行整合，实行大部制，减少行政管理的处室数量，更好地为基层服务。二是在学术管理、教育教学管理方面，也进行了整合。试图推进学部制，一个一级学科只搞一个学院，也取得了进展。

第三，积极推进章程建设。有的学校已经制定了章程，像吉林大学、中国政法大学。但是他们不满足于过去取得的成绩，还要求进一步修改。通过章程建设，进一步全面加强制度建设，推进学校自我发展，自我约束，进一步明确学校和政府、学校与社会及学校内部相应主体的权利和责任，进一步落实大学的办学自主权。

第四，通过现代大学制度的试点工作，进一步推进了教育教学改革，加强了人才培养和科学研究，提高了高校的教育教学质量。同时，还促进了高校学科专业的调整，更好地适应了经济社会发展的新变化和新要求。

第五，进一步推进了高校与社会的共建机制。很多高校正在积极探索建立董事会或者理事会。已经成立董事会或者理事会的学校，也正在进一步积极推进董事会或理事会功能的发挥。有的学校说，过去学校董事会负责筹集资金，现在还要进一步发挥与社会的密切合作，让全社会来支持学校办好大学。

第六，进一步推进了内部管理体制改革，完善了人事分配制度改革，推进了后勤改革，推进了教育教师的聘任管理制度，提高了学校的管理水平。

这些都为我们今后的试点工作奠定了良好的基础。概括而言，这也反映了改革开放以来大学内部改革的一个实质性进展，在社会上应当进一步扩大宣传，今后我们还要进一步发掘。

二、深刻认识现代大学制度试点工作的重大意义

第一，开展现代大学制度试点是《教育规划纲要》作出的重要部署。

一是《教育规划纲要》突出强调，教育要发展，根本靠改革。温家宝总理在《关于深入贯彻落实科学发展观若干重大问题》的报告中讲道，“教育还不适应全面建设小康社会的新要求，教育体制亟待改革，教育水平亟待提高，教育投入亟待增加”，把改革放在教育的第一位。当前改革不足，是教育最大的问题。这次《教育规划纲要》强调改革的系统设计和整体安排，强调要在地方和学校大胆试验，既突出了地方，也突出了学校，为我们现代大学制度的改革指出了一个重点。

二是当前学校制度建设、学校改革已经走上了改革的第一线。改革开放30多年来我国开了四次全国教育工作会议，出台了四个重要文件。这次全国教育工作会议是新世纪第一次教育工作会议，出台的是新世纪第一个中长期的教育发展规划纲要。这次规划纲要，把人才培养的问题和学校建设的问题放到了前边。过去讲改革，首先讲管理体制、办学体制、投入体制改革，这次首先讲人才培养体制改革、招生考试制度改革和现代大学制度的建设。也就是说，这些改革的重要性，要比管理体制、办学体制改革更为重要。改革的成功与否，要以人才培养体制是否改革、现代学校制度建设是否得到加强作为最主要的标准。这是我们改革思路和安排上的一个重要转向，也是这次改革和前三次改革的重要区别。应该看到，现在人民群众对教育有意见，教育本身的问题仅仅抓政府是不够的，还要解决学校层面的问题。现代大学制度建设是一个重要的命题。

三是要通过学校制度的建设，解决整个教育系统的活力问题，解决培养高素质人才、拔尖创新人才的创造力、活力问题。这样培养人才只能依托学校。《教育规划纲要》指出，教育面临着三大矛盾，一是经济社会发展对高质量、多样化人才需求与教育培养能力不足的矛盾；二是人民群众期盼良好教育与资源相对短缺的矛盾；三是增强教育活力与体制机制约束的矛盾。从根本上讲，当前教育面临的突出困难集中在培养人才不足、水平质量不高、有钱学森之问等说法上。教育的核心问题是体制机制的约束，使学校的活力，教师、学生和学校的积极性、创造性没有充分发挥出来，所以要进行体制机制的改革。学校的体制制度是改革的一个重要内容。这是为什么《教育规划纲要》作这样一个重要部署的原因。

第二，要通过现代大学制度的试点来提升高等教育质量，促进高等学校科学发展、高等教育科学发展。

改革开放以来，高等教育取得了跨越式发展，进入了国际公认的教育的大众化阶段。到 2020 年，高等教育毛入学率要达到 40%，仍然处在大众化的阶段。现在，我国各类高等教育总规模达到 2 979 万人，居世界第一，高等教育毛入学率达到 24. 2%。这种大规模的高等教育发展需要我们进一步深化教育改革，特别是要通过改革提高质量。《教育规划纲要》指出，提高质量是高等教育发展的核心任务，是建设高等教育强国的基本要求。这对高等教育、高等学校提出了新的要求，就是要改变我们高等教育大而不强的局面，努力建设高等教育强国。对高等学校来讲有两个目标：第一，一些大学要建设成为高水平的大学。第二，其中一些学校要建设成为世界一流大学。最顶级的学校要建设世界一流大学，一般的学校要努力成为高水平的大学。要成为高水平大学、世界一流大学必须有一个好的内部组织架构，有一个好的制度。如果没有这样的好制度，就不可能成为高水平大学和世界一流大学，也不可能实现高等教育强国的目标。

第三，各高等学校承担着先行先试、率先突破的重要使命。

《教育规划纲要》提出，要根据统筹规划、分步实施、试点先行、动态调整的原则，选择部分地区和学校开展重大改革试点。这次承担试点任务的高校综合实力强、管理水平高、办学历史相对悠久，在探索体制改革、现代大学制度方面都积累了一些宝贵的经验。因此，大家承担这个任务应当说任务艰巨，使命光荣。我们要积累经验，为面上的工作提供示范，提供经验。因此各试点学校都应当以坚定的决心、积极的态度、扎实的举措、务实的作风推动改革不断深入，这个任务很光荣。因此，从教育部、国家来讲都会坚定地支持大家开展这项工作。

三、进一步准确把握和切实推进现代大学制度的试点工作

现代大学制度的建设是一项复杂而艰巨的系统工程。涉及体制机制也涉及思想观念，更重要的是涉及人们的切身利益。在很多方面，认识不尽一致，改革的难度大、压力大、矛盾多。很多问题没有现成答案，需要在实践中探索。因此，我们必须按照全教会的要求和《教育规划纲要》的精神来认真把握。

第一，要加强领导，高度重视牢牢把握改革的方向。现代大学制度建设的试点政治性、政策性都很强，因此要始终坚持高举中国特色社会主义伟大旗帜，以邓小平理论、"三个代表"重要思想为指导，深入贯彻科学发展观。也就是说，今后高等学校要做到科学发展，现代大学制度也是为了促进高等学校科学发展。要全面贯彻党的教育方针，加强和改善党对教育工作的领导，坚定不移地走中国特色的社会主义教育发展道路，培养社会主义的建设者和接班人。《教育规划纲要》制定的过程当中，也有一些专家对学校改革的政治方向提出了不同的意见。有的专家讲，西方的大学制度就很好，不需要制定什么《教育规划纲要》，把西方的制度搬来就是。这样的一种导向是不恰当的。因此，要坚持和完善党委领导下的校长负责制，坚持育人为本，尊重教育规律、教学规律和人才成长规律，把促进学校健康成长作为改革的出发点和落脚点，推动高等学校科学发展。各试点学校要充分认识到改革试点的重要性、复杂性、艰巨性，切实加强领导、科学统筹、系统设计，确保组织到位、措施到位、保障到位。一些重要的制度主要负责人要亲自抓，纳入学校的议事日程，要及时掌握改革的动态，研究新出现的问题，总结新的经验，不断完善管理制度。要妥善处理好改革、发展与稳定的关系，确保改革的力度、速度与广大师生的可接受性相统一，确保试点工作顺利推进。在这个工作当中，要特别注意，按照法律法规的要求依法推进改革试点工作，

依法加强制度建设，依法推进学校各方面的工作。

第二，要坚持广集众智，充分调动各方面力量，形成改革合力。建设现代大学制度，教育改革是否成功，关键要看广大师生员工和人民群众是否满意，实践效果是否可行。大学是高层次和高素质人才聚集的地方，专家教授对大学制度有着深入的研究，学生对大学制度有着深切的感受，他们对建设现代大学制度具有较高的期盼，这是我们推进现代大学制度的知识和智力优势。各试点学校要珍惜这一优势、用好这一优势，探索建立有效渠道，通过召开论证会、听证会、专家咨询会、公开征求意见等方式，让大家的智慧和真知灼见汇集到改革试点中来。这次《教育规划纲要》制定成功的一个重要原因，就在于始终坚持问政于民、问需于民、问计于民。在改革方案的制定、改革举措的实施、改革经验的推广中，要充分听取社会各界的意见建议，虚心接受监督和评议。

任何一项改革，只有既得到学生、家长和广大教育工作者的广泛支持，又符合国家的要求，才能凝聚改革的力量，减少阻力，形成合力，才能真正推行、取得成功。要充分调动广大师生员工的积极性，鼓励他们参与改革、投身改革，动员各方面力量支持改革。要尊重基层和群众的首创精神，对改革实践中涌现的新思路、新做法，只要有利于学校的科学发展，有利于学生的全面发展，都应予以保护和支持。要加强宣传引导，多做政策宣传、解疑释惑的工作，增进共识、统一思想，使各方面、各层次甚至每个人追求的目标都成为学校改革发展总目标的有机组成部分，形成推进改革的最大合力。

第三，要积极探索、稳妥推进。现代大学制度改革涉及众多因素、情况复杂、任务艰巨，必须精心组织，稳妥推进。一方面，要坚持解放思想、更新观念，大胆探索和试验。按照试点方案，实现预期目标，在本届政府（2012 年）内在一些方面要实现新的突破，有阶段性的成果，完成一些阶段性的目标，形成一些基本的制度。这是重要的时间点，希望大家注意和把握。另一方面，对于实施中需要突破的政策和规定，要按照《教育规划纲要》确定的原则和精神，充分论证，积极探索，稳妥操作。对于实施中可能存在的风险因素，要深入分析和系统评估，做好预案，积极化解，确保改革平稳推进。对于实施过程中发现的问题，要认真研究，及时妥善处理，避免出现大的偏差。试点实施过程中涉及的重大政策调整、出现的重大问题，要及时报告各校主管部门和国家教育体制改革领导小组。要建立督促检查机制，按照试点实施的计划进度，及时了解情况，定期进行评估总结。

改革必然导致原有格局的调整、体制机制的创新，先在点上取得突破，才能减少和消除阻力，控制可能存在的风险，留出后续完善的空间。今后，一些涉及全校范围的重大政策调整，学校可以留出空间，在学校内部可以采取先行先试的办法，先在学院、系、部门的层面取得成功经验后，再由点及面推广，尽可能减少改革成本，使改革收益最大化。

这里特别要强调，各试点学校之间情况千差万别，面临的问题各不相同。建设现代大学制度不要仅限于一种模式、一个尺度。要坚持一切从实际出发，科学分析自身办学传统和优势，针对实际存在的重点难点问题，既立足基本国情、校情，又借鉴世界规则和有益做法，找准改革突破口，形成各有侧重、各有特色、各有优势的改革试点局面。

第四，要抓住改革的关键环节。现代大学制度建立在现代学校制度的基础之上。现代的学校制度包括依法办学、自主管理、民主监督、社会参与。按照《教育规划纲要》的要求，现代大学制度主要包括四个要点。

一是完善治理结构。要妥善处理好学校内部的权利关系。首先要坚持和完善党委领导下的校长负责制，健全议事规则与决策程序，依法落实党委校长的职权。要完善大学校长选拔任用办法，充分发挥学术委员会在学科建设、学术评价、学术发展中的重要作用，充分发挥教授在教学、学术研究和学校管理中的作用。同时，要加强教职工代表大会、学生代表大会的建设，充分发挥群众团体的作用。党委的领导权、校长的行政权、学术组织的学术权和广大教职工的民主参与管理的权利，这四个权利都要很好地尊重、落实。

二是要加快章程建设。各个高校依法制定章程，按照章程的规定管理学校，章程是学校的宪法。

三是要扩大社会合作。即要积极探索成立高校理事会或董事会。高校理事会或董事会不是决策机构，不影响党委的领导权和校长的行政权，而是一种健全社会支持和监督学校发展的长效机制。要探索高校与企业、行业及其他的社会资源合作共建的模式。

四是要推进专业评价。要鼓励专门机构和社会中介机构对高校的学科、专业课程等水平和质量进行评估。高等学校是专门的学术机构和教学机构，要通过专业评价来提高质量。特别是《教育规划纲要》提出，今后要形成中国特色的社会评价模式。大学办得好不好，应当有自己的评价模式。特别要建立高等学校的质量年度报告发布制度。《教育规划纲要》制定时，考虑最好让高校自己每年来发布年度质量报告，包括教学、科研和社会服务等内容。今后如果有条件，教育部再来制定学校年度质量报告的发布制度。

另外，在现代大学制度改革的试点当中，特别强调要加强教师的队伍建设，推动管理制度的改革。在试点工作的要求中，要求全面实行聘用制度和岗位管理制度。对新进人员实现公开招聘制度，探索协议工资制等灵活多样的分配办法。建立多种形式的专职科研队伍，推进管理人员职员制，完善校务公开制度。这些都是当前试点工作的关键环节。

第五，要着力完善试点的实施方案和配套政策。各试点学校要在申报方案的基础上，进一步实化、细化、具体化，形成可操作的试点方案。并且同时要研究相应的配套政策。这就要求我们要深入调研、充分协商、科学论证，突出实施方案的针对性、操作性，明确改革的目标、措施、进度安排、保障条件、责任主体、风险分析及应对措施，还要对改革的预期成果和推广价值进行研判。制定实施方案要充分听取广大师生员工的意见，必要的时候还要充分听取家长、专家和社会各界的意见。

第六，要加快形成新的试点工作机制。为确保试点工作顺利推进，推动各项工作落实到位，必须加强各试点学校之间、试点学校与各部门之间以及学校内部的统筹协调，加强这方面的机制建设，用新的机制解决新的问题，开拓新的局面。

一是建立上下沟通协调机制。教育是一个国家和民族最根本的事业，体现着国家意志。要加强试点学校与主管部门、有关部门和省市的联系，确保改革的正确方向和操作的平稳。今后，教育部政法司作为现代大学制度试点工作的牵头单位，将通过更多的方式推进工作，比如召开座谈会、现场经验交流会、专家咨询会、编发工作简报等，搭建交流平台，及时发现典型、推广经验，共同探讨研究解决试点工作中遇到的问题和困难。

二是建立试点学校相互交流学习借鉴的机制。今天大家谈到，相互学习取得了很好的收获。今后这样的机制还将进一步加强。可以由教育部组织相应的会议提出要求，试点学校之间也可以采取多种方式进行探讨。也可以按照不同的专题、不同的地域开展丰富多样的活动。如果这些活动通报教育部，我们也会积极地派人参加。有些高校急需解决的迫切问题，大学之间可以自己进行探讨。

三是建立专家咨询机制。对试点过程中的重大理论问题和现实问题、重大改革事项进行论证评议，提供咨询意见，为试点工作顺利进行提供有力支撑。国家有咨询委员会，有很多咨询的专家，我们也可以有相应的专家咨询机制。拿不准的可以请教专家一起研究。

四是要建立教育部及其他部门为试点学校工作的指导服务机制。这种机制既是指导，又是服务。一要转变职能，转变教育管理方式，进一步加强与其他相关部门之间的政策协调。有很多政策不是教育部能确定的，但在改革的共同目标上，与其他部门有共同的语言。因此，应加强政策协调，改革管理方式，实行职能的转变，推进学校办学自主权的落实。二要进一步加强对试点工作的指导服务。要强化顶层设计，争取每年召开两次交流会。今后如有可能还要分专题进行研讨。三是对这次会上大家提出的意见建议和有关支持政策，我们将进一步系统梳理并向领导汇报。同时，也要各高校党委和校长给予支持。我们将不断努力，积极研究要调整的政策，积极汇报要支持的措施。对于相关的经费我们将积极向有关部门争取，也希望高等学校内部能给予支持。现代大学制度本身还是为了学校自身的发展。

同志们，全国教育工作会议和《教育规划纲要》的颁布实施具有重要里程碑意义，必将翻开21世纪我国教育改革发展的新篇章。高等教育发展的重要着力点是现代大学制度建设。建设中国特色社会主义现代大学制度，必将推动我国高等教育进入科学发展新阶段。今后大家在试点工作当中有好的意见和建议，大家可以随时同我们联系。

三

加强大学章程建设

贯彻《章程制定办法》　加强高校章程建设[①]

加强高等学校章程建设是《教育规划纲要》在完善中国特色现代大学制度部分提出的一项重要任务。为落实《教育规划纲要》要求，教育部经过认真研究、反复征求意见，最近以教育部第31号令的形式颁布了《高等学校章程制定暂行办法》（以下简称：《章程制定办法》），并于2012年1月1日起施行。下面我就《章程制定办法》出台的意义、作用以及其中规定的主要内容作简要的说明。

一、出台《章程制定办法》，对于推动高等教育改革具有重要意义

依据《教育法》的规定，制定章程并依据章程自主管理是学校的法定权利，《高等教育法》专门规定了高校章程的内容。《教育规划纲要》在完善中国特色现代大学制度一节，提出要："加强章程建设。各类高校应依法制定章程，依照章程规定管理学校。"近些年，我国高等教育改革发展的实践表明，促进高校科学发展，基本的经验就是要依法治校，依法办学。

当前，按照规划纲要的要求，高等教育体制改革正在全面深化。在此时机下，《章程制定办法》的制定出台，符合高校章程建设的现状，适应改革的需求，将在一段时间内，推动全国高校普遍建立章程，对于推进高等教育体制改革具有重要意义。首先，彰显了教育部落实《教育规划纲要》、推进高校管理体制改革的决心。教育部以规章形式明确高校章程制定的内容及程序规范，鼓励高等学校根据自身特点以章程为核心开展制度建设，有利于推动各方面重视和关注高校章程建设，是推进新一轮高等教育改革的重要标志和切入点。其次，可以切实推进高校重

① 本文是作者2012年1月9日在《高等学校章程制定暂行办法》新闻通气会上的讲话。

视章程制定工作，有利于增强高校制定章程的积极性、主动性，推动高校根据《教育规划纲要》的精神与要求，在体制和机制上改革创新，探索建立有中国特色现代大学制度。再次，有利于明确章程的法律地位，推动高校自主权的落实。以教育部规章规范高校章程的制定与核准程序，进一步确立了高校章程的法律地位，可以保障和提高章程在实践中起到对内自我规范，对外明确权利边界、减少非法干预的作用。最后，有利于推动高等学校总结经验，提高管理水平。

二、高校制定章程是自身改革发展的迫切需要

首先，章程是现代大学制度的基础。从中外大学发展的历史与规律看，章程在现代大学的制度体系中都是必不可少的。现代大学制度是一系列的制度安排，从我国高校的现实看，落实和明确高校作为独立办学实体的权利与义务，建立政校分开、管办分离的管理体制则是当前的关键问题。推动高校章程一方面可以对大学举办者、办学者的权利边界与职责义务进行明确的界定，合理设置和规范举办者权利义务及其对在大学内的行使规则；同时，可以将大学的办学理念、组织属性等落实在学校的制度层面，成为现代大学制度的标志和载体。可以说没有章程的高校，还不是真正意义的现代大学。

其次，章程是高等学校依法治校的重要依据。章程要可以实现法律原则规定与学校具体实际的结合，为学校依法治校提供具体的、可行的依据。高校作为具有公共管理职能的社会组织，内部存在很多管理职能和复杂的权利义务关系，必须通过制定和实施体现法治理念的内部规范，实现治理的法治化与民主化。章程的作用就是要将大学办学的理念和目标制度化，并成为学校内各种规章制度的制定依据，使大学的管理行为、办学行为，具备法治理念，符合法治要求。

再次，章程是推动高校科学发展的基本保障。改革发展的实践证明，高等学校的发展是一个长期的过程，应当以科学的发展理念和方向为指导，以稳定的发展路径和机制为保障。要实现这样的目标，完善高校章程，健全制度的保障和约束就显得尤为重要。因此，高校按照科学、民主的方式与程序，制定章程，使高校的举办者、办学者、管理者以及教师、学生，都能够

对学校发展理念、改革方向进行讨论，就是一个在校内外凝聚共识的过程，把反映大学自身的特点、符合教育规律的制度、体制确定下来，学校的科学发展才能具有坚实的保障。

三、章程制定办法的主要内容

章程制定办法共分为总则、章程内容、章程制定程序、章程核准与监督以及附则五章三十三条，从实体和程序两个方面，对高校章程制定的原则、内容、程序以及核准和监督中所涉及的主要问题、主要环节进行了全面规范。目的是为高等学校制定章程提供内容指导与程序规范，推动高等学校以章程建设为核心实施整体改革，制定符合法律规定、体现学校需求与特色的高质量章程；同时，规范高校章程制定、核准的程序，使高校章程通过科学、民主、公开的程序，具备应有的法律效力。

1．章程制定办法明确了高校章程的地位与作用，强调章程在学校的制度体系中所具有的基础性、准则性作用，通俗地讲就是学校校内的“宪章”；要具有规范和统领校内管理制度的功能，成为学校行为的基本准则。

2．章程制定办法提出了高校制定章程的基本原则。首先，要体现思想政治与法治的原则。其次，强调要体现改革的原则，即制定章程要成为高校系统改革的一部分，改革要为制定章程提供动力与内容，章程建设则要成为改革的切入点和系统集成的载体。再次，要体现自主的原则，即高校制定章程要敢于和善于在法律及办法规定的原则、框架内自主创制章程的内容，反映学校的办学特色。

3．章程制定办法将高校章程应当具备的内容作了细化，从三个方面作了规定：首先，要具备法定内容，明确章程要包含《高等教育法》第二十八条确定的章程基本内容；其次，章程要包含高校办学自主权的内涵与行使规则的内容。再次，明确高校要将决策机制、治理结构、民主管理、学术体制、专业评价、社会合作等建立现代大学制度所必备的制度原则，作为章程内容，并通过章程，明确内部各种权力的运行规则。

4．章程制定办法对高校起草制定章程的程序作了明确，规定章程由学校组织起草，要遵循民主、科学、公开的原则，采取开门立法的方式，使章程起草成为学校凝聚共识、促进管理、增进和谐的过程。章程草案要由教职工代表大会讨论、校长办公会议审议、学校党委会审定，审定后由法定代表人签发的机制，以保证章程草案在学校内部得到充分讨论，反映各方面意见，保证学校党委对高校重大事项的领导和决策权。

5. 章程制定办法明确高校的举办机关或者主管部门应当以适当方式参与章程的制定。要按照政校分开、管办分离的原则，以章程明确界定举办者或主管部门与学校的关系，明确学校的办学方向与发展原则，落实举办者义务，尊重和维护学校的办学自主权。同时规定，主管部门应当认可高校在章程中作出的自主规定，并监督学校依法依章程自主办学，努力形成章程对于学校和主管部门都具有约束力，形成学校依法、依章程办学，主管部门依法、依章程监督的格局。

6. 章程制定办法明确了章程核准的程序与办法。章程制定办法依据《高等教育法》，明确了章程的核准程序。办法同时规定章程核准要经过章程核准委员会的审核。这是新的制度创设，目的就在于进一步提高章程的效力与权威，保障章程的稳定性。

四、下一步的工作安排

落实章程制定办法，推动高校章程建设，将是今后一段时间推动高等教育体制改革一项重要任务，教育部及有关教育主管部门和高等学校将集中做好以下工作。

一是要抓紧组织、深入开展学习宣传工作。要开展多种形式的学习培训和研讨活动，以此为契机，形成推动高等学校章程建设、内部管理体制改革的大学习、大讨论。

二是要全面部署高等学校章程建设工作。要全面调查高等学校章程建设的现状，明确高校章程建设的方向、程序与时间表，推动所有高等学校在2012年内全面启动章程制定或者修订工作。

三是做好章程制定的分类指导与试点工作。将按照分类指导、试点推动、突出特色的原则，研究制定分类指导的方案与实施意见，根据实际，确定若干有代表性的高等学校，作为章程建设和现代大学制度的试点高校。教育部门要主动参与试点高校的章程制定工作，尽快形成具有示范和推广意义的成果。

四是建立健全章程核准程序与机制。教育部将按照《高等学校章程制定办法》的规定，组建由教育部及相关部门领导、高等学校管理者、社会知名人士和有关专家组成的章程核准委员会，建立内部章程核准机制，尽快正式受理有关高等学校章程的核准申请。

五是进一步推动高等学校的依法治校工作。要积极推动各地和高校以推动章程建设为契机，进一步重视和加强高等学校的依法治校工作，形成以章程建设系统梳理学校内部管理体制，实现依法治校的良好局面。

贯彻落实《高等学校章程制定暂行办法》推动中国特色现代大学制度建设取得新进展①

加强高等学校章程建设是《教育规划纲要》在完善中国特色现代大学制度部分提出的一项重要任务。为落实《教育规划纲要》要求，经过认真研究、反复征求意见，教育部最近以第31号令的形式颁布了《高等学校章程制定暂行办法》（以下简称《办法》）。这是推进现代大学制度建设的一个标志性文件，对于推动高等教育体制改革具有重要的意义。

一、推动高校制定完善章程是建设现代大学制度的必然要求

依据《教育法》的规定，制定章程并依据章程自主管理是高等学校的法定权利，《高等教育法》专门规定了高校章程的内容。《教育规划纲要》在完善中国特色现代大学制度一节，专门提出："加强章程建设。各类高校应依法制定章程，依照章程规定管理学校。"近些年，我国高等教育改革发展的实践表明，促进高校科学发展，基本的经验就是要依法治校，依法办学。高等学校章程不仅是高等学校依法自主管理，实现依法治校的必要条件；也是明确高等学校内外部权利义务关系，促进高校完善治理结构、科学发展，建设现代大学制度的重要载体。

1. 章程是现代大学制度的基础。从中外大学发展的历史与规律看，章程在现代大学制度体系中都是必不可少的。1817年颁布的《柏林大学章程》确立了学院制、教师等级制、教授会制、讲座制、利益协商制五个方面的基本制度，不仅为柏林大学奠定了法律基础和组织机构框架，也形成了现代大学制度的基本框架。清末维新，百废待兴。维新思想家建立新式教育，首先

① 本文是作者2012年1月11日在推进高等学校章程建设研讨会上的讲话。

着力于教育的法律、规划和章程的制定，清末就产生了三个“大学堂章程”：《奏拟京师大学堂章程》、《钦定大学堂章程》、《奏定大学堂章程》。可以说大学堂章程是我国现代高等教育制度建立的标志。当前，我国高等教育正在面临新的发展机遇与挑战，建设现代大学制度是高校管理体制改革新的目标与任务。现代大学制度是一系列的制度安排，一般而言学校自治、学术自由和民主管理是现代大学制度的核心特征。从我国高校的现实看，落实和明确高校作为独立办学实体的权利与义务，建立政校分开、管办分离的管理体制是关键。推动高校章程建设一方面可以对大学举办者的权利边界与职责义务进行明确的界定，合理设置和规范举办者权利义务及其在大学内的行使规则；同时，可以将大学的办学理念、组织属性、目标任务、民主机制和办学特色等落实在学校的制度层面，成为现代大学制度的标志和载体。因此，可以说没有章程的高校，还不是真正意义上的现代大学。

2. 章程是高等学校依法治校的重要依据。章程作为学校的根本制度，可以实现法律规定与学校具体实际的结合，既体现法律政策的宏观要求，又体现学校的办学特色，从而能为学校依法治校提供具体可行的依据。高校作为具有公共管理职能的社会组织，内部存在很多管理职能和复杂的权利义务关系，必须通过制定和实施体现法治理念的内部规范，实现治理的法制化与民主化。章程的作用就是要将大学办学的理念和目标制度化，并成为学校内各种规章制度的制定依据，从而使大学的管理行为、办学行为，具有统一的理念与风格。推动高校章程建设，将从根本上解决高校依法治校的依据问题，促使学校遵照章程办事，形成以章程为核心的依法治理的体制机制。

3. 章程是推动高校科学发展的基本保障。高等学校的科学发展应当是以质量为核心，以完成人才培养、科学研究、社会服务和文化传承的根本任务为目的的发展，应当是内涵式、凝练传统、突出特色的发展，而不应是简单地扩大规模、追求大而全。改革发展的实践证明，高等学校的发展是一个长期的过程，应当以科学的发展理念和方向为指导，以稳定的发展路径和机制为保障，避免朝令夕改、频繁转换方向。要实现这样的目标，完善高校章程、健全制度的保障和约束机制就显得尤为重要。世界很多著名大学的章程就承载着自己学校的历史，其中一以贯之的办学理念、发展思路，铸成了其自身内涵独特的大学精神和气质。因此，高校按照科学、民主的方式与程序，制定、完善章程，使高校的举办者、管理者以及教师、学生，都能够对学校发展理念、改革方向进行讨论，就是一个在校内外凝聚共识的过程。通过章程集中反映和明确大学作为教师与学生学术共同体的基本理念与人文特征，把反映大学自身的特点、符合教育规律的制度、体制确定下来，学校的科学发展才能具有坚实的保障。

二、推动高等学校章程建设要紧紧依靠制度保障和体制创新

对高校章程重要性的认识在理论上容易取得共识，但如何在实践层面加以落实，使章程真正发挥作用是教育部制定办法的直接动因。《办法》从实体和程序两个方面，对高校章程制定、核准中涉及的主要问题、主要环节进行了全面规范，第一次从政府教育主管部门的角度，对公办高等学校的内部制度建设提出了指导意见和规范性要求，其中包含了很多重要的理念和制度创设。

1. 明确鼓励和支持高等学校以章程建设为统领，健全内部治理结构，落实办学自主权，推动形成管办分离的新型高等教育管理体制。落实高校办学自主权，使高等学校成为自主管理、自我约束的办学主体是高等教育领域一个长期的改革目标。《教育规划纲要》提出建立现代大学制度的改革目标，进一步明确了高等教育管理体制改革的方向。办法从内容和程序两个方面，为高等学校制定章程提供指南与规范，实际上提供了推动高校管理体制改革创新的路径。通观办法的规定，其并不是要以政府教育主管部门的意志代替高校制定章程，而是依法明确了章程应当规定的事项，为高校制定出符合现代大学制度要求的章程提供指引和参考。在具体内容上，授权学校根据办学特色和发展需求自主确定。这样的制度设计，可以使大学章程既反映学校需求，又具有相对一致的标准，从而提高高校章程制定的质量与效果；又解决不同高校章程制定程序不一、没有核准或者批准程序的问题，使高校章程通过法定的形式和制定程序，具有应有的法律效力。

2. 确立了章程在高校制度体系中的核心地位。章程的地位决定了其在高校治理中可以发挥什么样的作用，也决定了章程在整个高等教育管理制度

框架中的法律地位，以及政府、教育及相关部门、学校、社会对章程重要性的认知和尊重程度。办法中对章程的地位作了全面表述：章程是高等学校依法自主办学、实施管理和履行公共职能的基本准则。高等学校应当以章程为依据，制定内部管理制度及规范性文件，实施办学和管理活动，开展社会合作。高等学校应当公开章程，接受举办者、教育主管部门、其他有关机关以及教师、学生、社会公众依据章程实施的监督、评估。首先明确了章程在学校的制度体系中具有基础性、准则性的作用，通俗地讲章程就是高校的校内"宪章"，对高校的办学活动、管理行为、履行公共职能的形式与要求等，都具有统摄作用。其次，强调章程具有规范和统领校内管理制度的功能，是学校行为的基本准则。章程要把学校制定内部制度、实施管理活动的原则、理念和要求说清楚，一旦校内、校外出现争议，章程要能够作为评判甚至司法机关进行裁决的依据。再次，章程要成为高校接受外部监督、实施自我监督的依据。章程不仅要具有可执行性，也要具有可监督性，要将高校办学的目的、宗旨和组织属性、行为准则等予以明示，在自主管理的同时，接受监督，提高高校的社会公信力。

3. 提出了高校章程建设的基本原则。《办法》明确高校制定章程首先要体现法治原则，即要依法以中国特色社会主义理论体系为指导，把握社会主义办学方向，遵循法制统一原则，将依法自主管理的理念落实到具体规范当中。其次强调要体现改革的原则，即制定章程不应成为学校现有制度规范的集合和汇编，或者现有体制的重复描述，而是要成为高校系统改革的一部分，高校内部治理结构改革与高校制定章程要相互促进，改革要为制定章程提供动力与内容，章程建设则要成为改革的切入点和系统集成的载体。再次，要体现自主的原则，即高校制定章程要敢于和善于在法律及《办法》规定的原则、框架内自主创制章程的内容，反映学校的办学特色，特别是在办学理念、组织形式等方面的理念与制度创新，避免出现千校一面的局面。

4. 规范了高校章程的主要内容。《办法》第二章对章程的内容作了集中规定，明确了章程必备内容，包括法定的和从建设现代大学制度角度所必需的内容；同时，给出了章程内容的框架与参考。首先是法定内容。《办法》第七条，细化了《高等教育法》第二十八条确定的章程基本内容，对法定的九个事项，逐一作了阐释和细化，提高了有关规定的可操作性；对法律第（十）款“其他必须由章程规定的事项”作了解释和补充，将“学校的分立、合并及终止事由等，以及学校认为必要的事项，本办法规定的需要在章程中规定的重大事项”，明确为章程应当包含的内容。其次要包含办学自主权的行使规则的内容。《办法》依据《高等教育法》和《教育规划纲要》对高校的九项自主权作了规定，明确高校要在章程中对自主权的行使与监督规则予以明示，作为教育部门和社会监督的依据，即不能只谈自主管理，而忽视自主权的制约机制。再次要包含完善现代大学制度的内容，体现先进的办学理念。《办法》明确高校要将决策机制、治理结构、民主管理、学术体制、专业评价、社会合作等建立现代大学制度所必备的制度原则，作为章程内容，明确内部各种权利的运行规则，包括：要依法规范和完善学校决策机制，在章程中要健全高校党委领导下的校长负责制的具体实施规则、实施意见，规范学校党委集体领导的议事规则、决策程序，建立支持校长独立负责地行使职权的制度规范；要对学校治理结构和内部机构设置进行规范，明确学院以及教学、科研基层组织的管理制度；要规范学术机构的组成与运行规则，其中特别强调章程要明确学校学术评价规则的原则，为形成宽松学术环境，保障教师、学生的教学自由、研究自由、学习自由作出制度性安排；要健全校内民主监督机制，章程中要对教职工代表大会、学生代表大会等民主管理主体的地位作用作出规定，明确学校自主设置机构的职责，保障它们在学校管理中发挥作用；要规定学校开展社会服务、获得社会支持、接受社会监督的原则与办法，健全社会支持和监督学校发展的长效机制，推动高校面向社会自主办学；要围绕高校提高质量的基本任务，明确学校保障和提高教育教学质量的原则与制度；要体现以人为本的办学理念，突出对教师、学生权益、地位的确认与保护，明确学校受理教师、学生申诉的机构与程序，要成为健全校内纠纷解决机制、有效化解矛盾的基本准则。

5. 明确了章程制定的必要程序。章程作为学校的根本规则，其组织起草的过程要充分体现代表的广泛性、程序的严肃性和表达机制的均衡性。因此，《办法》不仅规定起草组织要具有广泛的代表性，还明确学校起草制定章程要遵循民主、科学、公开的原则，采取开门立法的办法，考虑各方面的利益，使章程起草成为学校凝聚共识、促进管理、增进和谐的过程。在起草程序上，《办法》要求广泛征求校内各方面的意见，征求举办机关和主管教育部门的意见，重大问题要充分发扬民主。关于章程的校内审议程序，《办法》则充分吸取了有关高校的实践经验，采取了教职工代表大会讨论、校长办公会议审议、学校党委会审定的程序，审定后由法定代表人签发的机制，以保证章程草案在学校内部得到充分讨论，反映各方面意见，保证公办高等学校党委领导下的校长负责制，在章程制定上得以保障和体现。

6. 提出了处理高校与举办机关、主管部门关系的法治路径。从现实状况看，高校对于制定章程存在畏难思想，主要是认为章程难以规定学校与举办者的关系，能够规定的事项有限，实际所起作用不大。因此，《办法》把解决章程实际的效力与效能问题作为核心内容之一，从以下方面作了相应规定：一是根据法律原则和《教育规划纲要》的精神，对学校决策机制、办学自主权、学校内部管理关系、学术关系等学校制定章程需要涉及的重大问题提出了倾向性、指导性意见，鼓励高校进行制度创设。二是明确高校的举办机关或者主管部门应当以适当方式参与章程的制定，按照政校分开、管办分离的原则，以章程明确界定其与学校的关系，明确学校的办学方向与发展原则，落实举办者义务，尊重和维护学校的办学自主权。实际上是鼓励主管部门与学校通过协商，采取个别让度、授权或者认可等方式，允许高校在章程中对有关问题进行自主性的规定。三是规定主管部门应当认可高校在章程中作出的自主规定，并监督学校依法依章程自主办学，努力使章程对学校和主管部门都具有约束力，形成学校依法、依章程办学，主管部门依法、依章程监督的格局。

7. 创设了章程核准与监督的保障机制。对章程进行核准是《高等教育法》对高校章程修订规定的法定程序。根据国务院行政审批制度改革的原则与精神，《办法》依据《高等教育法》对章程的核准权作了下放，即地方政府举办的高等学校的章程由省级教育行政部门核准，其中本科以上高等学校的章程核准后，报教育部备案；教育部直属高等学校的章程由教育部核准；其他中央部门所属高校的章程，经主管部门同意，报教育部核准。《办法》同时规定章程核准要经过章程核准委员会的审核。这是新的制度创设，目的就在于进一步提高章程的效力与权威，让高校与行政机关在权利博弈中获得仲裁和平衡。教育部将按照《办法》规定，组织设立一个高规格的章程核准委员会，以提高章程核准的权威性，保障章程的稳定性。章程要发挥作用，还要有相应的执行与监督机制。《办法》规定学校内部要设立依据章程的内部制度、文件审查机制；明确主管部门、有关机关和社会可以依据章程实施监管，明确了校内、校外两方面的执行与监督机制。

三、推进高校章程建设要抓住核心环节，大胆实践，勇于创新

《办法》的理念和宗旨如何在实践中得以反映，如何使章程建设真正推动大学治理体制机制的改革，关键在于实践，关键在于高等学校依据《办法》完善章程的积极性与主动性。

1. 推进章程建设要统一认识、凝聚共识。新一轮章程建设是在落实《教育规划纲要》基础上推进改革的具体举措。首先要统一高校的认识。高校是章程制定的主体，要以此为契机，形成推动高等学校章程建设、内部管理体制改革的大学习、大讨论，进一步在校内外统一思想，提高校内各个相关方面参与章程建设的积极性、自觉性。要对照《办法》的原则与要求，深入分析目前学校在章程建设方面存在的困难与问题，明确章程建设的方向、程序与时间表，尽快全面启动章程制定工作。已经制定了章程的高等学校，要根据《办法》对现有章程的内容、程序等进行修订，修订后再申请核准。经过一段时间的努力，应当所有的高等学校都有经过核准的章程，具备依法办学的基本依据。其次要统一政府和教育主管部门的认识，把推动高校章程建设作为推动高等教育体制改革的重要工作，切实参与和支持高校的章程制定工作。再次要统一社会各方面的认识，支持高等学校依据章程实施自主管理，形成有利于推进高等学校体制改革的舆论氛围。

2. 推进章程建设要采取适当的方式和路径。推进高校章程建设要在全面部署的基础上，分类指导、试点推进。首先，高等学校的教育主管部门在推动章程建设方面要积极作为。要根据高校不同的组织特点，对综合性大学、专业性或者行业性本科高校、成人高等学校、高等职业学校的章程建设，章程规定的重点内容、制定程序等提出具体的指导意见，进一步细化和丰富《办法》的规定，为不同类型高校自主规范、制度创新提供更好的平

台。其次，要选择适当的、具有改革意识的高校作为试点学校，承担将《办法》的宗旨、原则与要求落实在具体章程中的任务，特别赋予改革的任务。教育主管部门要积极参与试点高校的章程制定工作，以章程为学校改革拓展空间，把能够由学校行使的自主权交还给学校依据章程行使和管理。在人才招录与选拔方式、人才培养模式、教师聘任考核与评价制度、学院内部治理结构等高校自主权试点改革的重点问题上，要在章程中有所回应和突破。进行试点的高校，则要承担起改革探索的责任，深入总结自身在制度建设中的实践，把坚持和完善党委领导下的校长负责制、建立和完善教授治学体制和学术管理体制、完善校院两级管理体制、建立理事会或者董事会制度、推进校内大部制改革、创新基层学术组织等方面所取得的进展及突破，通过章程建设进一步加以整合、完善和提升。

3．推进章程建设当前要以完善学校法人治理结构为重点。高等学校是具有特定功能、特定组织属性的法人组织。但目前我国还没有学校法人的概念，高等学校作为独立法人，应当具有哪些法人权利，形成什么样的法人治理结构都在逐步探索当中。作为法人要有独立的意志和治理机制，要在章程中集中予以反映。因此，高校的章程建设应当反映内部治理结构的核心内容，注重三个方面的制度建设：首先，要完善党委领导下的校长负责制的议事规则。目前，党委领导下的校长负责制如何完善是高校体制改革不容回避的问题。而制定议事决策规则是完善党委领导下的校长负责制运转机制的重点。要在章程中构建科学的党政会议体系，明确党委会议、校长办公会是党委、校长履行职责职权的载体和重要形式，要进一步明确两个会议的职责定位、议事规则及议事范围，使贯彻执行党委领导下的校长负责制规范化。其次，要建立以学术委员会、教授委员会为核心的学术管理制度。大学本质上是一个学术机构，教授是教学、科研活动的主体。大学走向卓越，需要教授治学。哈佛大学前校长德里克·博克说：教师就应该广泛控制学术活动。他们最清楚高深学问的内容，因此他们最有资格决定应该开设哪些科目以及如何讲授。此外，教师还应该决定谁最有资格学习高深学问，谁已经掌握了知识并应该获得学位。更显而易见的是，教师比其他人更清楚地知道谁最有资格成为教授。因此，章程要体现学校特色，就要在保证学术权力独立运行，维护学术自由、研究自由、教学和学习自由方面提供制度保障，积极探索教授治学的有效途径，建立完善学术委员会、教授委员会的组成原则、议事规则等，充分发挥教授在教学、学术研究和学校管理中的作用，保证其独立开展工作。再次，要积极探索成立高校理事会、董事会制度。在市场经济的背景下，创建中国特色的大学董事会制度有利于发挥学校的办学自主权，有利于沟通大学与社会，有利于学校拓宽办学资金，有利于建立民主科学的管理机制，可以让更多的社会资源进入学校，扩大社会合作，为经济社会发展作出更大贡献。学校董事会或者理事会的地位、职责、作用等，要以大学章程的形式予以规定和制度化，明确理事会（董事会）创办的依据、性质、宗旨，人员构成、组织规则、学校和董事不同的权利与义务关系等内容，形成管理科学、产权明确、利益平衡、民主监督的管理体系，可以逐步扩大理事会的职能，发挥其在学校事业规划、建设计划、专项工作部署等重大事项审议、领导班子评议、深化产学研合作、筹集办学资源等方面的作用，最大限度发挥董事会制度的作用。

4. 推进章程建设要与深化依法治校紧密结合。依法治校、依法办学是近年来高等教育体制改革的一条成功经验，也是高等学校管理的根本要求。高校在组织开展章程建设的同时，要对照《办法》的要求，认真清理和修改校内的各种规章制度，完善内部决策及监督机制，依法推进内部治理结构改革，健全师生权利保障与救济机制，落实民主监督制度，形成用章程建设系统梳理学校内部管理体制、推动学校整体改革、实现依法治校的良好局面。

总之，推进章程建设将会成为未来一段时间内我国高等教育体制改革的重要内容。在社会各方面的共同努力和推动下，相信高等学校依据章程自主管理、自我约束，政府部门依法、依章程监督和管理的新局面、新格局一定能够尽快形成！

大力推进高校建章立制、依章办学[①]

Q：请您总体上谈一谈关于教育部新近发布的《高等学校章程制定暂行办法》。

A：关于教育部新近发布的《高等学校章程制定暂行办法》（以下简称《办法》）这一规章，我们认为将会对深化现代大学制度建设起到重要作用。过去我们很多大学都没有制定有效的章程，但是仍然在办学。按照《教育规划纲要》的要求，通过广泛地征求意见，我们制定了《办法》，要通过这个《办法》，改变高等学校大学章程不健全的局面，推动现代大学制度的建设。大学办学的重要基础就是要有自己的章程。每个学校有了这个章程以后，就可以依法办学，依法治校，推动高校科学发展。高校在发展当中，要有法制的保障，要有自我发展、自我约束的机制，如果我国高等学校都能按照章程办学，就能推动整个高等学校体制的改革，将会促进高等学校的科学发展，意义是很重大的。

第一，要制定能够规范高等学校制定章程的文件。要按照教育部的这个文件，各高等学校要明确章程制定的基本原则，这个原则就是法治的原则、改革的原则和自主的原则。要明确章程的法定内容，按照《教育法》和《高等教育法》具体的要求来制定章程，要明确学校的办学自主权，包括自主发展和自主约束两个方面。要通过章程明确完善治理结构，推动民主管理，加快社会合作，明确专业评价等现代大学制度必需的原则，同时还要规范章程制定的程序，明确章程核准的程序。

第二，高等学校要依法规定章程。要明确校长要作为学校的法定代表人和行政负责人，全面负责教学、科学研究和其他管理的工作。这样的要求与《高等教育法》规定的原则是一致的。《高等教育法》规定了在公办高等学

① 本文是作者2012年1月9日接受中央电视台记者采访的谈话。

校实行党委领导下的校长负责制，党委要统一领导学校工作，同时要支持校长独立负责和行使职权。对高校校长的职权，《高等教育法》的第四十一条对校长的地位以及职权作了明确地规定，有六项，一是拟订发展规划，制定具体规章制度和年度工作计划并组织实施；二是组织教学活动、科学研究和思想品德教育；三是拟订内部组织机构的设置方案，推荐副校长人选，任免内部组织机构的负责人；四是聘任与解聘教师以及内部其他工作人员，对学生进行学籍管理并实施奖励或者处分；五是拟订和执行年度经费预算方案，保护和管理校产，维护学校的合法权益；六是章程规定的其他职权。这些都是和《办法》的要求相一致的。应当说是细化的要求，不是变化。这是在我们制定和实施章程中应当注意的。

Q：对于学校领导体制，《办法》和《高等教育法》相比没有变？

A：《办法》第九条中规定，章程应当按照法律的规定，健全党的高等学校基层委员会领导下的校长负责制的具体实施细则和实施意见。首先要明确党委领导下的校长负责制的原则，明确党委领导下的校长负责制的议事规则、决策程序，明确校长独立负责、行使职权的制度规范。高等学校章程制定的一个重要内容，就是要反映《高等教育法》规定的党委领导下的校长负责制的内容。如果章程不反映这个内容，就说不清楚这个学校的领导体制是什么样的。因此是必须强调的。根据目前的状况，一方面要明确党委领导下的校长负责制的原则要求，同时要明确党委领导下的校长负责制的实施细则和实施意见，这是《教育规划纲要》明确要求的。

Q：既然没有变化，为什么要制定《办法》？

A：制定《办法》，一个重要的方面就是要落实《高等教育法》，就是要明确党委领导下的校长负责制，要有一个实施细则和实施意见。这个实施细则和实施意见，一方面要明确党委领导的议事规则和决策程序，另一方面，又要明确校长独立负责的行使职权的制度规范。既强调党委领导下的校长负责制的统一要求，明确党委会集体领导的议事规则和决策程序，同时又要明确校长要独立负责。章程要把这个意思反映进去。法律规定，在明确党委领导权之后，还要明确校长首先是作为学校的法定代表人，同时还是一个行政负责人。一方面要明确党委的职责，同时要明确校长的职权，主要就是教育教学的工作、科学研究和管理的工作。校长作为一校之长，要召开办公会议、校务会议，通过这样的制度，来行使职权。

Q：是不是首次明确党委领导下的校长负责制的一些问题?

A：对此《高等教育法》有原则的要求和规定，《办法》对于党委和校长的职权、职责都有规定，也还有具体的内容。这次章程制定暂行办法就要求高校在制定章程的时候要反映《高等教育法》的内容，不要只讲党委不讲校长，也不要只讲校长不讲党委，要完整地理解党委领导下的校长负责制，这样的内容需要在章程里面加以注意和强调。但是，需要强调的是，校长和党委的关系，一定是党委领导下的校长负责制。

Q：《办法》有没有什么变化?

A：制度上没有变化，因为这是法律的规定，作为下位的规章，不可能有变化，这次首先要强调，对党委领导下的校长负责制要有全面的理解，既强调党委的职责，也强调校长的职权。在制定章程的时候，这两方面一定要准确地、统一地理解。有些学校没有完整地理解，在制定章程的时候反映得不全面、不明确。只反映了一方面，这是不准确的。学校在制定章程过程中要完整反映党委领导下的校长负责制的内容。不是强调变化，而是强调准确反映。

Q：学校章程制定之前和制定之后，学校办学有什么差别?

A：这次教育部制定《高等学校章程制定暂行办法》这个规章，就是要推进现代大学制度的建设，改变目前存在的许多学校章程不完善的状况。过去由于章程不完善，许多学校在办学的时候，就形成制度不规范、不健全的局面。有时候，就会形成随着管理者的意见、随着领导的意见，学校的制度出现不稳定。这次按照《教育规划纲要》的要求，每个学校都要制定章程。目前我们抓的是，我国公办学校都要制定章程。使我国高等学校的办学走上一条新的道路。

首先通过要求高等学校制定章程明确学校的制度基础，每一个学校的制度基础应该是章程，通俗地说，章程是一个学校的宪章，章程要成为高等学校依法治校的依据，要成为高等学校科学发展的制度保障。以后每个学校就可以依照章程来办学，依照章程来发展，依照章程来规范自己的办学行为，使我国高校走上规范化、法制化的道路。同时，要通过制定章程，进一步明确高等学校的自主权，高等学校的自主权既包括高等学校的发展权，也包括高等学校自我规范的权利，因此这两个方面都是高校自主权的重要内容。

另外，要通过章程，完善现代大学制度。现代大学制度包括高等学校明确治理结构、加强章程建设、加强社会合作、进行专业评价，这些工作都要有制度的规范，这些都是章程的内容。因此，通过章程制定，高校的面貌会有一个变化。教育部制定《办法》，强调了高等学校制定章程的地位和原则，这就是法治的原则、改革的原则和自主的原则。要明确高校制定章程的有关内容，不是替高校制定章程，而是指导高校制定章程。高校制定章程起码有三方面内容，一是《高等教育法》规定的制定章程的八个方面的基本要求，二是高校制定章程的时候，要明确办学自主权的内涵和如何行使办学自主权。三是要明确《教育规划纲要》提出的现代大学制度的内容。

《办法》对高校制定章程的程序还作了要求，高校制定章程，首先要成立专门的组织，要征求意见，要经过教职工代表大会讨论，要经过校长办公会审议和学校党委会审定，最后由法定代表人签发上报，然后由高等学校的举办机关或主管部门核准，核准以后就使高校的章程不仅是学校自己来制定，而且要经过政府有关部门的核准，因此章程的制定实施就是高校和政府共同作用的结果。所以，通过章程的制定推进高等学校管理体制的改革，实行政校分开、管办分离，甚至管办评分离的格局。当然了，章程还要保护教师和学生的合法权益，规范学校的办学行为，为学校的具体制度提供依据。因此说，章程是当前要积极开展的一项重要工作。

Q：章程对推动高校的办学自主权有什么作用?

A：高校自主权在《高等教育法》中有规定，但落实得不够好。现在制定章程，高校有关自主权的具体要求可写到条文当中，政府来核准，这样落实高校自主权就有了共识，就形成了共同的行为准则。

高等学校按照《高等教育法》的要求规定了办学自主权，或者说没有找到一个特别规范的落实自主权的途径。这次通过章程的规定，要求学校在章程制定当中要体现办学自主权，通过学校上报政府以后，经政府的核准，就成为学校和政府教育行政部门的一个共识和共同的行为规范。我们落实自主权，落实在章程当中，学校和政府有关部门都要认可，来保证高校自主权的实施，找到一个比较有效的途径。高校自主权，不仅是自我发展的权利，还包括自我规范的要求。一个好的学校，应当是自己知道怎么发展，又知道怎么规范自己的行为。这样的发展和规范，应当得到政府和有关部门的认可，使学校走上健康、稳定发展的道路。这就是章程在推动高校自主权方面的重要意义和作用。

Q：可以说章程是高校的宪章吗？

A：从某种意义上，也可以这么说。通俗地说，应当要求高校有自己的宪章。以前有的高校有章程，但是不规范，不是法律意义上的章程。这次就是要标准规范。

Q：是不是以后就要按照《办法》制定章程？

A：应当是现在已经有些学校制定了，但是要根据新的办法要求进一步修改。我们希望全面推广，重点推进，全面实施，试点先行。但不是说只允许这二十几所学校先做，其他学校愿意的也可以做，但是这二十几所学校要先行，要选一些做得好的，树立典型。

制定《高校章程制定办法》要处理好关键问题①

第一，这个会是教育部领导要求召开的，专门听取大家意见，这表明了教育部对这项工作的重视。因为这样一个文件发下去以后，将成为教育部成立以来，颁发的唯一一个关于高等学校内部基本规章制度建设的文件。对这个事情，部里也有一个认识的过程。前些年，我们就要求发一个推动高等学校章程建设的意见，但是当时部领导认为还要调研，还要试点，因此没有下发。但是我们做了很多工作，进行了试点和调研。《教育规划纲要》明确提出要制定高校章程，为制定章程的工作奠定了基础。《教育规划纲要》是中央批准的，这等于中央提倡做这件事。党中央、国务院领导在审议《教育规划纲要》的过程当中，对教育改革这一章，包括对现代大学制度，没有一个领导提出反对或者修改意见。对这件事，大家是有高度的认同的。我们起草这个文件，本来想上党组会，通过就发布，但是部领导很重视，要求这星期必须开两个会，征求大家的意见。刚开了一个地方和学校的会，今天开部门和专家的会。在座的都是顶级的专家和重要的部门。

第二，起草《高等学校章程制定暂行办法》有两个目的。一是指导大家做。首先是要求大家做，不能不做，不做就谈不上指导。是告诉学校怎么做，指导不是代替。二是规范。学校起草文件要有规范，要有形式要件，要有内容要件。有的弄得五花八门，很多重要的内容都缺了。这样不行，要有规范。

第三，明确章程的内容。一是明确学校章程的定位、标准、准则。章程是学校最主要最重要的文件，某种意义上说，是学校权利和制度的发生点。二是章程制定的原则。包括思想政治的原则，法制的原则，改革的原则。这

---

① 本文是作者2011年7月22日在“高校章程制定暂行办法征求意见会”上的发言。

三点原则要坚持。三是章程的内容。（1）要把《高等教育法》规定的几条写出来，《高等教育法》第二十八条规定了九个方面，《暂行办法》在第七条里作了规定。(2）要根据《高等教育法》和《教育规划纲要》，确定自主权的内容。自主办学是章程的重要内容，不能漏掉。（3）《教育规划纲要》规定的现代大学制度建设的内容。《教育规划纲要》关于现代学校制度专门写了一章。现代大学制度专门写了一点，这也是章程的重要内容。起码这三个方面要写进去，至于怎么写，由学校自主决定。

第四，关于章程的制定程序。关键的问题是，谁制定，谁批准。在目前高校章程制定的实践过程中，有教代会最终批准的，有党委会最终批准的。我个人认为，党委领导下的校长负责制必须包括党委会和校长办公会两个方面。如果按照这个观点，完整理解党委领导下的校长负责制，就必须党委会批准，校长会也要批准。

第五，关于学校和举办机关、主管部门的关系。草案提出，教育部的学校由教育部“核准”，有的同志建议是“批准”，甚至有的建议由教育部报国务院批准，因为是政府办的学校，不仅仅是教育部办学，教育部只是管理部门。北京大学是国家办的，不是教育部办的，因此要由国务院来批。省里的大学由省政府批，不是省教育厅批，这也是一种观点。经过批准，在学校的权利义务、职责权限方面达成共识。学校可以按照政府批的章程自主办学，政府管理的时候也要参照章程管理。今后批准章程，要形成制度，要开会，要在部长主持下召集有关司局一起研究、审批。

另外，章程是个新的事情，不可能通过《章程制定暂行办法》把所有的问题都解决，也不可能十全十美。我们想通过章程的建设，出一套新的制度，一套新的机制，一套新的动力系统。这是教育改革的一个重要方面，一个标志。

积极推进大学章程建设①

今天我们开了一个很好的会，整整花了一天时间。与会同志不管是教育行政部门的还是高校的和专家，都提了很好的意见。对我来讲，也是一个学习。我们的大学章程建设要通过这次会议进入一个新的紧锣密鼓、趁热打铁的阶段。

一、出台高等学校章程制定办法的背景

关于大学章程，教育部对出台什么文件，有一个认识逐渐深化的过程。大概在2005年、2006年，教育部就起草了关于推进高等学校章程建设的意见，但是当时时机还不成熟，提出要先行试点。所以，我们就先做了很多的大学章程试点工作。不仅是我们做试点，高等学校本身对制定章程也很有积极性，像吉林大学、中国政法大学、广东外语外贸大学等全国几十所学校都制定了大学章程。此后，我们编了一本我国高等学校的章程汇编，这个汇编没有公开发表。后来有的学者编书，引用了这些材料。这些大学章程制定出来以后，有成绩、有进步，但是也有些问题，例如许多地方雷同，有的地方还有些重要的缺失。

现在迎来了一个新的契机，就是《教育规划纲要》的制定。《教育规划纲要》专门写了完善中国特色的现代大学制度这一章，目的是解决现代大学制度的问题，专门提到了要制定高等学校章程。在《教育规划纲要》贯彻落实的过程中，在现代大学制度的建设进程中，我们的认识有了进一步的深化：抓现代大学制度的建设，必须抓制度，抓章程。我们推进大学章程建设的思路也在不断深化。最初，制定章程只是一个工作要求，例如2006年要求大家制定章程，

① 本文是作者2011年4月14日在湖南长沙“高等学校章程建设研讨会”上的总结讲话。

对怎么制定大概提出了一些原则意见。其后，就变成了程序要求，提出制定大学章程应该有哪些要素，应该有哪些程序。现在，面临的要求更多了，从社会反映和征求意见的情况来看，进一步提出了实体要求。

二、本次会议的收获

第一，对于高等学校章程制定办法或者是高等学校章程本身要解决哪些问题，进一步聚焦，有了进一步的认识。

高等学校章程制定办法和高等学校章程本身并不相同。高等学校章程制定办法是教育部要通过这个文件提出哪些希望和要求，学校在这个章程制定办法的指导下解决哪些重大问题。二者有一致的地方，但也有不一致的地方。但是，它们应是同方向、同维度的。我们在这样一些重大问题上取得了深入意见，但是还不够。章程制定办法既要解决教育部要提哪些问题，也要解决高等学校制定章程要解决哪些重大问题。关于这些方面，各位专家、代表讲得好，这个章程要解决重大问题。重大问题解决不了，这个章程可能就没有用。所以，现在现代大学面临的是哪些重大问题，一定要在下一步制定办法出台以及高校制定章程的过程中，进一步梳理清楚。哪些问题是重大的全国共同的问题，由制定办法规定，学校个别的重大问题自己去定。

第二，对于高等学校章程制定办法及高等学校章程本身是什么，我们的认识进一步深化。

在形式上，高等学校的章程制定办法应当是作为教育部的一个规章，尽可能抬高它的立法阶位，使它更有法律效力。制定办法的依据有《教育法》、《高等教育法》，还有《教育规划纲要》的要求。因此，教育部出台一个推进高等学校章程制定的办法，是有依据的，也是有现实需求的。在内容上，高等学校章程的制定办法应当是推进高等学校制定章程的一个指导文件，提供基本的立法框架。这个框架包括以下方面。

一是要通过大学章程进一步推进高等学校实现自己的权利。这个实现包括确认、维护自己的权益。我认为这是非常重要的。因为高等学校有自己的权利，是通过立法从政府那分出来的，通常讲七项权利。政府有行政管理权，高校有自主管理权，这两个应该是在法律的规定下一而二，二而一的，最后要合拢。合拢的标志就是要对章程进行审核。我们现在的问题是，高等学校对自己的权利确认不足、实现不足、维护不足。这个是通过高等学校的章程要解决的第一个问题。

二是要通过大学章程进一步规范高等学校的活动。《高等教育法》里讲过，从事高等教育的活动要按照《高等教育法》来进行。对于高等学校的活动，高等学校有很多活动，要按照章程的要求进行。在实现高校权利的前提下，要按照章程进一步规范高等学校的活动。规范活动也是自律的一个重要内容。

三是要通过制定大学章程推进高等学校的改革，从而带动整个高等教育的改革。我们要认真地、进一步地学习新的《教育规划纲要》，认真地推进改革。除了总要求以外，《教育规划纲要》关于高等学校、现代学校制度和试点三个部分，都对建设现代大学制度提出了相关要求。所以，要很鲜明地通过制定大学章程体现改革的精神。如果大学章程没有这样的改革精神，可能也不能在教育部完全通过。

四是要通过大学章程形成高等学校本校的基本制度。高等教育的基本制度由《高等教育法》规定，学校的基本制度要通过章程明确下来。

第三，会议讨论了很多立法技术、表述和文字问题。

三、高校章程制定办法和制定大学章程的基本原则

第一，要体现法治的原则。

高等学校章程制定办法以及高等学校制定章程都要体现法治的原则。法治，既要体现教育法律法规规章，也要体现相关的法律。根据需要，可以多引，也可以少引。

第二，要体现改革的精神。

章程制定办法和学校章程要更加充分地体现《教育规划纲要》有关现代大学制度的具体内容。这里涉及一个问题，就是章程能不能以《教育规划纲要》为依据？我觉得是可以的。《教育规划纲要》是党中央、国务院出台的重大决定，从党和政府层面而言，它的通过程序是最完善的，是中央召开多次会议讨论通过的。应当说，党和国家领导人基本上所有的意见都在这里面发表了。人大、政协在早期调研的时候也反复地征求过他们的意见。虽然没有走立

法的程序，但是《教育规划纲要》是近年来关于教育改革的一个党和国家集中意识的体现。所以，我认为《教育规划纲要》是可以作为立法依据的。

在《教育规划纲要》的文本里，讲了现代大学制度的四个基本方面。

一是完善治理结构。党委领导下的校长负责制、学术委员会的作用、教职工代表大会的作用、学生代表大会的作用都体现在完善治理结构里。

关于党委领导下的校长负责制。今后要研究制定关于党委领导下的校长负责制的实施意见。这次制定章程要尽快地把这个文本找来看一下。《教育规划纲要》提出，要健全议事规则与决策程序，依法落实党委、校长的职权。这次进行现代大学制度试点，按部领导的意思，不仅要在制定上解决问题，而且要在案例上、试点上解决问题。要找到一个学校，把校长、书记都找来，直接解决这个学校的矛盾，明确各自的职责权利范围。这个都涉及健全议事规则，依法落实党委校长的职权，包括完善大学校长的选拔办法。

关于教授治学。《教育规划纲要》在章程这一节特别讲了两个充分发挥：充分发挥学术委员会在学科建设、学术评价、学术发展中的重要作用，充分发挥教授在教学、学术研究和学校管理中的作用。“学校管理”是后加上去的。一般认为，教授就管教书育人，研究点课题，怎么还要管理呢？所以这次要加进去。去行政化就体现在这些细微的地方。

关于教职工代表大会。今年教育部要同时出台的另外一个规章，就是教职工代表大会的规定。这里也有一个核心问题，就是不涉及其他人、财、物，跟工会一起制定就可以了。但是教职工代表大会有一个权限，希望审议有关的问题，如果审议不通过，那这事就不能办。这个还要进一步听取大家的意见。教职工代表大会的权限究竟是什么？按照《教育法》或者《教师法》的规定，它是民主参与管理的一种形式。但是民主参与管理的形式如何具体化？既不能够完全没有权，又不能够干扰其他党委和校长的权，当中的界限怎么把握？这些问题拖了十多年，长期得不到解决，所以要同时出台这个规定，一并把这些问题解决掉。

二是加强章程建设。这里面提到，要尊重学术自由，营造宽松的学术环境。全面实行聘任制度和岗位管理制度。

三是扩大社会合作。这里的重要内容就是理事会或者董事会，和企业、社会共同建立一个支持和监督学校发展的机制，等等。

四是推进专业评价。推进专业评价写到《教育规划纲要》里非常重要。现在高等学校不仅在行政管理权上受到干扰，学术声音也受到社会的影响。高等学校的教授、高等学校发表一个意见，社会上舆论去围攻批驳，这是要关注的。高等学校要体现学术自由、教学自由，某种程度上还有《宪法》和法律规定的言论自由。没有这个，大学教授当什么教授呢？往往学校的质量、标准、水平是由报纸来评价，或者其他不相干的人评价。这些评价都不太准确。所以，这里特别讲了一条要推进专业评价，由专门的机构对学校的学科、专业、课程、水平和质量进行评估，建立科学规范的评估制度，建立高等学校的质量年度报告发布制度。也就是说，高校的质量只能是专门学业、学术机构的评价，是同行评价、科学评价。如果不是这样，大学的学术就没办法发展。

第三，要体现高校的自主权。

自主很重要，要通过高等学校的章程确定高校的自主权。现在影响高校自主权的有内部和外部两种关系、两种制约。

从外部关系来讲，在制定章程的时候，高等学校要善于把自己的权利写出来，拿着自己的权利去协调有关的政府部门。不管是对省里，还是对教育行政部门。制定章程的时候就可以把高校认为自己应当有的权利写上来，反正上级部门要审核，不同意还可以再协商。不仅在教育内部可以协商，也可以到教育外部去协商。如果没有这个机制，那么高校的办学就不会进步，行政化会越来越强。在解决社会机构的自主发展时，过去是从上而下的一种办法，就是规范各个行政部门的行政审批，不能搞那么多审批。现在制定章程要找到一种从下至上的办法，就是要利用章程列举出自己应有的权利，与上级部门协商。实际上，有的学校在制定章程的时候已经反映过。所以，要通过制定章程的工作推进学校自主权的落实，也进一步推进行政权力的规范。所以在涉及制定章程的若干问题时，现在不仅是要通过章程加快教育管理改革，同时还要推动其他部门和总体管理体制。至少高校要把自己应有的权利提出来，可以加以讨论。《教育规划纲要》取得了很多的进展，都是去讨论、去议论、去谈出来的。坐在那里不动，自主权永远不会有发展。

从学校内部来讲，在制定学校章程的过程中，高等学校还要解决处理好各种关系。一是政治关系。学校的治理结构等都是政治关系。二是管理关系。有一些是行政管理的关系，包括学校的发展问题，今后学校办多大规模，要不要办分校，要不要去合作办学等。三是学术关系。学术委员会、教授会等相关的问题都要解决好。四是经济关系。处理好这个关系很重要。现在学校内部存在大量的经济关系，有企业、有医院。所以，经济关系也是很重要的。《教育规划纲要》提出，高等学校试行设立总会计师职务。学校本部和院系之间、企业之间、医院之间都还有很多关系，要尽量把内部关系理清楚，把处理解决这些问题的基本原则要求写出来，但同时也要给学校留有很大的空间。写多长或多短都可以，写上两三万字也可以。处理这些问题的方法也是多种多样的。有一些学校不想写也可以，只要自己想清楚了，但是基本的要求应当明确。

四、进一步体现会议的成果

第一，这个会议要形成一个纪要。如果有可能，要向社会公布会议的纪要。同时也要向教改办、向部领导汇报。开了会不是开完了就回去，要形成一个东西，要有一个历史的记载。

第二，章程制定办法要写个说明。如果有需要，在《办法》下发的时候一起发。

第三，要有一个修改文本。既要有程序的内容、指导的内容、法定的内容，也要有改革的内容，还要体现具体的立法技术。现在这一轮讨论还解决不了很多细微的问题，有些细微的问题可能还要进一步解决。现在《教育规划纲要》里有关大学章程的内容是否得到充实、全面、准确地落实，还有许多问题有待研究。从事教育立法工作这么多年的经验是，只要把大的问题弄清楚，具体问题还是有立法技术可以解决的。尽快改好这一稿后，还要尽快地征求意见，请大家再研究。

参加这个会后，我觉得大学章程是一个新生的事物，没有谁一定就对它特别懂，大家一起探讨，我讲的供大家参考。

一流的大学要有一流的章程①

一、制定大学章程面临贯彻落实《教育规划纲要》的新环境、新制度、新要求

应当说，我国的大学虽然成立了很久，但是制定章程，包括现代大学制度以及相关的董事会、教代会等很多问题，还是新问题。这些新问题在《教育规划纲要》里有明确的解决思路。《教育规划纲要》明确了现代大学制度的概念。过去虽然有的领导讲话、有的文件提过这个概念，但在党中央、国务院的文件里，这是第一次出现。这奠定了高等学校科学发展的新的很好的思路。在《教育规划纲要》第四十项，专门有一章有一节讲如何完善中国特色现代大学制度。所以，很多概念在《教育规划纲要》里也都有。学习好、贯彻好《教育规划纲要》非常重要，要在《教育规划纲要》的指导下做好现代大学制度以及大学章程的建设工作。我们要认真学习、深刻领会它的内容，领会它带来的新要求、新制度、新环境。现在，很多学校在进行现代大学制度试点，大家也同样在考虑这些问题。

二、认真探讨如何制定北大章程

从教育部来讲，我们在现代大学制度的试点——大学章程的起草工作当中，同样遇到很多问题。根据教育部 2011 年的工作要点，今年要发布《高等学校章程制定办法》。教育部不可能为所有的大学制定一个统一的章程。但是其他的地区甚至国家就有。香港一位大学校长认为，教育部统一制定一个大学章程不就行了吗？但是在大陆这个不可行。大陆有 2 600 多所高校，其中普通高校 2 300 多所（民办高等学校 600 多所），成人高等学校约 300

① 本文是作者 2011 年 3 月 31 日在“北京大学章程制定座谈会”上的讲话。

所，分属不同的地区、部门，体制机制不同，不像香港的公办大学都属于香港特别行政区政府，所以还得各个学校自己来制定大学章程。但是教育部要搞一个统一的办法，不仅要有程序性的内容，还要有实体的内容。我们很重视北大章程的制定。不仅是现在重视，过去没有《教育规划纲要》的时候就探讨过这个问题。希望北大做一个领先一点、超前一点的政策，给全国带一个头，特别是在体制上要有所突破。因为，要建设中国一流的大学，必须有一流的章程，必须依法治校、科学管理、科学发展，必须有一流的思维，还要将它制度化、法制化，体现在章程中。如果不能体现在章程中，就说明对这些问题的认识还没有达到规律化、制度化的程度，认识水平和操作水平还没有上去。没有这个章程，现代一流大学的目标是实现不了的。因为建立现代一流大学，不仅需要硬件投入、资金投入，甚至也不仅需要引进一些人才，主要还在于建立一个能自我生长，源源不断地出人才、出成果，为社会服务的机制。所以，制定大学章程是非常重要的。通过章程来改变目前的大学运行方式。

三、深入研究制定大学章程涉及的具体问题

制定大学章程相关的问题，涉及对整个行政管理体制，包括涉及对于大学运行的一种新模式的认识。坦率地说，我们对这些具体问题思考、关注得还不够，学习、交流、探讨、借鉴国外得也还不够，这里边的一些问题，我也试着跟大家一起探讨。

（一）关于教代会、教授会和工会的关系、定位

现在，我们正和全国总工会商讨教职工代表大会的办法。按照《教育法》、《教师法》的规定，教代会和工会都是教职工参与民主管理的一种形式，因此有相应的职责和权限。比如说，高校某些工作、某些问题必须经过教代会同意、审议、通过才能去做，工会可以按《工会法》的要求来做。但根据《教育法》和《教师法》的规定，教代会不是一个决策机构，而是一种参与民主管理和监督、表达自己意见的机构。

中国的机构比较多，现在定位教授会的一个意思就是治学。有人不赞成教授治校，赞成教授治学。什么叫学？学是什么内容？我认为还是集中在学

术和学术管理的一些问题上，包括一些学科、学术发展的咨询工作。教授会跟教代会的性质不太一样。我认为，教授会大多对于院系级管理和发展的某些问题可以提出意见。学术委员会主要是研究讨论学术管理、学科发展等问题。有的高校的行政和党委通过的某些学科发展的事情，学术委员会没能通过，就没有办成。学校又连续向学术委员会提，学术委员会又给否了，他们就没做。现在有的学校，包括有的“985”、“211”的大学，他们的行政和学术委员会退出的步伐比较快，很多书记、校长全部退出学术委员会。有的即便参与，有的也没有投票权。对于这一点，很多学校有共识。这种模式，不能说仅仅是理念上的推论，实践中也是可行的，没有什么震动、波动，也没有什么负面的影响，不一定哪种模式更好，这是一种改革的趋势。

（二）关于理事会或董事会

按照《教育规划纲要》的提法，理事会或董事会是一个学校和社会的合作机构，不是一个决策机制。所以《教育规划纲要》讲，扩大社会合作，探索建立高等学校理事会或董事会，健全社会支持和监督学校发展的长效机制。这样就可以吸纳很多社会资源，学校也为服务社会找到平台和机制。与前面讲的那些机构相比，理事会的社会作用更大。在起草《教育规划纲要》时设想，董事会或者理事会的主席、主任，可以是大学领导，也可以是地方行政官员或是社会机构的成员，比如说企业的领导。我国有各种各样的大学，有的是理工科大学，有的是为地方服务的社区大学，还有一些行业性的、部门的学校。可能大学本身就设置在大的工业城市中，那它就有可能依托一个大企业或是地方的经济发展来办大学，这样更有利于沟通和发展。理事会或董事会的定位根据《教育规划纲要》的要求，也要提出咨询意见。如果提出来设立不同的分支理事会，还是可以的，但是还应该有一个总的理事会，有一个比较规范的机构。

（三）关于学术委员会

学术委员会是一个比较正规的机构，也体现了学校行政权力和学术权力的相互协调又相互分离、监督、制约的作用。目前，学术委员会不能取代一些专门的委员会，比如职务评审委员会、学位评审委员会，因为这些专门委员会是专门针对某件工作成立的机构，有很多国家统一的要求和规定，例如在什么情况下成立，有什么职权等。学术委员会主要还是就学校的教学、科研和学术发展等方面，可以进行长远的规划，也可以探讨一些具体问题，对这些问题提出咨询性的意见。当然，学术委员会的工作也要与学校的党委、行政互相协调。有的校长曾跟我讲过，学术委员会通过了要办一件事，或不办这件事。如果要办，校长一句话就能否了："我没钱。"方案是你提的，花钱是我管的。通过有什么用，财务上没钱。所以，虽然学术委员会在学术问题上有相对的独立性，但是它不可能完全脱离行政。但是现在重要的是，学术委员会要保持相对独立，因为现在学校里有不少行政化的情形。当前，要注意学术委员会等在形象上、外部特征上跟行政化的组织有所区别。

（四）关于党委领导和校长负责的关系

《教育规划纲要》提出，要坚持党委领导下的校长负责制。高等学校党的基层工作条例的规定是一致的。还要制定党委领导下校长负责制的实施办法，希望把党委和校长的职责相对明确，党委书记管什么，校长管什么，这样就可以避免很多事情。否则职权不分，就不好判断哪些是校长管，哪些是书记管。过去也讨论过实施办法。按《教育规划纲要》试点工作的要求，这一规定也是要出台的，可以给予更多的关注。

除了在规则上制定实施办法以外，在试点工作当中还有一个比较关注的问题就是，党委领导和校长负责在工作中具体会出现哪些问题，可以通过改革试点来加以明确和解决。

四、大学章程与外部环境、自律机制

大学和主管部门之间的关系，这是一个很大的问题。大学改革的内部关系和外部关系之间，现在外部关系改革的重要性，甚至要超过内部关系改革的重要性。要改革，首先要解决外部的制约。内部关系当然也要改，但现在教育界、学术界更多关注改革内部关系，批评学校、批评教育行政部门。其实，很多事情不是学校和教育部能解决的，还有很多综合部门、专业部门在管人、财、物等各种各样的事情。从学校来讲，也有一个对教育部的考虑。在制定章程的时候，学校认为教育部在哪些方面应当改革、应当松绑、应当赋予学校更多的权利，同时又能建立一种学校自我完善、自律的机制，这个也是至关重要的。

《教育规划纲要》提出，建立现代大学制度，第一是完善治理结构，要处理好党委领导、校长负责、民主监督、学术委员会之间的关系。第二是章程建设，第三是社会合作，第四是专业评价。除了这四条，专业自律等内容也都应当放入大学的章程里去，放到教育部制定高等学校章程的办法里去。自律、自我监督、自我发展非常重要。因为没有自律，学校的发展就没有限制，只要有地有钱，有的学校就想扩张、扩招。这与办高水平大学的方向不一致。所以，一方面要放权，看看教育部需要做哪些改革，放哪些权力；另一方面，也要考虑在章程中如何产生自律的机制。自律既要有民主的机制，也要有一个科学决策和科学管理的高水平的质量控制机制。国家把学校交给校长、书记，国家的拨款各方面该做的都做了，就要求学校培养人才的目标、科学研究的水平有一个考核的机制。现在的高校巡视制度，主要是从干部管理的角度来讲，大学还没有普遍建立自我评价质量的机制。所以，现在的高校是政府没有去考核，大学也没有自我评价，社会排行榜反而成了评价高校的最热门的依据。这也是值得长远探讨的一个问题。

五、我们与北大将进一步加强交流

教育行政部门是为学校服务的。我们不管人、钱、物，就是为大家服务。但是，总的来看，现代大学制度试点是由我司牵头负责。我们可以有一个口头上的合作协议，一起来推动新的大学制度和章程建设。大家有什么想法，需要我们做什么，可以直接提出来。

关于借鉴国外经验，我们也可以请国际司来帮助了解，或专门搞一个团组，去考察几所世界一流大学的治理模式。先不涉及具体的学术、学科，甚至也不直接涉及人才培养、科学研究，就重点考察它们是怎么管理、怎么处理内外部关系。当前，有必要通过某种方式建立一个我国对世界上最高水平大学的治理结构、组织建设的追踪机制。现在，社会对这方面关注不多，但是这个还是很重要的。我国对高等学校的科研、人才投入并不少，但却看着诺贝尔奖被日本等别的国家拿走，自己却出不了世界级的重大的原创成果，这可能跟机制还是有些关系的。所以，今后做这些工作如果有些什么要求可以跟我们提，我们觉得有什么值得跟上级反映的，也会跟大家一起探讨。更重要的是，还要有领导的重视。过去对北大章程的具体意见我也讲过，今天就不讲了。有些重大的问题，我们也可以及时地向教改办或有关的部领导反映、请示。因为现在贯彻落实《教育规划纲要》要从宏观上来思考这些问题，不能都去办具体事。学校运行有普遍规律，这也是办学的普遍规律。研究探讨大学制度问题，对于修改《学位法》、《高等教育法》以及涉及高等教育的其他法律法规都是很有好处的。

四

推进高等教育法制建设

重视法学人才培养，进一步推进教育法制建设①

出席今天会议的五所政法大学原来都是司法部直属的高等学校，现在也是法学教育界最有实力的五所大学。2010 年以来，你们通过相互协商，建立合作机制，共享优质教育资源，共同推动我国教育事业和法制建设事业，成立了政法大学的“立格联盟”高峰论坛。这既是教育界和法学界的一件大事、好事，也是我国法学教育事业改革发展的积极探索和创新之举。作为我国法学教育与研究领域的排头兵，原来的五所政法大学就有很好的合作基础和交流平台。新中国成立以来，你们为全国培养了很多优秀的各级各类的高级专门人才，为我国的政法事业、教育事业，为推进依法治国方略的实施，起到了不可替代的作用。

通常认为，高等学校有三大任务，人才培养、科学研究和社会服务。今年，胡锦涛总书记在清华百年校庆的讲话中特别指出，高等教育是优秀文化传承的重要载体和思想文化创新的重要源泉，提出高校要大力推进文化传承创新。所以，现在的高校有四大任务。为了满足国家依法治国战略的需要，政法大学除了培养法学高端人才、科学研究和社会服务以外，还有推进法制文化建设的重要任务。通过成立“立格联盟”的形式，进一步整合资源，共谋发展，必将成为我国法学教育事业的重要平台，对我国经济社会发展和民主法制建设产生广泛而深远的影响。

2010 年以来，教育部为贯彻落实全国教育工作会议精神和《国家中长期教育改革和发展规划纲要（2010—2020 年）》（以下简称《教育规划纲要》）精神，制定了一系列政策措施。在高等教育方面，着力提出要全面提高高等教育质量，提高人才培养质量，提升科学研究水平，增强社会服务能

① 本文是作者 2011 年 7 月 9 日在全国政法大学第二届“立格联盟”高峰论坛上的讲话。

力，优化结构，办出特色。提高高等教育以及整个教育质量的核心问题是，要大力培养高素质人才和拔尖创新型人才。现在，高等学校以至整个教育事业，判断做得好不好的最重要质量标准，是看它能否培养出高素质人才和拔尖创新人才。在高等学校的改革发展任务中，这是首要任务。这次高等教育改革与以前改革的不同之处，关键就在于这次高等教育体制改革要以培养拔尖创新人才为中心，改革人才培养体制。如果人才培养体制改革这一点没能做好，其他方面作出再多的成绩，对于全局来讲意义可能都不是那么重大。现在中国缺什么？缺的是高素质人才。缺少高素质人才制约了中国的发展。没有高素质人才，很多方面的改革创新就难以实现，特别是涉及高端科学技术的一些问题。尽管我国的科学技术有了很大进展，但由于缺少高素质人才，目前我国很多高端的重大技术装备基本上还要依靠进口。我国的大学如何培养出创新型人才，也是社会各界非常关注的重要问题。钱学森先生、杨振宁先生都曾集中讲过这个问题。这些学者认为，中国的教育制度、教育体系基本上是好的，但是世界上顶尖的5%或10%的人才，中国自己培养不出来。这是他们的观点，我们也不一定赞同，但是这个观点引起了很多人的共鸣。培养拔尖创新人才成为当前高等教育领域的一项非常急迫而重要的任务。

为了提升高等教育质量，着力培养信念执著、品德优良、知识丰富、本领过硬的高素质专门人才和拔尖创新人才，《教育规划纲要》提出了拔尖创新人才的培养计划，包括基础学科拔尖学生培养试验计划和卓越工程师、医师等人才教育培养计划。在胡锦涛总书记清华百年校庆讲话之后，教育部准备借此契机，提出一个新的计划。虽然还没有最后确定，但在新的计划中，培养人才、提高高等学校的能力建设将会成为重要内容。在培养计划当中，卓越法学人才的培养计划是社会科学领域中的第一个。因此，教育部在今年的4月1日、6月2日，先后召开了有关会议，研讨实施卓越计划的文件草案。很多院校的领导和专家都参与了这项工作。这次“立格联盟”高峰论坛的主题围绕着培养拔尖创新人才展开，选题很准，很好。这次五所政法大学的专家教授在“立格联盟”高峰论坛中深入交流有关工作成果，必将对在年底实施的卓越法律人才培养计划起到很好的促进作用，进一步推动我国法学教育改革的进程，从而为国家经济社会发展包括民主法制建设提供有力的智力保障和人才支持。

当前，我国的教育法制工作进入了一个新的时期。《教育规划纲要》特别强调了法制在我国教育事业当中的重要作用，从人的培养的角度，提出要培养社会主义合格公民。这是一个重要的培养目标的要求。过去有些人不赞成把培养公民作为教育的重要目标。但经过研究讨论，新的《教育规划纲要》认为这种提法是正确的，很多同志赞成提出培养社会主义合格公民的目标，强调依法治教、依法治校，推进教育立法、教育普法和教育的行政执法。特别是对高等学校来讲，要求把加强现代大学制度建设作为高等教育领域推进依法治教、依法治校的重要内容。因此，教育部政策法规司最近起草了高等学校的章程制定办法，要求全国的高等学校都要制定学校章程，把章程作为学校内部的“宪法”。

现代大学制度是建立在法治基础之上，现代大学要有法治的体制和制度。因此，我也希望法律院校在推进依法治教、依法治校和推进大学章程建设、现代大学制度建设方面带头作出表率，作出新的成绩。教育部也非常愿意在这方面，与大家共同合作，为大家服务。今后，我们也可能借助政法大学的力量，进一步开展好教育立法、普法和章程建设、现代大学制度建设方面的工作。大家有什么好的经验做法，也希望与我们联系。

最后，预祝这次高峰论坛取得圆满成功。

要认真研究高等学校公益捐赠问题[①]

首先，非常高兴来到淮阴师范学院学习、参观，并且参加开题。非常感谢学校及课题组对我的邀请。下面，我也谈几点意见。

第一，对课题组所做的工作、所选的题目、所做的准备，我感觉非常好，感谢他们所做的工作。课题组所作的说明，充分准确地说明了课题要研究的内容和课题开展的安排，符合我们开展课题研究的要求。我也同意上边几位专家对课题提出的意见和建议。这些我都完全赞成。所以总的来讲，我赞成课题组所做的安排。

第二，关于高等学校公益捐赠课题的价值和它的创新点。首先，课题具有重要的价值和创新意义。对于教育学、教育经济学、教育社会学和教育法学，它都有重要的价值和创新意义，是这些学科的结合点、交叉点。其次，课题具有重要的实践意义和借鉴意义。目前美国是世界上具有相对完整的高校捐赠机制的国家，美国高等教育的总量最大、水平最高、机制最完善。中国在向世界、向西方学习，在教育发展的过程当中，要以美国的高等教育、高等学校及其相应的制度安排为借鉴。当前我国高教发展当中的一个瓶颈问题，就是高校经费的来源单一化。美国高校通过社会捐赠制度，比较好地解决了从社会上吸纳资金的途径。美国高校运行所需资金的总量是世界上最大的，单个学校每年的运行资金，经常都是数十亿美元。我们国家的高校目前还没有达到这么大的一个资金量。所以，它对我们如何解决当前高校的经费投入及其来源的问题有借鉴意义。再次，课题具有重要的制度建设意义。社会捐助不仅要有具体措施，而且还要有制度安排。现在制度安排上比较缺乏，虽然我国也有公益事业捐赠法，但是很多具体政策落实得不好。有些政策有了，学校也不会使用、不会利用这样的一种制度和工具。最后，课题提出了一些新的角度。提出的“生态学”的概念和视角，是比较新颖的。这些新的概念值得进一步

① 本文是作者2010年11月23日在淮阴师范学院“《美国高等学校捐赠机制》课题开题会”上的发言。

研究。如果这些方面通过这个课题能够研究出成果，将会对其他课题，将会对教育科学和其他学科的发展提供一个借鉴和实验。

第三，课题在开展当中，还可以进一步深入地开展工作，以便把课题完成得更好，更有水平，更有借鉴作用，更有指导意义。首先，要进一步地梳理和凝固相应的概念。现在的题目叫做“美国高校社会捐赠机制研究”。美国高校社会捐赠中的概念要区分清楚，谁是美国高校的捐赠者，谁是美国高校捐赠的接受者。美国高校社会捐赠制度包括了这两个方面，还有哪些其他的方面。这些概念是不是一个公认的概念？如果不是，需要进一步加以明确。比如，美国高校接受社会捐赠，这里边至少要分捐赠者和接受者两个方面。这两个方面的性质、地位、关系，都会产生一些特殊的机制和关系。如果不分清的话，这个概念就显得比较模糊。是高校捐赠给别人，还是别人捐赠给高校，还是互相捐赠？所以我觉得，如果不是一个凝固的、在学术界通用的概念，需要进一步明确这个概念，梳理它们相关的关系，明确它们的内涵。其次，要强调一下法律的视角。这个课题里边提及了相应的法，美国的几个法，如国防教育法、莫内尔法，等等。但是，在美国的法律里涉及捐赠的，不仅是教育方面的法律，还有其他的法律，包括税法、遗产法。税法还包括个人的所得税法、公益团体的所得税法。所以，需要对其中的一些重点问题进行研究。我们也很关注美国税法的含义及其相应的变化。在工作当中，主要是关注美国法律的两点：一个就是税法的501（C)(3)[①] 条款，就

① Sec. 501（a）of the Internal Revenue Code：Exemption from taxation An organization described in subesction（c）or（d）or section 401（a）shall be exempt from taxation under this such exemption is denied under section 502 or 503.

Sec. 501（c）（3）of the Internal Revenue Code：Corporations, and any community chest, fund, or foundation, organized and operated exclusively for religious charitable, scientific, testing for public safety, literary, or educational purposes, or to foster national or international amateur sports competition（but only if no part of its activities involve the provision or athletic facilities or equipment), or for the prevention of cruelty to children or animals, no part of the net earnings of which inures to the benefit of any private shareholder or individual, no substantial part of the activities of which is carrying on propaganda, or otherwise attempting, to influence legislation [except as otherwise provided in subsection（h）], and which does not participate in, or intervene in（including the publishing or distributing of statements), any political campaign on behalf of（or in opposition to）any candidate for public office.（http：//www. fourmilab. ch/ustax/www/t26 – A – 1 – F – I – 501. htML#_ c_ 3_ ）

是公民及其社会组织进行公益事业捐赠时，给予的税收优惠；同时，要对捐赠部分做税前全部扣除。这一部分在我们国家的法律里有相应地体现，但是内涵还不是特别清楚。所以大家一讲教育捐赠，美国税法 501（C）（3）条款是必然要提及的。另一个就是美国的遗产税。美国为什么有大量的捐赠经费进入了高校？重要的是它的遗产要收税。如果是高额的，就有高额的累进遗产税。我们国家没有遗产税。我们的富一代富了以后，这个财产全部转移给富二代，转移给自己的亲属。现在有的大企业家就说要裸捐，不给二代留遗产。这个裸捐要有国家法律的保障，要有固定的捐赠意向、捐赠渠道、捐赠优惠政策、捐赠保障措施以及捐赠监控制度。很多专家呼吁开征遗产税。当然这个遗产税能不能开征，可能也有很大的争议。有的人说美国的遗产税可能也要废除，不同意开征遗产税。我国还没有确定，但是社会上有这个呼声。

第四，要对捐赠行为进行具体分析。我国高校捐赠的来源包括企业、公民和其他组织。对这些捐赠者的捐赠行为、捐赠机制、捐赠动力要进行研究。对他们的捐赠规模，也要进行研究。美国高校对捐赠进行分类，予以明示，具体类项包括是哪些人在捐赠，是哪些人在什么时候、采取什么渠道、在什么样的法律制度框架下进行捐赠。对这样的做法我们要具体地进行研究。这样，就可以有针对性地对我国相应的人群、相应的社会组织提出法律上的要求和制度安排。

第五，课题当中涉及很多学科的概念要认真加以厘定。比如有教育学的，特别是高等学校的概念要厘定，高等学校里包括不同性质的学校，对此加以分类，就有公立的、公益性的学校，还有民办的营利性的学校。公益的捐赠，还是非公益的捐赠，也是不一样的。在教育学之外，捐赠还是一个经济学的概念，还是一个社会学的概念，还是一个法学的概念。这几者之间的关系，要处理研究好，要抓住它们内在的联系进行研究。而不是把它们搞拼盘，把概念罗列起来。对此，课题组的同志还有大量艰苦的工作要做。

第六，要对目前我国高校乃至整个教育捐赠立法和制度安排提出建议，以求对我国相应的法律和制度能够修订提供借鉴。这样的一个内容，也是我们支持该课题立项的一个重要的目标。

总之，我相信，这个课题能够在学校以及教育学院的领导和支持下，在全体课题组成员的努力下取得成功，从而为我国的教育研究，为我国的高校捐赠的发展作出有意义的贡献。

独立学院制度建设的新发展
——《独立学院设置与管理办法》评析[①]

教育部发布的《独立学院设置与管理办法》（教育部令第26号）（以下简称《办法》）已经在2008年4月1日开始实施。这对于引导独立学院健康发展、深化高等教育改革将起到十分重要的作用。独立学院的规范与发展，不仅涉及工作问题，也涉及诸多法律问题。从法律角度正确把握《办法》的精神实质，对于贯彻实施好《办法》十分重要。

一、制定《办法》的立法背景和目的

2007年，全国独立学院有318所，在校生186.6万人，占全国民办高等教育在校生总数的53.4%。其中，独立学院本科在校生165.7万人，占全国民办本科高等教育在校生总数的88.7%。实践证明，独立学院对于深化高等教育改革、实现高等教育大众化起到了重要的作用。独立学院试办以来，独立学院法律制度的建设和发展一直受到了政府的重视和社会的关注。2002年通过的《中华人民共和国民办教育促进法》以及2004年施行的《中华人民共和国民办教育促进法实施条例》明确了举办民办学校的基本政策，为独立学院的制度建设提供了充分的法律依据。为推进独立学院持续健康发展，2003年，教育部下发了《关于规范并加强普通高校以新的机制和模式试办独立学院管理的若干意见》（教发〔2003〕8号，以下简称8号文件）。2006年，国务院办公厅印发了《关于加强民办高校规范管理　引导民办高等教育健康发展的通知》（以下简称《国办通知》），进一步明确了民办高等教育规范管理的有关政策。2007年年初，教育部颁布《民办高等学校办学管理若

---

① 孙霄兵．独立学院制度建设的新发展［J］．中国高教研究，2008（12）．

干规定》。经过多年的积极探索和不断规范，独立学院逐步走上了健康发展、规范管理的轨道。

近年来，一些独立学院出现了办学不规范的现象和问题，引起了社会各方面的高度关注。社会各界多次呼吁加强针对独立学院的法制建设工作，以进一步推进独立学院管理的规范化、法制化。在目前情况下，独立学院作为高等教育改革的重要方面，有必要通过加强制度建设，以进一步走上健康发展的轨道。可以说，《办法》的制定和下发，既是当前高等教育改革和发展宏观形势变化的需要，也是独立学院自身持续健康发展的需要。

二、制定《办法》的指导思想和起草过程

制定《办法》的指导思想是，贯彻党的十七大精神，按照科学发展观的要求，解放思想，改革开放，鼓励和规范社会力量兴办教育，坚持对独立学院"积极支持、规范管理、改革创新"的指导思想；按照党的十七大关于提高高等教育质量的精神，把提高独立学院的办学质量作为独立学院建设的重要任务，引导独立学院健康发展；坚持把维护各方合法权益作为基本的立法目标，重点维护独立学院学生的受教育权及相关合法权益，同时兼顾平衡出资人、普通高等学校的合法权益；坚持改革，坚持依法行政、依法治教，注重制度创新，尽量做到《办法》设计的制度能够科学、合理和可操作，为独立学院持续健康发展创造良好的法治环境。

按照这一要求，《办法》延续了 8 号文件的基本精神，充分体现了独立学院的"优"、"独"、"民"原则，更加强调引导优质教育资源参与举办独立学院，促进独立学院办学水平和教育质量的提高；更加强调独立学院在法律上和制度上的独立地位；进一步明确了独立学院的民办属性，促进独立学院在运行机制和管理体制上改革创新。

教育部高度重视独立学院的立法工作。《办法》作为一项规章，起草历时两年多，几易其稿，先后 4 次召开部党组会、部务会议、部长专题会专题研究《办法》草案。按照《立法法》和《规章制定程序条例》的要求，本着积极而谨慎的态度，在《办法》起草过程中，起草者反复研究，广泛听取各地教育行政部门、独立学院及其举办者的意见，先后两次发文征求对《办

法》草案的意见。此外还数次到重庆、珠海、广州、成都等地召开座谈会听取意见，尽最大努力将可能涉及的法律与政策风险考虑周全。考虑到其重要性，还对《办法》在形式上进行了分章。目前，《办法》分为七章五十九条，分别是总则、设立、组织与活动、管理与监督、变更与终止、法律责任、附则。

三、《办法》新构建的独立学院的重要法律制度

《办法》依据《中华人民共和国民办教育促进法》及其实施条例，对独立学院的地位作了新界定，明确规定了举办独立学院相关法律主体的权利与义务和权益关系，在一定程度上重新确定了普通高等学校、举办者、教育行政管理部门与独立学院的法律关系，普通高等学校与独立学院的法律关系。

（一）明确了参与举办独立学院的普通高等学校的有关权益和责任

1. 普通高等学校根据对独立学院投入的学校名称、知识产权等无形资产，可以从独立学院的办学结余中取得合理回报。适用《中华人民共和国民办教育促进法》及其实施条例关于普通高校从办学结余中取得合理回报的规定，将彻底改变普通高校从独立学院取得管理费或使用费的做法。按照法律规定，只有存在结余，才能取得合理回报；无结余即无回报。按照《办法》第四十三条的规定，独立学院在扣除办学成本、预留发展基金以及按照国家有关规定提取其他必需的费用后，出资人可以从办学结余中取得合理回报。普通高等学校作为出资人，可以根据对独立学院的投入包括学校名称、知识产权等无形资产的投入，从独立学院的办学结余中取得合理回报。这样，就将独立学院的有关制度与《中华人民共和国民办教育促进法》及其实施条例衔接了起来。出资人取得合理回报的标准和程序，按照《中华人民共和国民办教育促进法实施条例》和国家有关规定执行。国家将明确有关合理回报的具体办法，进一步确定独立学院的财务会计制度。

2. 普通高等学校参与办学的管理资源和师资、课程等教育教学资源纳入独立学院的办学成本。鉴于普通高等学校参与办学的管理资源和师资、课程等教育教学资源，一般难以计入办学投入的实际，《办法》第四十条规定，独立学院使用普通高等学校的管理资源和师资、课程等教育教学资源，其相

关费用应当按照双方约定或者国家有关规定，列入独立学院的办学成本。

3．普通高等学校参与办学的无形资产必须计入独立学院办学总投入。合作办学从法理上就要求各方有实际投入。实践中，不少独立学院的办学协议中，普通高校参与办学的有关无形资产，并未计入独立学院总投入之中，不符合《中华人民共和国民办教育促进法》及其实施条例的精神和规定。为改变不够规范的合作办学形式，《办法》要求普通高校要实质上参与办学。因此，《办法》第十一条规定，普通高等学校主要利用学校名称、知识产权、管理资源、教育教学资源等参与办学；第十三条进一步规定，普通高等学校投入办学的无形资产，应当依法作价。无形资产的作价，应当委托具有资产评估资质的评估机构进行评估；无形资产占办学总投入的比例，由合作办学双方按照国家法律、行政法规的有关规定予以约定，并依法办理有关手续。这里，特别是要着重研究普通高等学校投入办学的无形资产的评估问题。普通高等学校投入办学的无形资产的作价，可以参照《中外合作办学条例》等有关条款的规定，予以明确。

4．明确了普通高等学校对独立学院有一定的指导和管理权。《办法》第四十四条规定，参与举办独立学院的普通高等学校，应当按照合作办学协议和国家有关规定，对独立学院的教学和管理工作予以指导。普通高校要按照依法治校的有关要求，认真研究所举办独立学院内部法人治理结构，确保独立学院办学规范化、法制化；为保证独立学院的教育质量，还需要落实对独立学院完善教学水平的监测和评估体系的权利和责任；要加强对独立学院规范办学协议和章程的法律和政策指导。

5．规定了普通高校代表在理事会或者董事会中的比例。由于参与举办独立学院的普通高校对于独立学院的管理与权益，主要通过理事会、董事会的决策来实现，理事会或理事会名额不应完全按照出资比例分配，《办法》第二十五条规定，理事会或者董事会中，普通高校代表不得少于2/5。

6．规定了参与举办的普通高校对独立学院院长有优先推荐权。院长是独立学院教育教学活动的组织者和管理者，负责学院的教育教学和行政管理工作，对独立学院的日常运行和办学质量起决定性作用。因此，院长应当熟悉高等学校的日常管理和教育教学活动，具备国家规定的任职条件。由于普通高等学校更容易产生经验丰富和更好实现办学意图的人选，因此，《办法》第二十九条规定，独立学院院长由参与举办独立学院的普通高等学校优先推荐，由理事会或者董事会聘任，并报审批机关核准。

7. 参与举办独立学院的普通高等学校应当积极采取措施，做好独立学院的安全稳定工作。概括《办法》第三十二条规定，在明确独立学院的法定代表人为学校安全稳定工作第一责任人的基础上，要求参与举办独立学院的普通高等学校应当根据独立学院的实际情况，积极采取措施，做好安全稳定工作。

（二）明确了参与举办独立学院的社会组织或者个人的有关权益和规范办学的要求

依法保护社会组织或者个人的合法权益，对于吸引更多的社会资金投入到教育领域，促进独立学院健康发展十分重要。《办法》把保护参与举办独立学院的社会组织或者个人权益和办学规范要求，作为重要的立法目的，设计了一系列制度。

1. 进一步明确了参与举办独立学院的社会组织或者个人的举办者地位。根据《办法》第二条的规定，参与举办独立学院的社会组织或者个人与普通高等学校一样，都是独立学院的举办者之一，从而改变了教育部 8 号文件将独立学院的举办者分为申请者与合作者不同主体地位的提法，有利于发挥社会组织或者个人办学的积极性。

2. 明确了社会组织或者个人作为独立学院出资人依法可以从独立学院的办学结余中取得合理回报。《办法》第四十三条规定，独立学院在扣除办学成本、预留发展基金以及按照国家有关规定提取其他必需的费用后，出资人可以从办学结余中取得合理回报。出资人取得合理回报的标准和程序，按照民办教育促进法及其实施条例和国家有关规定执行。

3. 增加了对社会组织和个人的办学规范要求。按照《中华人民共和国民办教育促进法》等法律法规的规定，需要对独立学院的合作办学各方的办学行为作出进一步的规范。因此《办法》设计了一系列制度。

一是明确了不属于出资的资产范围。《办法》第十一条第二款规定，国家的资助、向学生收取的学费和独立学院的借款、接受的捐赠财产，不属于独立学院举办者的出资。

二是增加了对出资的验资和过户的要求。《办法》第十二条规定，独立学院举办者的出资须经依法验资，于筹设期内过户到独立学院名下。

三是增加了对举办两所以上独立学院的限制。为防止出现连锁办学的不正常现象，《办法》第十五条规定，符合条件的普通高等学校一般只可以参与举办一所独立学院。对于已参与举办独立学院的社会组织或个人，参与申请设立新的独立学院的，其已设立的独立学院应当通过原审批机关组织或者其委托的社会中介组织进行的评估。

四是增加了防止虚假出资和抽逃资金、挪用办学经费的法律责任。《办法》第五十五条规定，独立学院举办者虚假出资或者在独立学院设立后抽逃资金、挪用办学经费的，由省级教育行政部门会同有关部门责令限期改正，并按照《中华人民共和国民办教育促进法》的有关规定给予处罚。这样就进一步明确规定了虚假出资和抽逃资金、挪用办学经费的法律责任。

四、明确了国家和省级教育行政部门的管理职责

1.《办法》明确了教育行政部门对独立学院的管理和责任。鼓励扶持和规范管理并重，加强独立学院监督与管理既是引导独立学院健康发展必须坚持的原则，也是各级政府及教育行政部门的重要职责。《办法》进一步规范了独立学院的管理体制，明确了国家和省级教育行政部门对独立学院管理的相应职责。第六条明确规定，国务院教育行政部门负责全国独立学院的统筹规划、综合协调和宏观管理。省、自治区、直辖市人民政府教育行政部门主管本行政区域内的独立学院工作，依法履行办学许可证管理、招生简章和广告的备案审查、相关信息发布、年度检查、表彰奖励、违法违规行为查处等职责。第四十四条明确规定，教育行政部门应当加强对独立学院教育教学工作、教师培训工作的指导。第四十六条规定，省级教育行政部门应当按照国家有关规定，加强对独立学院的督导和年检工作，对独立学院的办学质量进行监控。

2.《办法》明确规定了对独立学院的年度检查制度、表彰奖励制度等。这样规定，有利于独立学院更加规范地向着独立建制的高等学校方向发展。

五、明确了独立学院的法律地位、权利和责任

独立学院的法律地位、权利和责任，是独立学院法律制度的重要内容。对此《办法》着重制定了有关的制度。

1. 明确了独立学院的性质。如何从法律上明确独立学院的性质，是独立学院改革发展的核心问题，也是社会上普遍关注的重点。独立学院由普通高校和社会组织或者个人主要利用民间资金参与办学，决定了独立学院的民办性质。《办法》第三条规定，独立学院是民办高等教育的重要组成部分，属于公益性事业。这从根本上消除了独立学院法律上的模糊性，有利于明确独立学院的地位以及举办各方对独立学院的权利和责任，促进独立学院健康发展。

2. 进一步明确了独立学院合作办学的模式。在起草中经反复研究认为，当前独立学院的举办既有大量民间的资金投入，又有普通高校、地方政府、国有企业及其他社会组织的参与，这决定了今后独立学院的改革与发展，只能是一种合作办学的方式，不可能简单地排斥某一方的地位、权利与收益，这就需要明确合作办学各方的权利、义务、责任与利益。因此，《办法》第二条规定：独立学院是指实施本科以上学历教育的普通高等学校与国家机构以外的社会组织或者个人合作，利用非国家财政性经费举办的实施本科学历教育的高等学校。

3. 明确了独立学院享有国家有关民办教育的奖励和扶持政策。《办法》第五条明确规定：国家保障独立学院及其举办者的合法权益。独立学院依法享有《中华人民共和国民办教育促进法》、《中华人民共和国民办教育促进法实施条例》规定的各项鼓励与扶持政策，主要包括：一是县级以上各级政府可设专项资金，对为独立学院发展作出突出贡献的集体和个人，按照有关规定给予表彰和奖励。二是县级以上各级人民政府可以采取经费资助，出租、转让闲置的国有资产等措施对独立学院予以支持。三是国家鼓励金融机构运用金融、信贷手段支持独立学院发展。四是独立学院享受国家对民办学校的税收优惠政策。五是新建、扩建独立学院，人民政府应当按照公益事业用地及建设的有关规定给予优惠。六是独立学院教职工在业务培训、职务聘

任、教龄和工龄计算、表彰奖励、社会活动等方面依法享有与公办学校教职工同等权利。独立学院教师职称评定纳入省级高等学校教师职称评定工作范围，并参照同级同类公办高等学校教师评聘办法和有关政策规定执行。七是独立学院学生在升学、就业、档案管理、评奖评优以及纳入国家家庭经济困难学生资助体系等方面，与同级同类公办高等学校学生享受同等的权利。

4. 明确了独立学院的设置标准和办学条件。办学条件是独立学院开展教育教学活动和保障教育质量的基础和前提。随着独立学院办学规模的扩大和国家近年来对提高高等教育质量的重视，原有的对独立学院办学条件的规定，已无法满足其开展教育教学活动的需要。社会上也反映，独立学院作为进行本科教育的高等学校，其办学条件应与普通本科高等学校的办学条件基本一致。因此，《办法》第九条规定，独立学院的设置标准参照普通本科高等学校的设置标准执行；设立后的独立学院，应当根据核定的办学规模充实办学条件，并符合普通高等学校基本办学条件指标的各项要求。

5. 明确了落实独立学院法人财产权的具体要求。独立学院资产过户到学院名下，是落实学校法人财产权的基本要求。学院资产在过户前必须依法验资。新设独立学院，其资产须于筹设期内过户到独立学院名下；已设独立学院资产但未过户到学院名下的，自《办法》施行之日起 1 年内完成过户工作。

《办法》第四十二条规定，独立学院存续期间，所有资产由独立学院依法管理和使用，任何组织和个人不得侵占。也就是说，参与举办的合作双方均不得抽逃、挪用学院资产。这从根本上保证独立学院的资产由学院依法管理和使用，避免其他组织和个人违规运作学校资产，防范办学风险。

6. 明确了独立学院内部管理体制和机构设置。建立健全规范的法人治理结构，是保证独立学院依法治校的必然要求，也是提高独立学院教育教学质量的重要保障。《办法》依据《中华人民共和国民办教育促进法》及其实施条例和《国办通知》精神，明确了独立学院内部管理体制和机构设置。

一是规定了理事会、董事会为决策机构。《办法》第二十五条明确规定，独立学院设立理事会、董事会，作为独立学院的决策机构。

二是规定了理事会、董事会组成人员。《办法》第二十五条还规定，理事会或者董事会由参与举办独立学院的普通高等学校代表、社会组织或者个人代表、独立学院院长、教职工代表等人员组成。理事会、董事会决定学院的重大事项，对学院健康发展至关重要，因此，其组成人员应热爱教育事业，遵纪守法，诚信务实，热心公益事业。

三是进一步规范理事会、董事会的运作规则。《办法》第二十六条明确规定，独立学院的理事会、董事会每年至少召开两次会议。经1/3以上组成人员提议，可以召开理事会或者董事会临时会议。理事会或者董事会会议应有1/2以上的理事或者董事出席方可举行。理事会或者董事会会议作出决议，须经全体理事或者董事的过半数通过。但是讨论重大事项，须经理事会或者董事会2/3以上组成人员同意方可通过。

四是强化理事、董事的责任。《办法》第二十七条规定独立学院理事会或者董事会应当对所议事项形成记录，出席会议的理事或者董事和记录员应当在记录上签名。

7. 明确了独立学院加强党团组织建设和维护安全稳定的职责。加强独立学院的党团组织建设，对于全面贯彻党的教育方针、坚持社会主义办学方向、促进独立学院健康发展，具有重要意义。因此，《办法》第三十一条规定，独立学院必须根据有关规定，建立健全中国共产党和中国共产主义青年团的基层组织。独立学院党组织应当发挥政治核心作用，独立学院团组织应当发挥团结教育学生的重要作用。《办法》第三十二条规定，独立学院的法定代表人为学校安全稳定工作第一责任人。独立学院应当建立健全安全稳定工作机制，建立学校安全保卫工作队伍。落实各项维护安全稳定措施，开展校园及周边治安综合治理，维护校园安全和教学秩序。参与举办独立学院的普通高等学校应当根据独立学院的实际情况，积极采取措施，做好安全稳定工作。参与举办独立学院的社会组织或者个人，要积极、主动配合做好独立学院的安全稳定工作。

8. 明确规范了独立学院的办学行为。

一是规范了教育教学行为。《办法》第三十条规定，独立学院应当按照办学许可证核定的名称、办学地点和办学范围组织开展教育教学活动，不得设立分支机构，不得出租、出借办学许可证。

二是规定了招生行为。《办法》第三十三条规定，独立学院应当按照国家核定的招生规模和国家的有关规定招收学生。

三是规范了招生简章和广告发布行为。《办法》第四十五条规定，独立学院招生简章和广告的样本，应当及时报省级教育行政部门备案，未经备案的招生简章和广告，不得发布。

四是规范变更举办者、独立学院名称。《办法》第四十八条规定，独立学院变更举办者，须由举办者提出，在进行财务清算后，经独立学院理事会或者董事会同意，报审批机关核准。《办法》第四十九条规定，独立学院变更名称，应当报审批机关批准。

五是规范了合作办学期限。《办法》第十条规定，参与举办独立学院的普通高等学校与社会组织或者个人，应当签订合作办学协议，协议应当包括合作期限等内容。

9．增加并明确了独立学院对教师、学生权益的保护。保护独立学院学生、教师的合法权益，是《办法》重要的立法目的。《办法》通过多方面制度来保护学生的受教育权和其他权益以及教师的合法权益。

一是明确了独立学院学历、学位制度。《办法》第三十八条规定，独立学院对学习期满且成绩合格的学生，颁发毕业证书，并以独立学院名称具印。独立学院按照国家有关规定申请取得学士学位授予资格，对符合条件的学生颁发独立学院的学士学位证书。《办法》第五十二条规定，独立学院终止时未毕业的在校学生由参与举办该独立学院的普通高等学校托管，对学习期满且成绩合格的学生，发给独立学院的毕业证书；符合学位授予条件的，授予独立学院的学士学位证书。

独立的学历、学位制度有助于独立学院发展成为真正独立的高等学校，也有助于保护学生依据教育法享有的获得学历、学位证书的权利。《办法》对独立学院的新定位以及对学生学历学位证书的规定，对《办法》生效时正在就读的学生可能会产生一定的影响，宜遵照“老人老办法、新人新办法”的方式处理。在工作中，应当通过适当方式向广大学生宣传《办法》的新规定，切实维护独立学院的安全稳定。

二是明确了独立学院终止时，在妥善安置在校学生后，按照《中华人民共和国民办教育促进法》的有关规定进行财务清算和财产清偿。《办法》第五十一条规定，独立学院举办者未履行出资义务或者抽逃、挪用办学资金造成独立学院资不抵债无法继续办学的，除依法承担相应的法律责任外，须提供在校学生的后续教育经费。这样的规定，体现了对于学生权益的优先保护。

三是独立学院应当按照国家有关规定完善教师聘用和管理制度，依法落实和保障教师的相关待遇。《办法》第三十六条这样规定，体现了对于教师权益的优先保护。

四是增加了虚假出资和抽逃资金、挪用资金的法律责任。《办法》第五十五条规定，独立学院出资人虚假出资或者在独立学院设立后抽逃资金、挪用办学经费的，由省级教育行政部门责令限期改正，并按照民办教育促进法的有关规定给予处罚。这些规定，体现了高等教育办学体制的新的改革，鼓励和规范社会力量参与兴办教育的行为，也进一步体现了对于学生和教师权益的保护。

在法治基础上构建现代大学制度[①]

现代大学制度是近年来在高等教育体制改革和落实高校办学自主权的实践基础上提出的新概念。这一概念的提出，对于明确高等学校改革方向，正确发挥高等学校的作用，推进高等学校的管理，构建中国特色高等教育体系，具有重要的意义。目前，现代大学制度不仅在理论学术层面得到了广泛探讨，而且也在政策层面得到了初步认可。构建现代大学制度，既要借鉴国际上的先进经验，更需要充分考虑我国高等教育自身的特点和优势，根据我国法律的要求进行制度构建。

一、正确认识高等学校的组织性质和法律地位是构建现代大学制度的重要前提

首先，高等学校是培养高级专门人才的公共组织，具有公益性。《中华人民共和国高等教育法》（以下简称《高等教育法》）规定，设立高等学校应当符合国家利益和社会公共利益，不得以营利为目的；并规定了我国高等教育的培养目标是使受教育者成为德智体等方面全面发展的社会主义建设者和接班人，高等教育的任务是培养具有创新精神和实践能力的高级专门人才，发展科学技术文化，促进社会主义现代化建设。这些法律规定明确了我国高等学校组织属性的公共性质。高等学校的组织属性是高等学校行为的基础。因此我国高等学校的办学行为要以公共利益为出发点，把公共服务作为自己的首要目标和基本任务。

其次，法律法规规定了我国高等学校是事业法人，不是政府的附属机构。《高等教育法》规定，高等学校应当面向社会，依法自主办学。高等学

---

① 孙霄兵. 在法治基础上构建现代大学制度［J］. 中国高等教育，2006（19）.

校自批准设立之日起即取得法人资格。按照《中华人民共和国民法通则》及《事业单位登记管理暂行条例》的规定，高等学校属于事业单位法人。对此，我们可以理解为，法律把对于高等学校的办学和内部管理，主要交由学校自主进行。我国法律对高等学校的这一定位，与世界上许多国家都是不同的。日本的国立大学刚刚开始法人化改革；法、德等国公立大学也不具有独立法人的资格，其高等学校的教师都属于公务员性质。与之相比，我国高等学校作为独立法人，无疑在自主权方面要更加丰富和完善得多。同时，高校法人地位的确立，也使得高等学校在资金筹措、自身发展方面具有了相应的权利和灵活性，促进了我国高等教育多元化、多渠道快速发展的局面的形成。这是我国近年来高等教育发展与改革的重要成果。

最后，我国高等学校是具有部分公共事务管理权的事业法人。高等学校所具有的自主权是一种公权力。高等学校所形成一系列的内部管理制度，对学生、教师的权利都产生影响，具有公共权力的性质。这些权力很多来源于法律的授权，在某种程度上说，是按照法律规定对于行政机关权力的一种分权。这一点不仅在立法上得到反映，而且已经被司法机关予以认可。在司法实践中，司法机关认为高等学校是具备部分公共管理职能的社会组织，可以作为行政诉讼的主体。在这种情况下，高等学校就具有了某些公共事务管理的权力。在现阶段，正是由于具备了这样的权力，高等学校才不同于其他的事业单位如文化演出单位、医疗卫生单位等的事业法人。高等学校的性质要求高等学校公共事务管理权力的运行，要按照公共权力的运行机制和监督框架的要求进行，构建学校内部的治理结构，在管理活动中凸显法律保留、正当程序等公权力的运行规则，建立健全的权利救济渠道，维护学生、教师的合法权利。这样的要求，是构建现代大学制度的重要内容。这里需要指出的是，这种权力与国家机关的行政权力一样，是要受到包括司法监督在内的社会监督的。那种认为学校内部权力是特别关系权力、不受监督的看法是不正确的，也是不符合我国法律的要求的。

二、保证高等学校实现法定权利是构建现代大学制度的基本要求

由于高等学校是承担公共服务职能的公益性法人组织，因此不仅体现在

它具有部分管理权力，还在于享有的是法定的权利。也就是说，高等学校的公共性质决定了高等学校具有一种为实现公共目的的权利。相对于行政机关来说，这种公共权利是独立行使的。某些国家的宪法明确规定了高等学校的自治权利。

我国法律对于高等学校的权利进行了规定。《中华人民共和国教育法》（以下简称《教育法》）对学校权利所做的规定，适用于高等学校，包括：按照章程自主管理；组织实施教育教学活动；招收学生或者其他受教育者；对受教育者进行学籍管理，实施奖励或者处分；对受教育者颁发相应的学业证书；聘任教师及其他职工，实施奖励或者处分；管理、使用本单位的设施和经费，以及拒绝任何组织和个人对教育教学活动的非法干涉等。1998 年颁布的《高等教育法》，则进一步明确规定了高等学校具有的七项自主办学权，包括：制订招生方案，自主调整系科招生比例；自主设置和调整学科、专业；自主制订教学计划、选编教材、组织实施教学活动；自主开展科学研究、技术开发和社会服务；自主开展国际教育交流与合作；自主确定内部组织机构的设置和人员配备；依法自主管理和使用学校财产。可以认为，这些权利是高等学校独有的，是不属于政府机关的权利。这些权利不仅为落实高校自主办学权奠定了法律基础，也是构建现代大学制度的基本内容。我国高等学校的自主办学权，是由法律赋予学校行使的，保证高等学校实现其办学宗旨、正常履行教育教学等职能的特有的、基本的权利，是学校成为教育法律关系主体的前提，也是保证高等学校成为独立的办学主体，主动适应社会经济文化发展的需要，增强办学活力，办出特色、提高水平的重要保证，在工作中必须予以正确认识，高度重视，切实落实。

《教育法》还规定了高等学校在民事活动中依法享有的民事权利，为高等学校依法开展民事活动、享受民事权利，提供了法律依据。高等学校的民事权利的落实和实现，是高等学校权利的重要组成部分，也是构建现代大学制度的重要内容。然而，高等学校的民事权利不能超越公共权利，不能影响公共权利的实施，不能违反其公益属性。高等学校的民事权利在行使时，应当服从、服务于高等学校的组织性质，如果与公共权利相冲突，它必须服从于公共权利。或者说，高等学校的民事权利在一定的条件下要受到相应的限制。这种限制，不是政府机构对它的限制（当然也可以体现为政府机构的限制），而是自身的公共性质对自身民事性质的限制。这是高等学校产生自我约束机制的重要的法理基础。例如，高等学校的民事行为不应当以营利为目的，办学活动中所产生的节余应当继续用于学校的发展。高等学校的资产是政府投入的国有资产，可以归学校所有，但学校应当全部用于教育教学的目的，并且要接受政府部门的监督，接受社会公众的监督。《高等教育法》规定，国家依法保障高等学校中的科学研究、文学艺术创作和其他文化活动的自由；《教师法》规定，高等学校教师还享有在学术活动中充分发表意见的权利。这些规定，都与高等学校的自主办学权有一定的关联。

三、明确高等学校承担的法定义务是构建现代大学制度的重要内容

高等学校的公共性质不仅决定了高等学校的公共权利，也同时产生了高等学校自身的义务。在我国《教育法》和《高等教育法》中，规定了相应的高等学校的义务和责任。当前，在强调落实学校自主权的同时，需要强化高等学校的义务意识，明确高等学校自身承担的义务，以促进高等学校履行好法定职责。目前，高等学校的义务制度建设是一个薄弱的环节，应当在制度构建中逐步明确和增强。

首先，高等学校要承担社会公共义务，依法帮助人民群众实现接受高等教育的权利。作为公共组织，高等学校不仅要完成自身的教学科研任务，通过提高国民素质、培养人才和提供科学研究成果为社会服务，还要树立公共服务的意识，承担社会服务的职责。每一所高等学校应当把为社会服务、为当地社会公共事业发展服务作为自己的任务。增强为社会公共服务的功能也应当成为现代大学制度建设不可或缺的重要内容。

其次，高等学校要自觉承担政府赋予的义务，按照政府确定的要求完成任务。要通过一定的形式体现完成任务的职责。目前，在现代大学制度中还应当特别强调服务于国家重大决策的功能，增强高等学校引领思想道德文化、知识经济和社会发展方向的功能。中国的现代大学制度要有一个鲜明的特征，它应当是整个国家制度现代化的引领者，特别应当是国家法制化的引领者。与此同时，高等学校还要自觉承担维护学生和教师各项合法权益的义

务，增强保护学生和教师合法权益的意识，把保护学生和教师合法权益，作为自己重要的工作职责。在当前行政机关强化依法行政的形势下，高等学校在行使学生管理、教师管理的权力时，要树立权责一致的法治意识。

四、完善学校内部治理结构是构建现代大学制度的制度基础

在正确界定权利与义务的基础上，建立现代大学制度一项重要的工作就是要推进学校的内部体制和制度建设，完善内部治理结构。要按照法律的要求，依法明确和行使内部组织各自的职权责任。第一是明确高等学校党委的领导权。《高等教育法》规定我国高等学校实行党委领导下的校长负责制。这是我国高校的特点，也是建立现代大学制度不可回避的要点。党委的领导职责主要是，执行党的路线方针政策，坚持社会主义办学方向；领导学校的思想政治工作和德育工作；决定学校发展改革和基本管理制度等重大事项；做好学校的发展规划；决定学校的人事任免等。第二是落实校长的行政职权。《高等教育法》对校长的行政职权作了比较明确的规定，包括拟定学校的发展规划，制订学校的年度计划并组织实施，组织实施教育教学、科学研究活动；拟订内部组织机构的设置方案，推荐副校长人选，任免内部组织机构的人员；聘任和解聘教师、管理教职工，对学生实施管理，以及拟定和执行学校年度经费预算等。第三是正确界定和行使学术权利。学校依法要设立学术委员会、学位评定委员会，审议学科、专业的设计，教学、科学研究计划方案，评定教学、科学研究成果等有关学术事项。第四是保障广大教职工参与民主管理的权利，特别是涉及教职工切身利益的事项，要通过教职工代表大会等组织形式，参与民主管理。这些权利在学校内部的运行规则，一定程度就是现代大学制度的重要制度边界，是研究我国大学治理结构的基础。高等学校的内部制度要围绕这四项权利进行相应的制度设计，依法正确处理好权利之间的关系，落实各种权利在学校中的地位，明确其积极的作用。现代大学制度建设的另一项重要内容是学校章程的建设。依法完善章程规范的内容和制定程序，依照章程进行管理，是对学校依法治校的集中概括。根据《高等教育法》的规定，章程应当包括以下事项：学校的名称地址，办学宗旨，办学规模，学校门类的设置，教育形式，内部管理体制，经费来源、财

产和财务制度，学校和举办者的权利、义务，章程修改的程序等。完整规范的大学章程不仅是高等学校内部的“宪法”，是学校内部管理的依据，也是界定学校与政府关系的重要文件。从制定章程着手，全面梳理高等学校内外部的法律关系，应当是建立现代大学制度的切入点和着力点。校务公开是高等学校制度建设的重要环节。高等学校的公共性质、高等学校权利与义务的正确行使和履行，都要依靠校务公开去体现。特别是高等学校财务状况的公开，在当前具有特别的意义。要通过校务公开，增强公众的参与程度，增强学校公信力，办人民满意的学校。

五、推进政府管理体制改革，正确处理政府与高等学校的关系，是构建现代大学制度的外部环境

建立现代大学制度，要在理清学校的权利和义务关系的基础上处理好高等学校与政府的关系，在我国高等教育领域过去受计划经济体制影响较多的情况下，理清高等学校办学自主权和政府的管理、监督权之间的权力边界，就具有更为重要的意义。我们认为，从政府方面来说，政府与高等学校的关系可以尝试从四个方面进行界定。第一是政府要承担举办的责任。政府要按照教育事业发展的需要举办高等学校，以满足人民群众的需要。政府要按照法定的程序审批设立高等学校，在审批高等学校设立时，要符合行政许可法的要求。第二是政府要为高等学校提供有力保障。包括政府负责公办学校的经费保障，为学校在招生、就业以及其他方面提供相应的信息和其他方面的服务。在对高等学校提供保障时，既要保护它的公共权利，也要保护它的民事权利。在工作中，要注意区分这二者的关系，按照不同权利性质的特点予以保障和保护，这样可以更为有效地保护高等学校的权利。第三是政府依法对高等学校行使管理权。公办高等学校在行使办学自主权的同时，还有部分事务（主要是涉及外部发展的事务）属于政府的管理权限。如对于高等学校办学类型、层次的确定，高等学校办学规模的核定，高校领导人事的任免，国有资产处理的管理等方面，政府要依照法律法规规章进行管理。但是不能事无巨细进行管理，特别注意不要影响学校办学自主权的发挥。今后，教育

立法在这方面还要做进一步的努力。第四是政府要行使对高等学校的监督权。政府要依法监督高等学校的办学行为，包括对教育质量、管理效率、权益保护等方面进行监督。高等学校要自觉接受政府和社会的监督，不能偏离作为社会公共教育机构所应当承担的社会职责。比如，高等学校的资金来源于财政拨款，学校有自主使用的权利，但不得将用丁教学和科学研究活动的财产挪作他用，高等学校为此也要接受政府审计部门的依法监督。

上述分析主要是从公办高等学校出发的，但是同样基本适用于民办高等学校。这是因为，按照《中华人民共和国民办教育促进法》的规定，民办高等学校的基本性质与公办高等学校是大致相同的，都是公益性事业。除了领导体制、收费方面以外，在其他方面与公办学校是基本一致的。当然，如果有的民办高等学校是经营性的学校，可以按照有关规定，以类似企业或者公司的方法来对待。现代大学制度的建立，对于准确界定现代高等学校的内涵与特征，推进对高等学校的性质、宗旨、功能以及权利和义务的研究与实践，推进我国高等教育的改革和发展，都有着极为重要的作用。我们相信，对于现代大学制度的积极探讨，一定会进一步促进我国高等教育的健康发展。

重视高等学校法律纠纷的处理与防范[①]

改革开放以来，我国高等教育法制建设取得了显著成绩，为教育改革与发展提供了有力的支持和保障。全国人民代表大会及其常务委员会先后制定了《中华人民共和国高等教育法》、《中华人民共和国教师法》、《中华人民共和国教育法》、《中华人民共和国职业教育法》，以及《中华人民共和国学位条例》等有关教育的法律，国务院制定了十几项教育行政法规，教育部等行政主管部门及各地制定了数十项行政法规和一百余项地方性教育法规，初步形成了中国特色社会主义教育法律法规体系。但从总体上看，教育法制建设还不能适应依法治国、依法治教的要求，教育法律的配套性法规、规章尚不完善，法律规范的针对性和可操作性需要进一步加强，依法行政、依法治校尚未成为教育行政部门、政府有关部门及学校的自觉行为，高校在处理涉法事务方面还存在着许多不规范的问题。

教育部《关于加强教育法制建设的文件》指出：依法治教是21世纪我国教育事业深化改革、加快发展的必然要求。高校法律纠纷的客观存在及其固有和潜在的巨大影响要求我们必须严肃正视、积极应对、及时处理和事先防范，这正是依法治校、依法治教的重要体现和关键所在。

高校常见法律纠纷主要包括学校在管理学生方面产生的纠纷，学校在管理教职工方面产生的纠纷和学校在经济活动中发生的法律纠纷。自1998年开始，我国首次出现学生因毕业证、学位证问题状告高校的典型行政诉讼案，开创了对高校内部管理行为进行司法审查之先河，引发了社会各界对高校法律纠纷的高度关注。自此以后，学生乃至教师状告高校侵权的案件在全国各地时有发生，高校管理工作中出现的其他法律纠纷也开始呈上升趋势。

---

① 马志忠. 高等学校法律纠纷的处理与防范［M］. 北京：中国石油大学出版社，2006：序.

从学术研究的角度讲，对高校法律问题进行研究的文章不少，实践中也产生过不少案例。但是，系统研究高校法律纠纷的处理与防范的著作还不多见。山东理工大学的马志忠同志撰写了《高等学校法律纠纷的处理与防范》一书，为推进依法治校做了一件好事。

作者从高校管理工作的实际出发，分析了高校管理工作中常见法律纠纷的基本表现形式和发生原因，给出纠纷的处理办法，提出了防范的措施和建议。本书最大的特点就是具有很强的实用性和可操作性，对很多具体疑难问题的解决，提出了自己独到的见解，如处分学生的问题、校园交通管制问题、人才引进合同的管理问题、公有住房房改纠纷的处理问题等。难能可贵的是，作者就高校管理工作中客观存在的很多大的问题进行了法律思考，如教育部规章的法律效力问题，学校规章制度的合法性、民主性、科学性原则问题，新形势下学生和高校的关系问题，高校办学自主权问题，学校行为的司法审查问题，高校治安综合治理的工作机制问题等。对于高校决策合法化，对于依法维护学校和师生合法权益，对于促进依法治校和依法治教工作、完善我国教育立法提供了有益的参考。

马志忠同志 1990 年就取得了国家律师资格，2000 年起开始担任山东理工大学法律事务室主任，对高校法律事务接触得多，从教育和法律的结合点上研究高校法律问题有他的优势。相信本书的出版会引起社会各界的重视。

在本书即将付梓之际，写下以上的话，权以为序。

我国高等教育法治化的进程与展望①

一、改革开放以来我国高等教育法治化的背景与进展

改革开放以来，我国高等教育获得了快速发展。2005 年，我国大学招生数已接近 700 万人，高等教育在学总人数超过 2 300 万人，其中普通本专科在校生接近 1 500 万人，在学研究生超过 90 万人，适龄青年的毛入学率达到 21% 以上，跨入国际公认的高等教育大众化的门槛。

随着高等教育规模的迅速扩大，高等教育领域的改革也在不断深化，高等教育的体制、机制和制度都发生了巨大的变化。高等教育领域的各种社会关系也在发生改变，需要依法调整的权利和义务关系越来越复杂，越来越多样化。面对日益庞大和复杂的高等教育体系、多样化的高等教育主体以及多层次的高等教育改革要求，单纯靠行政手段已是难以胜任，需要在法律层面加以规范，高等教育改革与发展的实践成为推进我国高等教育法治化的内在动力。

与此同时，改革开放以来我国整体法治进程的推进和深化，成为高等教育法治化的重要外部因素。伴随着改革开放进程的深入，整体的法律制度和法治环境逐渐完备，对法律的价值与功能的认识也在不断深化。这些认识和实践的经验，最终凝结为“依法治国”的基本方略，并且集中反映在 1999 年通过的《中华人民共和国宪法修正案》当中。依法治国，要求在社会政治、经济、文化的各个方面，建立完善的反映客观规律，并得到严格执行的法律制度，形成良好的制度安排。因此，在整个国家走向法治的过程中，高等教育事业作为重要的公共性事务，顺应时代发展的趋势，推进法治化，成

① 本文是作者 2006 年 3 月 25 日在台湾政治大学“两岸高等教育研讨会”上的演讲。

为势所必然。

与这些变化和要求相适应，我国高等教育法治化的进程逐步推进并不断深入。1981 年颁布的《中华人民共和国学位条例》是这一进程的起点，这部法律对当时刚刚从“文化大革命”中得以恢复的我国高等教育而言具有里程碑的意义。其所确定和规范的学位制度，保证了我国高等教育的迅速恢复与发展，并使我国学位体制实现了与国际惯例的接轨。1998 年，制定颁布的《中华人民共和国高等教育法》（以下简称《高等教育法》）对高等教育领域的法律关系作了全面规范，成为我国高等教育走向法治化的重要标志，其所确立的一系列高等教育的基本制度、基本原则，对指导我国高等教育的改革与发展起到了重要作用。这两部法律和《中华人民共和国教育法》、《中华人民共和国民办教育促进法》等教育法律以及《中华人民共和国中外合作办学条例》等法规、部门规章，一起构成了比较完整的高等教育法律规范，使我国高等教育领域的重大问题和教育领域的重要方面都有了法律的依据和保障。

对于我国的高等教育事业而言，从改革开放之初无法可依到初步形成具有自身特色的法律规范体系，是一个根本性的变化。这一变化也给我国高等教育事业带来了积极作用。

二、法治化进程给我国高等教育带来的积极作用

高等教育法治化进程所带来的最大变化是制度、体制的稳定运行和对高等教育主体权利的重视。其中主要的变化可以概括为以下几个方面。

第一，形成了保障高等教育健康发展的制度体系。《高等教育法》和相关法律中确立了学位制度、高等教育学历制度、高等学校入学制度，肯定了高等教育自学考试制度，形成了层次完整、模式和手段比较灵活的高等教育法律制度体系。这些法律规定形成了我国高等教育的制度框架，也为我国高等教育体制适应信息化、终身教育的要求，进一步转型和改革奠定了基础。

第二，明确了高等教育投入的法定渠道，带来了高等教育办学模式的显著变化。改革开放之初，高等教育的发展只有单一的政府投入渠道。1998 年颁布的《高等教育法》确立了以财政拨款为主、其他多种渠道筹措高等教育

经费为辅的体制，建立高等教育成本分担机制。此后，我国高等教育的快速发展，与投入体制上的重大变化有很大的关系，特别是民间资本进入高等教育领域，为民办高等学校的发展注入了新的动力。目前，民办高等教育已经成为我国高等教育事业的重要组成部分，2005 年通过认可、具备文凭发放权的民办高等学校已达 173 所，各种民办高等教育机构则有 1 100 所，在校学生达 180 余万人。高等教育领域初步形成了多元化的办学模式。

第三，促进了高等教育管理体制的改革与完善。《高等教育法》所确立的中央和省两级高等教育管理体制，改变了原有的中央部门办高等教育、条块分割的体制，也改变了原有的以专科学院为主导的局面，许多高等学校通过资源的优化整合成为了门类齐全的综合性大学。这一变化对促进我国高等教育的协调发展和人才培养质量的提高，产生了重大影响。

第四，高等学校的法律地位得以确立。《高等教育法》中明确高等学校具有独立法人地位，并规定高等学校在招生、专业设置、教育教学、科学研究和社会服务、对外交流、内部机构设置和教师聘任、财产管理和使用七个方面享有自主权。这些规定，成为了明确政府与高等学校之间法律关系的标尺，并且随着法治化进程的深入越来越清晰、明确。高等学校的办学自主权已经成为具有法律意义，并受到法律保护的法人权利。

第五，高等学校教师和学生的法律地位、法定权利得到了明确。高等学校教师由原来的“干部”，转变为由高校聘任的具有特定职业要求的专业人员，不仅仅是身份地位的变化。教师的特定权利和义务，如科学研究、文化活动中的学术自由，进入了法律保障的框架之内。改革开放之初，在计划经济体制下，高等学校的学生相当于“准干部”。随着高等教育法治化的推进，高校学生的法律地位逐步得以明确，学生权利的保障也日益受到重视。近年来，我国教育部还相继取消了大学入学年龄的限制，明确了高校在学生管理中要遵循法律保留、程序正当等法治原则，建立了学生行政申诉制度。2005 年，教育部新颁布的《高等学校学生管理规定》中取消了高校学生擅自结婚将被退学的规定，曾引发了社会舆论的广泛关注。事实上，这一变化只是学生法定权利在教育管理过程中进一步得到确认和保护的表现。

以上我国高等教育法治化的进程所带来的种种变化，只是近年来我国高等教育改革与发展的一个方面。高等教育法治化的推进与深入，还将从各个方面对今后我国高等教育的改革与发展产生深刻的影响。

三、我国高等教育法治化进程中出现的新的主题

进入新世纪，高等教育的发展进入了新的历史时期，出现了新的主题，对我国高等教育法治化提出了新的要求。

首先，要通过法律平衡和处理好政府、市场与高等学校之间的关系，形成新型的高等学校制度，适应高等教育体系、结构、功能和社会需求发生的新变化。近年来，与世界范围高等教育发展的趋势相呼应，我国高等教育领域中，以终身学习为代表的新的教育理念，以民办高等教育为代表的新的办学模式，以现代远程教育和网络教育为代表的新的教育手段，以高等职业技术教育为代表的新的教育需求等新趋势的出现，使得高等教育的性质与功能正在被重新界定。如何在保证高等教育公益性大方向的同时，适应现代化建设的要求，丰富高等教育发展模式和教育方式、手段，提高我国高等教育体系整体的活力，已成为我国高等教育法治化进程的一个重要方向。

其次，要通过法制的完善，进一步推进社会转型时期公民接受高等教育的机会公平。我国经济发展的区域不平衡是当前改革着力要解决的问题之一。经济发展的不平衡，已对我国高等教育的均衡发展产生了直接的影响。当前，中西部内陆地区与东南沿海地区、城市与农村的教育的发展水平、质量都已产生了较大的差距。这种差距已经在一定程度上影响了不同地区公民受教育权的实现水平。进一步完善高等教育投入体制，保证高等教育在快速发展的同时，维护基本的社会公平，促进社会的和谐发展。

再次，构建新的高等教育管理体制和法治化的运行机制，提高高等教育的质量、效益及管理效率。我国有着世界上最大规模的教育体系，穷国办大教育，在相当长的时期，仍将是我国教育的主要特点之一。高等教育规模的扩大，对我们高等教育的管理体制、运行机制等都提出了新的挑战。而经过近年高校的调整、合并，我国形成了很多在校生超过万人，甚至达到四五万人的综合性大学。如何依法构建高校的内部管理体制，建立大学法人制度，已成为当前高等教育法制建设中的热点问题。提高教育经费的使用效益，始

终是我国教育改革与发展中的重要课题。提高高等教育的质量，已受到了社会的广泛关注。

最后，应对经济全球化挑战，建立促进和保障高等教育对外交流与合作的法治环境。对于我国高等教育而言，经济全球化既是挑战也是机遇。在法治的框架下，引进境外的优质教育资源，推动教育的国际交流与合作，提高我国高等教育的质量和多样性，同时促进我国具有优势的教育资源走向世界，传播和弘扬中华文化，成为我国高等教育法治化的一个新的领域。

从发展的趋势看，高等教育的改革与发展已愈来愈与社会的整体利益密不可分，要解决高等教育所面临的问题，需要对各个群体的诉求充分考虑，更需要制度的重构与创新。要达到这一目的，通过教育立法统筹各方诉求，综合设计新的制度和体制，是必要的也是最为可行的方案。

四、对我国高等教育法治化发展方向的展望

推动我国高等教育法治化取得新的进展，在我国新的一轮高等教育法治化进程中，以下各点正在逐步成为社会广泛认同的指导思想和基本原则。

一是要进一步强调以人为本，树立通过教育实现人的全面发展的理念。高等教育中应当突出强调教育的主体——高校、教师和学生的地位。未来的高等学校应当是以学习者为中心的教育组织，学习权正在成为新的教育观念。高等教育的法律制度要突出学生的中心地位，保障和激励学生自主学习、自由学习，使学生能够有更多的选择权，真正成为学习的主体，获得终身学习的能力。其中，要特别重视对学生权利的保护，把关注学生的利益和发展放到学校和教育工作的中心地位。与此相适应，要改革学业评价机制，改革考试制度，完善学校评估体系，创造多样化的学习机会，建立全民学习、终身学习的宽广平台。

二是要以促进公民受教育权的发展为基础，构建高等教育体制，确定高等教育改革的方向。面对高等教育发展新的要求与趋势，特别是构建学习型社会的要求，法律所确立的，应当是统合学校教育和社会教育，能够促进和保障公民实现终身学习的权利与愿望的新的高等教育体制。这种高等教育体制应当有利于激发政府、社会、高等学校和每一个公民参与教育的积极性和

主动性，应当是一种网络化、扁平化的组织结构，无论是公办的、民办的，还是以中外合作方式举办的；无论是实施学历教育的还是进行非学历的培训活动的；乃至公民个人，都应当能够在这种新的教育体制中自发形成新的教育生长点。新的高等教育体制同时应当是开放的，能够更多引进和容纳国外的优质教育资源，适应全球化的挑战。新的高等教育体制中，政府对教育的作用应当得到重新的定位，政府不再主导教育中的具体事务，更多的是提供服务、提供条件，要真正落实学校的办学自主权，把教育的权力真正交给学校、交给教师。

三是在具体的制度设计上，要建立有利于教育创新的制度环境。在设计新的高等教育法律制度时，要更加重视社会中每一个教育组织的创新作用和培养教师、受教育者的创新意识，并以此为基础设计更为灵活的高等教育制度和学习制度。要以推进高等教育创新为主线，改革高校内部的组织结构和治理机制，为新型教育教学组织、科研组织的形成创造制度环境。要通过完善法律制度，建立保护教师、学生学术自由的机制，调动高校教师、学生开展创新的积极性。

四是在法律规范上，要更加注重教育法律规范的针对性和可行性，提高法律规范对教育活动的调整力度。我国现行的教育法律中一些规范性的条款往往过于原则，难以在调节具体的教育纠纷中发挥应有的作用，因此，法律在实践中的权威性往往受到影响。对我国高等教育的法治化进程而言，解决这一问题应当成为今后的一个重点领域。

我国高等教育法治化是一个历史的进程，它是我国法治进程的组成部分和一个缩影，我只能简要回顾其中的要点与亮点，提供给大家，希望作为各位作进一步研究与交流的基础。

加入 WTO 与我国高等教育的法律治理[①]

今天我给大家汇报的问题主要是加入 WTO 对我们的高等学校带来哪些影响和变化。我想讲四个问题。

一、我国高等教育实行法律治理的条件

首先讲一下什么叫做高等教育的法律治理。我国高等教育的发展，从发展和改革、管理的角度，要有什么样的目标，这个问题要明确。不能说我国的高等教育发展到什么程度算什么程度，发展到哪里算哪里。我觉得高等教育发展的重要目标，就是实行高等教育的法律治理。什么叫做法律治理？这本来是经济学上的名词，现在用得比较广泛，政治学、法学、管理学里都在用。我认为“高等教育的法律治理”就是指运用法律方式，对高等教育的活动给予规范，依法处理高等教育各方面的关系，明确高等教育中的权利和义务关系，保护学校、教师和学生的合法权益。这里包括两个方面：一方面，高等教育要依法行政，这更多是针对教育管理部门而言的。对于北京广播学院来讲，教育部是其主管部门，教育部应依法行政，对学校进行管理。另一方面，学校有管理学生的权力，执行国家的教育任务，想怎么做就怎么做，也不行，我们要做到依法治校。要做到法律治理，从宏观上来讲两个方面要互相配套，都要做好，政府要做好依法行政，学校也要依照法律来治校，缺一不可。

这两个方面跟 WTO 有什么关系？我觉得很有关系。加入 WTO，是党中央、国务院在新世纪为加快我国改革开放和社会主义现代化建设作出的重大战略决策，符合我国的根本利益，也将进一步促进我国教育包括高等教育的

---

① 孙霄兵. 加入 WTO 与我国高等教育的法律治理［M］//张玲. 高等教育改革与发展研究Ⅲ. 北京：北京广播学院出版社，2003：7.

改革开放和健康发展，就必然促进高等教育的依法行政和依法治校，从根本上促使我们的高等教育实现法律治理。

高等教育要实行法律治理，不是没有条件的。

第一，高等教育要实现法律治理，首先要有政治条件。如果没有政治条件，一切都谈不上。“文化大革命”时期，我们如果来谈要实现法律治理，或者讲学校要维持正常秩序都是不可能的。因为国家没有要求按照法律的规定治理国家，当时是人治，而且是比较“左”的路线在治理国家，所以谈不上这个问题。今天为什么可以讲高等教育要实行法律治理呢？就是我们国家确立了依法治国的基本方略。这个基本方略非常重要，是党的十五大提出的。在九届二次全国人大会议上，《宪法修正案》规定了我们国家要依法治国，这是国家的基本方略。要推进社会主义民主政治，建设社会主义法治国家，写在《中华人民共和国宪法》里、写在十五大报告里的总要求，这就是一个根本的、对高等教育的法律，为依法行政、依法治校提出的政治条件，是一个首要环境。

在高等教育当中，法制建设的作用不是今天才开始发挥的。从改革开放以来，包括粉碎“四人帮”以后，邓小平就指出：总结“文化大革命”的教训，根本上我们是缺乏制度。没有一个良好的制度，好人也可以办坏事，也可能犯错误，因此要加强法制建设。1985 年中共中央发布的《关于教育体制改革的决定》中就提出来要加强立法工作，以后一系列的工作都提出这个要求。到了 1999 年，第三次全国教育工作会议的文件明确提出，要进一步推进素质教育，根本上要靠法制，要靠制度保障。社会主义民主政治的发展，“依法治国”方略的贯彻，为我们的高等学校依法治校提供了很好的政治条件。

第二，我国高等教育实行法律治理的经济条件。最重要的经济条件是我们国家实行了社会主义市场经济体制。过去实行计划经济，一切都在政府的行政计划、行政命令控制之下，谈不上依法治校、依法行政，因为一切都是政府说了算。在市场经济条件下，法律就要起作用。现在算不算社会主义市场经济？什么时候市场经济可以比较完备地建成？“十五”规划中提过一个 15 年建成社会主义市场经济体制的要求。从 1995 年开始，加 15 年，就是到

2010年我们要建成社会主义市场经济体制。要15年才建成社会主义市场经济，说明现在还不完全是。问题在于非市场经济的国家就没有资格加入WTO。现在要加入，WTO就要对你有一些特殊条件。美国提出一旦中国加入WTO，美国每年就要审查，看你是否真的建立了市场经济体制，这是一个非常苛刻而不平等的要求。但是没有办法，你自己讲的，要15年才实现，所以人家说现在就要审查你，审查的结果好了，5年以后改成两年审查一次。这是一方面。而且，我们出口的很多产品，要被征收高额关税，而且随时准备应对其他国家提出反倾销的诉讼，这也是不平等的。但是也没办法，你不是市场经济国家。市场经济要求高等教育进一步渗透到经济活动当中去，和经济活动进一步结合起来，和社会的发展结合起来，这就为我们实行法律治理提供经济方面的条件。

第三，我们国家高等教育实行法律治理的社会条件。社会条件就是指社会改革的氛围和环境。现在国家各行各业都在改革。从整个体制上来讲，实行的是社会主义市场经济。从企业管理上来讲，现在是在落实企业的自主权，推进企业的法人治理，减少行政机关对企业的干预。最近政府撤销了很多经济管理部门，今后还会进一步加大改革力度，还要撤销一些部门。现在除了经济管理部门以外，科学研究管理体制也在改革，国家级科研所有300多个都下放到了地方，而且从事业单位转成企业，因为不转不行了。我们国家很多方面的技术水平上不去，没有新产品，问题在哪里？就因为科研和市场是脱节的。我们这些年究竟有多少新产品能够在国际市场上占有一定的份额？这也是一个问题。

在教育方面，我们的改革和发展都要有法律目标，要追求法律治理。教育管理制度改革在推进；学校在实行以劳动人事分配制度为核心的内部体制改革，教师的职务聘任、任职资格等制度改革都在进行中；普通高校的收费制度也在完善，高校的成本分担机制也在形成，等等。这些措施实际上都和社会改革相配套，联系在一起，形成一个大的改革环境。

高等教育实行法律治理的社会方面的条件中还有重要的一方面，就是民办教育的发展。从我国的历史上来讲，从孔夫子那时开始可以办私学，官学私学可以同时存在。新中国成立以后把所有的私学都转变成国家办的。国家有没有这个力量？实际上没有。我们的中小学在 20 世纪 60 年代困难时期，实际上都下放到了村，由村里去办，实际上就是民办。什么是“民办”？就是农民在办，政府实际上没有承担全部责任。高等教育这块投入比较多，能不能满足大家的需要？不能满足。大家会觉得教育部也好，广电部也好，给广播学院的钱都不够用，大家还要自己挣钱。实际上，公办学校里的民营机制也在发展。怎么看待这个发展？现在我说不好，有一些搞得比较过分，甚至把学校卖了。按《中华人民共和国义务教育法》的规定，学校不能处理，就是不能卖。而沿海一些地方把中小学也卖了，还觉得有道理，卖给一个老板，比如得了 5 000 万元，再用 5 000 万元投入办一个新的学校，这也是为了教育有更好的发展，使学生受教育的机会更多。是不是把这些钱都投入办学校了？不清楚，反正学校是卖了。还有学校搞股份制，把一部分产权转让出去。还有的是挂着公办学校的牌子，实际上里边都是民营机制，都是高收费。这些都需要规范。

第四，高等教育实行法律治理，还有法制本身的条件。关于教育方面的立法在不断完善。从 20 世纪 80 年代开始到现在，国家制定了六部专门的教育法律，还有大量的国务院的行政法规和地方性法规，还有教育部颁布的规章。这些法规文件都涉及教育。具有最高法律效力的、最有权威的是《中华人民共和国宪法》（以下简称《宪法》）里关于教育的规定，接下来就是教育法，1995 年全国人民代表大会通过的《中华人民共和国教育法》，它的法律地位又要比其他的高一点，有些人说它是教育的母法，接下来就是其他有关教育的法律，比如说《中华人民共和国学位条例》，最早是 1980 年的《中华人民共和国学位条例》（以下简称《学位条例》），博士和硕士学位授予依据的就是《学位条例》。虽然那时叫“条例”，但实质上是“法”。

现在严格规定，所谓法律都必须叫“法”，条例就是法规，包括国务院的行政法规和地方性法规。目前已颁布的教育方面的法律主要有 1986 年的《中华人民共和国义务教育法》、1993 年的《中华人民共和国教师法》、1996 年的《中华人民共和国职业教育法》、1997 年的《中华人民共和国高等教育法》（以下简称《高等教育法》），还有国务院颁布的行政法规以及教育规章。“法律法规”一定是由全国人大和国务院颁布的。教育部颁布的只能叫

“规章”。规章的法律效力就比较低。判案的时候，法律法规要作为依据，规章能不能作为依据就要视条件而定。如果同其他法律法规不抵触、同法理不抵触，法院就愿意来执行。再后面是教育部的文件，法院可以作为一个参考。学校制定的规章制度更没有法律效力。

高等教育形成法律治理，主要依据是《宪法》中有关教育的规定以及六部专门的教育法律。因此，我们的办学活动、行政管理活动都要按照法律规定进行。应该讲这六部教育法律，再加上大量的行政法规、地方性法规和规章，初步构成了我们国家教育的法律法规体系。有人说这只是个框架，但我认为不只是框架，已经有了六部法律法规，应该讲已经初步形成一个体系了。

这种立法体系是不是还有不足呢？我认为是有的。除了修改以外，现在还提出来要制定《学位法》，就是在《学位条例》的基础上进行若干修改。但这还是对原来学位条例的修改，不是新的法律。现在呼声比较高的是《中华人民共和国民办教育法》。按这届人大的计划，是想在 2003 年 3 月以前通过这部法律。现在全国有 5 万多所民办学校，从幼儿园到大学都有，没有一个法，比较乱，是按照公办学校的办法做，还是自己想怎么做就怎么做，没有一个很权威的规定。1997 年国务院制定的《社会力量办学条例》中有很多规定不符合现在的要求，比如规定对高等民办教育机构要严格限制，这就和后来中央的精神不相符，必须重新制定。

另外呼声比较高的问题，就是教育是不是应该有投入法，我们也觉得应该有。但是，法要有人去执行，光立法不执行，写得再好也没用。所有的法律条例，从政府到学校都要执行，不执行就等于零。现在我们在法律里有关投入的经费、待遇的问题，实际上也写了很多，但是解决得不好，落实得不好，这就不是立法的问题了。比如说，现在我们的教育投入只占 GDP 的 2.8%。农村中小学拖欠教师工资的现象还存在，有的省一个地区就拖欠几个亿。现在全国究竟拖欠的是多少，统计不清楚。还有就是我们学校的经费也不足，这些都是问题。钱不是立了法就能有的，你立了这个法，没有钱也不行。就像《公务员暂行条例》当中规定公务员的工资水平至少要相当于企业里中等以上人员的水平，即相当于企业经理人的水平。经理是什么水平？企业又是什么水平？很多国营破产企业的经理就等于工人的水平。企业的厂长下岗以后，也在家摆小摊。公务员跟他们比行吗？不行。好的企业、商业银行、一些保险公司，或者是有些特别好的企业的经理、厂长，公务员跟他们也比不了。所以，这种规定都是写了而难以落实的。

再一个问题是针对学校的。大家觉得学校应该有学校法。已有的六个法都是教育法，而不是学校法。教育法里有没有学校的内容？也有，但是不完全。我们现在讲“依法治校”，到底应该怎么做？把各个法里的有关条文收拢来看，整合起来，作为依法治校的依据，这很重要。

第五，加入 WTO，为高等教育实现法律治理提供了一个新的、综合的、法制化的动力机制，将促使高等教育法律治理的上述条件一体化、全面化、深入化，为最终实现高等教育的法律治理奠定基础。WTO 的作用有这么大吗？我们觉得在高等教育领域，要改革，要发展，还有一个很重要的问题，就是要开放。在很大程度上高等教育的发展是开放的结果，也是改革带来的结果。改革开放以来，邓小平最早提出并一直坚持向国外派留学生，包括 1989 年政治风波以后，也坚持派遣留学生，让他们学习国外的先进经验，吸收人类优秀的文明成果，借鉴先进的教育制度、教学方法和手段，利用国外的优势资源，来为我们国家培养人才，努力使中国的教育顺应世界教育发展的潮流。加入 WTO，又为我国高等教育的进一步开放提供了一个非常好的机会，高等教育的开放将会达到一个新的水平。

二、WTO 基本原则和我国加入 WTO 后在教育领域对外承诺的基本内容

第一，WTO 的范围及涉及教育的内容。在 WTO 里有货物贸易协定、服务贸易协定、知识产权协定。教育是在加入 WTO 的服务贸易协定里规定的。服务贸易协定不是每个国家都参加的。因为 WTO 的机制是谈判达成的，你愿意参加，把教育纳入服务贸易的协定里去，不纳入进去也可以。现在全世界对服务贸易作出承诺的国家只有 47 个，而 WTO 的成员国是 144 个。在我国 WTO 减让表里，涉及教育的大致有以下一些内容。

1. 我们承诺允许中外合作办学，并且允许外方取得多数拥有权，但是不承诺给予外方国民待遇。外国人可以到中国来，中外可以合作办学，可以成立机构，这个机构是作为商业形式存在的。外方可以占到投入的50%，更多的可达到99%，也就是说可以超过半数。国内对这一点有不同的理解。外经贸部正式印出来的中国加入WTO的文件，在“允许外方获得多数拥有权”的概念上，英文都是一样的表述。在其他领域都翻译成“允许外方控股”，唯独在教育领域翻译成“允许外方获得多数拥有权”。这是怎么回事？这是我们跟外经贸部谈下来的结果。WTO的工作语言是英文、法文、西班牙文，没有中文。问题是控股和不控股的差别很大，控股就有绝对的领导权，这个学校就是他说了算。对外开放以来我们国家成立的中外合作办学机构已有300多所，都要外方说了算，这就麻烦了。教育毕竟不是商品，教育是培养人的活动。在学校里外方说了算就有很多问题，他就要按照外方的办学思想和一系列要求来培养学生。在北京，有的中外合作办学机构就是唱外国国歌，学外国宪法。这样培养出来的都是假洋鬼子，把自己的根儿忘掉了。

2. 不允许外方在中国单独设立学校和其他教育机构，就是不能成立独资学校和教育机构，可以合作办学。现在国内的外方独资教育机构都是外国人子女的学校，专门招收本国公民在华子女进去学习。这里有没有混杂着中国国籍的儿童去上学的？也有，有些中国人也把自己的孩子送到外国人子女的学校里去上学。但是总的来讲，不允许单独成立外资学校。

3. 我们的义务教育还有特殊教育（包括军事、警察、政治和党校教育）不包括在教育服务当中。除此以外，我们的学前教育、高中、高等教育、成人教育和其他教育都要对外开放。广播学院今后要跟人家合作办学是可以的，只要符合条件，就应当得到批准。那些特殊教育的领域不能开放，中外合作举办一个党校，这不太可能，外国人也不见得有兴趣。中国的公安大学跟美国合办一个警察学校，或者解放军跟国外的军校合办学校，这都不行。

4. 允许具有学士或者学士以上学位、从事教育教学工作两年以上、具有相应资格证书和专业职称的外籍教师，接受中国教育机构的聘请或者邀请，以自然人的身份来华任教或者工作。这点是有意义的。今后广播学院要聘请外籍教师，只要你给他一个聘书或者邀请信，他符合规定的条件，就可以来这里教书。今后国内的相关政策要跟上。现在有一些学校聘请外国人当老师，把持旅游签证的外国人聘进来，三个月一换来当老师，现状比较乱。

5. 对境外消费没有限制。什么叫境外消费？我们国家的公民出去留学或者接受培训，我们政府不能限制。不能说最近中小学生出去留学的太多，就说不准，这是 WTO 谈判协议所不允许的。

6. 对跨境交付没有承诺。什么叫跨境交付？打个比方，广播的声音是跨境的，或者电波，或者是因特网，只要散布到空中以后就不分国境了。美国人要给我们发信息，可以通过因特网，通过电视。如果他采取这种方式给我们国家提供教育服务，我们不做承诺。中国公民在网上注册到国外教育机构学习，我们可以采取措施阻止。当然，如果我们觉得它好，不阻止也可以。所谓没有承诺，就是我不受你的限制，政府愿意采取措施就可以采取措施。

7. 对于学前教育、高级中等教育、中等教育、中等职业教育和高等教育的收费，实行政府定价。中外合作办学的学校，它想收多少钱就收多少钱吗？教育要实行政府定价，学校制定一个价格标准，报经我国政府认可，不能想收多少钱就收多少钱。但是现在的收费也没有边，MBA 办得很多，有的学校收费 10 多万，北京、上海都有。在 WTO 服务贸易的部门承诺里，我们承诺的内容大体上就是以上这些。

第二，水平承诺中涉及教育的问题。什么叫部门承诺？服务贸易是分部门的，比如电信部门、医疗部门、教育部门，针对单个部门的承诺就是部门承诺。除了部门承诺外，还有水平承诺，也就是不只在一个部门里起作用的总的承诺。水平承诺里也有一些规定涉及教育。第一方面，允许中外合作办学。大家知道，在经济领域，有中外合资企业和中外合作企业两种形式。我们现在也制定了中外合作办学条例，符合 WTO 的要求。我们把中外合作办学就界定为合作，而不是合资。什么叫合作呢？就是我们成立的中外合作办学机构是契约式的，大家可以谈，谈好了签合同，这个学校就成立起来了。如果是合资，就是按照投资股权，我投多少钱，占多少股，说多大的话，这个没有什么可谈的，我跟你合作，我是大股，你得听我的，这就是股权式的。我们觉得不能这样。你可以多投钱，但是不一定可以多办事，这样可能没有道理，但是没办法，有些权不能放。第二方面，对外国企业在中国设立分支机构不做承诺。意思就是外国和我们国家举办的中外合作办学机构，在北京办了，还要到上海办分校，这个我们可以不批准。第三方面，以教育为目的的土地使用期限是 50 年。办一个学校要征地，征地的使用期是 50 年，土地不是永远归你所有的。现在的住房使用期限大概是 70 年。

第三，可以在教育领域援引服务贸易总协定的《例外条款》。WTO 总协定里规定，允许某一个成员方、某一个国家或地区，为了维护当地的公共秩序、公共安全、公共卫生、环境、文化资源等，可以采取跟承诺不完全相同的措施。虽然说举办了中外合作办学机构，但是在这个机构里发现了一些问题，这些问题同我们的基本道德或者是《宪法》相违背，或者影响国家安全，我们完全可以对你进行处理，这就是 WTO 服务贸易的例外条款。

第四，要遵守服务贸易总协定和中国加入 WTO 议定书的有关原则。这个原则实际上也是 WTO 组织有关的一些重要原则。有三个主要方面：

第一方面，最惠国原则。每一个成员给予某一成员的待遇，应该同样给予其他成员。就是说，加入 WTO 以后，美国给予欧洲的待遇，也应该同样给中国，不能说给欧洲优惠待遇，而不给中国，这不允许。

第二方面，透明度原则。透明度原则非常重要，直接涉及依法行政。

1. 所有涉及中外合作办学，或者是加入 WTO 的法律法规和措施，都要公布。不能搞内部文件，不让你看，就说你不能办，这样不行。依据是什么？你得公布出来，让大家看，知道是怎么回事，大家再来举办这样的活动，而不能按照内部文件执行。

2. 要设立或者指定一个刊物，把涉及影响服务贸易的法律法规和所有的措施都公布出来，不能说我发个红头文件，只是政府部门知道，发到省教育厅或者市教委，不让其他人知道，要看的话就找红头文件，这样不行。要向社会上公开发行，每个人都可以拿到。应该讲这种刊物还要求是无偿的。外经贸部也专门出了这样的刊物。

3. 设立咨询点。任何个人、企业或其他组织，在咨询点都可以获得代表政府的、准确可靠的信息。比如说我想要中外合作办学，到哪儿去问？可以到政府举办的咨询点去问。这个咨询点告诉你的消息应该是代表政府的，也是最准确、最可靠的，而且是免费的。

第三方面，国民待遇的原则。要给予中国企业和外国企业或者个人一样的待遇。现在中国不是国民待遇的情况分两种，一种是超国民待遇，外国人来办事给优惠，外资企业给很多优惠，中资企业就没有，这是超国民待遇。还有一种是属于歧视性的，比如说去故宫买门票，中国人买是60元，外国人可能就不止了，很贵，以前还要外汇券，人民币还不行，这就是歧视。

第四方面，遵守WTO规则对我国提出的立法和司法方面的要求。

1. 要把WTO有关规则转化成国内法来适用。WTO的规则要到一个国家来适用，有两个途径，一个途径是直接适用，这种比较少，WTO的原则怎么规定国内就怎么用，一些小国家可以这样做，大国就不行了。我们这么大的国家，又有强烈的中国特色，必须把WTO的规则转化成国内的。在转化的过程当中可以有很多名堂，今后在转化过程当中，大家还会看到，没准儿就会发生这种问题，外国人说你中国立的法跟WTO规则不一致。现在已经清理了几百件法律，因为和WTO的承诺不一致。要做修改的还很多，中外合作办学的规定也在等着修订。

2. 与WTO规则不一致的法律法规，特别是地方的法规，都要被修改和废除。现在，我们有的地方是中央规定一套，地方规定一套，地方保护主义很严重。所以才会出现这样的现象，这个省和那个省要签订协议，互相承诺不歧视对方的货物。说明地方保护主义已经到了很严重的程度。对国内的其他省都这样，对于外国更可能会这样，你的产品再好我也不用，政府不准它进入当地市场。有没有这样的事？有。所以美国人专门花了几千万美元成立了一个检查WTO原则执行情况的中心。

3. 在司法方面要遵守WTO的司法审查要求。外方发现我们国内有问题，可以提起诉讼；我们发现外方有问题，也可以提起诉讼。WTO规定，中国要专门成立一个机构受理这种诉讼。而且如果他认为这个案件判得不公，还可以通过政府上诉到WTO总理事会下的法庭去。最近美国对欧盟、中、韩等很多国家的钢铁提高关税30%，大家认为美国违反了WTO的规则，准备到总理事会告它。

三、加入 WTO 给我国高等教育带来的机遇和挑战

加入 WTO 给我国的高等教育带来了新的机遇和挑战。如果我们能做好，对促进高等教育的发展、加强高等教育的法律治理是非常有好处的。加入 WTO 以后有哪些新的挑战？

1. 高等教育要面临适应国际经济和科技竞争的挑战。加入 WTO 以后，我们同国际上经济、科技的竞争更加剧烈。教育要在国际竞争当中发挥更大的作用，要培养出更多更好的人才。比如说，汽车、农产品都是我们比较薄弱的环节，今后国外的汽车、农产品对我们会有很大的影响。

2. 高等教育面临国内外教育竞争加剧的挑战。加入 WTO 以后，国外教育机构或组织要到中国来办学，国外的学校还要吸引中国公民出去学习，实际上是在争夺我们的教育市场。我们的高等教育面临着这样的挑战。

3. 加入 WTO，其他行业的发展会给高等教育和人才培养带来挑战。如果了解 WTO 的承诺，就可以看到我们在承诺表上的很多行业都涉及高等教育的学科。实际上，几乎所有 WTO 涉及的学科都需要发展，正如现在传统产业都需要调整一样。很简单的道理，比如教《商法》，过去的《商法》没有 WTO 的内容。有了 WTO 的内容，那就不一样了。很多新的理论、新的实践情况出现了，相应的课程内容当然需要进行调整。我们的人才也是这样的。现在在我们国家从业人员里，高中文化程度以上的还不到 14%，大专以上学历的只有 4%，人才整体水平很低。很多专业人员不懂国际规则，也不懂外文，根本就谈不上保障企业合法权益和为企业争得更大的利益。

现在我们国家中小企业超过 100 万家。过去中小企业要出口，外经贸部要批出口权。加入 WTO 以后，不需要外经贸部批准，直接可以和外国人做生意。100 万家企业，如果每家企业需要一个人懂得跟外国人打交道，就需要 100 万个人。现在一方面是很多毕业生找不到工作，同时很多企业找不到合适的人，这个情形非常明显。人才不能适应社会的需要，加入 WTO 以后，这个形势会进一步严峻起来。有的人讲美国一些银行已经把我们几大银行里科级以上的干部全都调查过了，随时准备出高价把这些人聘走。这些人一走，知识、工作经验、客户全部随着他们走了，到外国银行那里去了，剩下

中国的这些银行怎么办？竞争是非常激烈的。

4．高等教育还面临着西方的价值观念和多元文化带来的挑战。加入WTO以后，国外更多的文化就要进来了。比如说音像市场开放了，更多的外国书籍、电影、音像制品都要进来。当然，我们可以在把WTO规则转化成国内法的过程当中用很多办法来控制，但毕竟这些东西是更多了，思想方面的影响就更大了。如何把握好坚持社会主义方向的原则？这也是一个新的挑战，特别是在中外合作办学机构里，这些意识形态、价值观念对学生的影响会很大。一方面，我们要善于利用国外的优势资源为我所用；另一方面，也要争取运用我国的《宪法》和法律的有关条款，包括利用WTO的条款来保证我们教育发展的中国特色和政治方向。印度也有很多这样的做法，原因就是它认为西方的东西多了以后，对本民族的文化会产生非常大的影响。加入WTO对教育的冲击和挑战在这些方面体现得很明显。关键在于我们要做好工作，做好准备，努力抓住机遇，迎接挑战。

同时，加入WTO以后，还会给我国的高等教育带来很多机遇，这个机遇对促进高等教育的发展和改革有着非常重要的作用。

1．要求高等教育建立新的管理规则。首先要按照WTO的规则进行国内立法，要修改不适应WTO要求的法律、法规、规章。对于我们来讲，1997年国家教委制定的《中外合作办学的暂行规定》就需要修订。另外，其他一些相关的法规和文件也需要修订。

2．清理有关文件。有些不适用的我们要及时废止，目前教育部已经废止了两个关于外国教育机构来华办学的文件。

3．高等教育管理部门要为高等学校和高等中外合作办学机构提供法律服务。加入WTO以后，管理部门要进一步转变职能，按照WTO规定的透明化、非歧视、公平竞争的原则要求提供管理服务。对于WTO的成员方来中国进行办学的，或者是来进行教学的，都要一视同仁，不能歧视。当他们对我们的管理行为提出异议时，他们有权要求行政复议或提起行政诉讼。因此，WTO的规定同我们依法行政的要求，在很大程度上是一致的。

4．高等教育的改革要向法制化的方向发展。一要不断深化教育改革，加强管理体制改革，凡是符合国家法律法规规定的，都要鼓励大胆实验。外国教育资源的注入和中外合作办学的发展，将进一步推进办学主体的多元化，不同层次、不同类型的教育办学的方式会增加教育机会，进一步改变过去计划经济条件下形成的单一的办学体制和模式。二要继续改革和调整教育体制结构，使整个教育资源做到规模适当、比例合理、相互融通协调。另外，高等教育的发展要和区域经济的发展相协调。三要进一步加快学校的内部管理体制改革，调动积极性。四要进一步扩大高等教育的国际交流与合作。

要求我国的高等教育建立新的质量标准。今后高等教育的质量，要按照WTO的要求，建立一种行业标准来进行把关。现在这个标准还没有建立起来，即使有些标准，也不很科学。今后我们要建一流大学，要按照国际上的标准衡量，而不能只按照自己的标准来衡量。要建立科学的、符合国际规范的质量监督考核和评估体系。

借鉴先进的教学方法和手段，聘请国外高质量的教师和专家来授课。从教育部来讲，很重视英语教学。现在的英语学习是一个很大的问题。学了很长时间的英语，实际上不能用，不能开口，出去留学的时候还有很大障碍。真正加强国际交流以后，不能用英文看书和交流，非常影响我们教育质量的提高。同样，我们要占领外国的教育市场，外国人到中国来学习，肯定要问你们用英文能够提供哪些课程，这就是问题。以前人家来留学都是先去学几年汉语，但是今后我们得用英语为人家授课。看一所大学有多少课程能够用英语来授课，目前还不是考核大学的标准，但是今后学校办学要向这个方向发展。

还有一个很重要的问题就是加快高等学校的学科建设。我们的教育质量、人才培养、国民素质，包括整个国家的科技水平，关键要落实到学科的发展上。衡量一所大学，不光要看它本身有多少学生、有多少经费，更要看它的学科、专业有多少特色，能培养多少专业人才，这是一所大学在社会上立足的重要基础。现在很多学生都是既选择学校，也选择学科。

深圳艺术学校出了个李云迪，18 岁获得“第十四届国际肖邦钢琴比赛”第一名，这是中国人第一次获得这个奖。深圳艺术学校是一所中专，归深圳市文化局管，但是学校办得不错。李云迪的老师原来是四川音乐学院的，在钢琴教育方面非常有造诣，深圳艺校就把他聘来了。李云迪为了跟着这个老师学钢琴，就转学举家迁到深圳。这个学校知道有“肖邦钢琴比赛”以后，专门进行研究。首先在内容上想办法，把所有的肖邦钢琴演奏流派的资料全部拿来，让李云迪听，老师分析哪一个流派在处理哪一点上有长处，整个做了融会贯通。分析流派风格以后，分析他的强项在什么地方，中国人的精神气质和肖邦作品内在的沟通一致性在什么地方，应该在哪个地方着力发挥作用，先把这个弄得比较清楚。其次是研究技术规则。要在国际大赛中获奖，一开始有预赛，要搞很长时间，每一步应该掌握哪些问题，心理上如何克服比赛当中的障碍，大概要多长时间，遇到别的国家的选手受影响的情况下怎么样，等等，从规则到内容，全部进行了系统的研究。于是李云迪才会在去年一举获奖，一举成名。中国音乐教育一下出名了，而且这位导师成了国际评委。李云迪回国以后，获得了很高的荣誉。他中专毕业后到奥地利深造，并没有选择名声最响的学校，而是选择了一所名声一般的学校。为什么？那里同样有一个世界顶尖级教授，所以李云迪要跟着他去学钢琴。可见，学校要好，专业、学科更要好。

高等教育要建立新的人才培养模式。现在最重要的是学科设置、专业结构要和行业相结合，要和 WTO 的要求相结合。现在我们金融、管理、高新技术这些学科的人才非常缺，WTO 的谈判人才就很缺，中国谈判了 15 年，最开始的时候是外经贸部去谈，都是做贸易的，不懂其他领域的专业问题，也不会深入到每一个行业的具体问题，跟各个部门联系。这些人也不懂法律，后来国务院法制办派了一个副主任去参加。与俄罗斯进行谈判就不一样，他们说自己肯开放哪些，设置的条件非常多。相比较而言，中国的教育市场开放要多很多。俄罗斯一开始就出价，首先只开放私立教育，公立教育不开放，而在私立教育当中只开放中小学，高等教育不开放。我去年刚去过俄罗斯，几乎没有私立中小学，这其实就是不开放。办学也有条件，要到俄罗斯办学，首先必须成为俄罗斯的法人，还要不影响俄罗斯的文化遗产，精神方面的要求，限制非常多。

我们国家要建立一个高等教育的新的发展机制。加入 WTO 以后，我们的高等教育面临着新的人才压力、竞争压力和市场压力。在这种情况下，高等教育有了新的发展动力，主要有三个方面。第一，来源于国家对人才的需求，国家需要人才。第二，社会需要知识。目前我们的社会机构，方方面面对很多新知识要求不够。第三，个人要求回报。我们现在的教育并不是出来以后国家就包分配，今后要双向选择。教育成了一种投入。毕业以后，国家哪里能安排这么多岗位？安排不了。所以，现在教育部也提出今后学生就业不是要求你去就业，而是要求你去创业，能够自己创业，自己解决自己的就业问题，同时还帮助社会来解决就业的问题。现在我们也提倡大学生休学或者停学来创办企业。不能说都很成功，但是这应该是今后的方向。

四、加入 WTO 之后高等学校依法治理的工作

第一个方面，要说明一下高等学校，特别是公办高等学校是什么样的法律性质。公办高等学校的法律性质有三个特点：

1. 公益性。公办学校作为事业单位，区别于经营性单位，不是企业，在国外就叫“公法人”，就是说是代表公共利益的法人建立的。公益就是不以营利为目的。我国的教育法规定，任何企业和个人不得以营利为目的开办学校和教育机构，就因为教育是公益性的，因此国家提供了很多优惠政策，比如学生的勤工俭学，学校的用地、生产设备等相关内容都是免税的。

2. 学校是公有的，是国家所有的，不是哪个个人的。公办学校都是国家出资举办，所以公办学校的资产都应该增值，而不应该流失。

3. 高等学校行使了教育权力，对学生进行教育，教育者行使的教育权力是国家的公共权力，这不是私人之间的事情，不是民事行为，体现的是国家的公共职责。学校的教育权是国家的教育权。正因为如此，我们在教育教学当中，要按照国家的教育方针，贯彻国家的教育思想，按照国家的教育规划进行。高等教育有公权，还有其社会性，因为高校不是行政机关，有一定的社会性。它的社会性实际上是自己的权益，具有自己的特殊权益，学校要收费，也有自己的利益，这和行政机关是不同的。行政机关，比如教育部就不能自己收费。

第二个方面，高等教育的自主权。高等学校的自主权是世界各国高等学校普遍具有的。公办高等学校的自主权，本质上也是一种公权。如果认为高

等教育的自主权是民事权力，是可以脱离国家管理的权力，是错误的。正因为它是自主的，所以它和行政机关不一样，是法律所明确的，高等学校有自己进行管理的权力。行政机关有什么权力，高校有什么权力，是法律规定的。我们国家也作了相应的规定，高等教育的自主权一共是七项。

1. 招生自主权。高校在国家规定的办学条件下，制定学校自己的招生办法，自主调节招生比例。学校有一些特点，北京广播学院也有提前招生的，提前招生的就不参加国家的统考，可以自己决定。也有很多人议论今后的招生考试，是不是也要逐步改变国家统一考试的局面。现在在内容上有所区别，各地不一样，但是整个考试组织目前还是这样考虑。去年山东三个考生到北京来要告教育部，说北京市的考生比山东的考生在录取分数线上低了100多分，认为这是不公平的。最开始到了最高法院，最高法院说应该找北京市高院。新闻炒作得很厉害，我们到最高法院去谈这个问题，最后在北京市高院也没有立案。这个问题应不应该立案？即使在国外打这个官司，也是打不赢的。为什么北京市的录取分数线要低100多分，是因为北京的高校多，受教育的机会多，所以指标多，因此录取量就大，分数就下去了。山东的指标少，分数就上去了。这样的决定权在国外是议会决定的。在德国也发生过这种案件，官司没有打赢。但是官司打不赢，并不一定说这种情况很合理。北京学校的招生名额应该更多地投放到其他地方，山东省应该提高高校招生的数量，这是比较规范的做法。

2. 有依法自主设置学科专业的权利，以后还要不断扩大。从教育部来讲，开始专业很多，现在作了大幅度的合并精简，在方向上应该还要不断调整学科专业。

3. 可以自主制订教学计划、选编教材、组织实施教育活动。

4. 自主开展科研、技术开发和社会服务的权利。学校自主开展科学研究、技术开发，这都没问题。现在社会服务做得很不够。我们到国外考察发现，每一个学校实际上承担着为周围社区进行公共服务的职能，而且每个教师都有这样的职能，除了教学、科研以外，还要进行社会服务，评聘职务的时候要有这个内容，在今年之内看你为社会服务方面做了哪些工作，比如为社区服务馆免费编制图书目录，学校的老师要为社会服务，并将这一职能纳入考核的内容。广播学院的老师教普通话的，是不是在推广普通话方面配合国家做了一些工作，这完全是无偿的、自愿的，但同时也是一种制度。整个社会服务在我们国家的高等教育体系当中做得很不够，很忽略，提了很多空洞的要求，但实际上没有制度来落实。

5. 外事方面的权利。同境外的高校开展科学技术文化交流的权利，今后会进一步扩大。我们的学校可以和国外的机构举办中外合作学校，这是WTO规则允许的。

6. 高等学校具有进行自主分配、自主调整津贴和工资分配、聘配专业教师和其他专业技术的权利。现在国家对分配管理得比较紧，统一的津贴和工资，实际上各个学校校内的、系里的津贴都不一样。大的还在国家统一控制下，但实际上现在个人能够拿到的这块是远远超过国家所提供的基本工资。今后这方面的自主权还会加大。

7. 学校的财产自主权。高等学校对国家提供的财产、财政性资助，都是依法自主管理和使用，不能挪作他用，也不能拿到外面做抵押和担保。但实际上做抵押和担保这种情况也是有的，显然是不合法的。

现在高等学校对这七项自主权使用得并不是很理想，有几点原因：

一是学校的认识不清。有两方面的情况，一个就是学校怎么办，有的校长、院长不愿意承担那么多责任，有事请示上级部门，免得大家对自己有意见。另外有的认为自主权就是想办什么事就办什么事，没有要求，出现很多情况。比如说有的公司想挂学校的名字，出钱就行。实际上校名也是知识产权，需要认真对待。最近国家对高校属下的公司作出了相关的规定，要求学校的资产要建立退出机制。

二是有的行政部门的认识也有问题。有的把学校当做自己的内部所属机构，想怎么办就怎么办。这在地方比较普遍，尤其是安排干部方面。有时一些干部不好安排，就安排到学校做书记，这种情况也是有的。

三是自主权方面制度建设不具体，在政府和学校之间缺乏落实自主权的具体制度。20世纪80年代，教育部出过下放自主权的十六条，最近没有再出新的，我们觉得这也是一个薄弱的地方。

第三个方面，要进一步明确学校的权力结构。要做好高等教育的法人治理工作，要确定学校内部不同权力主体之间的关系，就是学校内部里有很多不同的权力，要把这些权力分配好、处理好。高等学校内部的权力有哪些呢？根据法律的规定有四种。

1. 学校党委的领导权。《高等教育法》规定高等学校实行党委领导下的校长负责制，高等学校的领导权是在党委。党委的职责是要坚持社会主义的办学方向，讨论学校内部组织机构的设立和负责人的人选、大政方针和人事安排。这里对于学校党委领导权的认识，我觉得应该强调两点。第一点，要注意集体领导。第二点，要支持校长独立行使职权。实际上从经验来看，校长和书记配合得好，应该是两个人工作上互相支持，在工作作风上还应该有各自的特长，有各自的强项，有各自的不同工作特点。一般来说，书记非常有活力，办事非常积极，主意点子很多，校长就可能适合做学问，但是非常有深度，气质也不完全一样。或者是倒过来，校长非常有活力，书记非常有深度，这样也可以。而且作为一个成熟的干部，应该有意识地追求、形成不同的风格。这不是个人的问题，是工作要求的问题，是组织行为学的要求。不要弄出来或者两个人特别蔫，都不愿意表态；或者两个人都爱办事，都爱发表意见，也不行。有一所著名大学，体制改革以后合校，有一个学校的书记来当行政书记，他在原来的学校既当过校长，也当过书记。因此，党委会他主持，校长办公会他也主持，校长就没有地位了。对此我们态度很明确，校长办公会就不要主持了。

2. 校长的行政职权。《高等教育法》规定有六项职权由校长直接负责：制定发展规划、组织教育教学活动、拟订内部机构设置方案、聘任和解聘教授、经费管理、章程规定的其他职权。这个范围里的事情都是校长拿主意，提出意见，而且是由校长实施的。重大问题要通过党委，但是执行、操作还是由校长进行。

3. 学校的学术权力。学术权力不同于校长的行政权。学校的学术权力应该由学校的学术委员会掌握。党委和校长都不能干涉。过去我们的学校当中出现这样的现象，对于学科发展，或者是由党委来下结论，或者是由行政下结论，做了很多荒谬的事情。

4. 教职工参与民主管理和监督的权利。学校要成立以教师为主体的教职工代表大会，保障教职工参与民主的权利。

这四种权力构成学校的权力结构。作为党委来讲，管方向，管重大事项，要尊重校长的行政管理权，不要干预学术组织的学术权利，而且要调动广大教职工民主参与的积极性。校长也要注意在党委的领导下行使权力，重大事项要经过党委会讨论。学术权力要依法实施，要遵守学校的规章制度。教职工参加民主管理和监督也要在党委的领导下发挥作用，要尊重、支持、帮助学校的行政管理。校长当然也要听取广大教职工的合理化建议，形成一种合力。

第四个方面，处理好学校的内部关系。

首先是学生的权益保障。学生有哪些权利呢？按照《中华人民共和国教育法》的规定，受教育者有下列几种权利。

1. 参加教育教学计划所安排的活动，使用学校的教育教学设备和图书资料。这方面的权益问题不是很大。但是对一些成人学校的学生，有的学校不允许他们用学校的图书馆，这是不对的。

2. 按照国家有关规定获得奖学金、贷学金、助学金。目前在发放助学贷款方面，实际上还是有些问题的。高等教育发展以后，特别是实行缴费上学以后，很多贫困的学生交不起学费，或者没有足够的生活费，尤其是农村来的学生。国家为了帮助这些同学，就设立了国家的助学贷款。助学贷款设立的开始要求有担保，要有相关人员的担保或者是财产的抵押。一个农村的孩子不可能有相应的财产抵押，有的说抵押他们家的房子，农村信用社到那里一看是间破草房，根本不值什么钱，也不愿意承担这种抵押。如果找人担保，他从农村到城里来，也不认识什么人，谁愿意给他担保？比较困难。因此，这个东西就形同虚设。后来就进一步改进，变成一种信用担保，学校提供一个证明，但不是由学校来担保。一部分学生获得了助学贷款，但是有的银行觉得有问题，怕发出去的助学贷款收不回来，实际上象征性地做一点就不做了。有的学校为了让学生能贷到款，就由学校提供担保，又怕学生不还，毕业的时候就把毕业证书扣下来不发，什么时候把贷款还完了，什么时候给你毕业证，这样的做法我们认为也是不恰当的。

3. 在学业成绩和品行上获得公正的评价，完成规定的学业后，获得相应的学位证书。不能因为贷款没还完就扣押他的证书。

4. 对学校处分不服，可以提出申诉，包括合法权益受到侵犯，都可以提出申诉。《中华人民共和国行政复议法》（以下简称《行政复议法》）规定，涉及人身权、财产权、受教育权等，都可以提起行政复议。比如一个学校因为某一件事情对学生进行处分，学生认为学校侵犯了他的受教育权，就可以通过法律渠道把这转化成行政诉讼，然后到法院去告。

这种渠道是怎么转化的呢？首先，他可以提出申诉。比如说学校开除了一个学生，他对学校的决定不服，就可以向教育部门提出申诉，认为学校处理不公，要求重新处理，这是申诉。如果教育部门维持学校的意见，申诉就完结了。他对教育部门处理的申诉不服，提起行政复议，正好在《行政复议法》所规定的范围之内。提出行政复议，教育部门按《行政复议法》的规定，决定受理与否。受理或者不受理的通知书，要有理由、以规范的格式送达到学生的手里。这是《行政复议法》规定的。学生拿到不予受理或者处理以后不满意的通知书以后，就可以依法提起行政诉讼。如果本来学校给他的处理是不能提起行政诉讼的，现在就可以提起行政诉讼。走完这一圈以后，他就告到法院去，告的是教育行政部门而非学校了。

前两年北京大学发生了一起诉讼，涉及博士学位的问题。北京大学电子系有一个学生叫刘燕文，在学位论文答辩的时候，学位委员会下面的论文审查委员会通过了，但在学位委员会讨论的时候没有通过，他申诉无效，就向海淀区法院提起了诉讼。海淀法院受理了，最后官司打下来，法院判决北京大学一审败诉，理由是按照《学位法》规定，学生是否获得学位，要有半数以上通过，也就是说，通过也要半数，不通过也要半数。上诉的理由就是委员会通过没有到半数，不通过也没有到半数。实际上这是立法的不严谨，立法的本意也不是这样。但就是由于不严谨，不通过的没有到达半数，法院判北京大学败诉，马上发给刘燕文博士学位，而且责令在若干天之内论文委员会重新开会讨论。在判学校败诉的同时，确定了这样一个原则：学校所授予的学位是国家的学位，学校是代表国家授予学生学位，因此，学校所行使的权力是国家委托给它的一种行政权力，可以进入行政诉讼的范围。

这个案子出来以后，社会上议论纷纷。北京大学不服，上诉到北京市中院。中院把这个案子发回到海淀区法院重审，重审的理由是海淀区法院对于诉讼的时效问题没有查清，因为刘燕文博士学位没有得是一年多以前的事，刘燕文提起诉讼是一年多之后，按照行政诉讼法的规定，时效是三个月。到现在为止，这个案子也没有终审，不了了之。但是提出的问题是很严重的。区法院也觉得这个事情不好办，因此碰到告学校的，都让他们先到教育部门提起行政复议。我们那里做法制工作的只有三个人，天天这样接待咨询、谈话、上访，应接不暇。这样，把告学校的案子统统演变成了告教育部门。

学生是不是胜诉过？胜诉的很多，在田勇胜诉北京科技大学案中，法院认为学校所行使的权力是国家的公权，是行政部门委托给学校的公权。这个案子在最高人民法院的公报上刊登了，就变成了人所共知的、可以引用的案例，影响非常大。这个官司出来以后，全国各地的法院判了很多类似的案件，最近中南工业大学也出现这种情况，学校也是败诉。大家关心学生考试作弊的问题，怎么办？学生管理肯定要严格。目前来讲，按照教育部的规定，高等学校是可以开除学生学籍的，这是高等学校特有的。中小学现在不能开除学籍。1998 年的《中华人民共和国预防未成年人犯罪法》（以下简称《预防未成年人犯罪法》）规定，未成年人不能被开除出校，除非法院认定他有刑事犯罪，即按照《中华人民共和国未成年人保护法》、《预防未成年人犯罪法》所规定的有八种严重的罪责，必须接受法律制裁。中小学学生不能开除，开除以后学校肯定败诉。在学籍方面的处理要谨慎，除了法律规定的原因以外，也有社会因素。这几年青少年犯罪比例非常高，25 岁以下的青少年犯罪占整个犯罪的 60%，犯罪率本身就是居高不下的，2001 年比 1999 年就上升了 100% 还多。大量的未成年人和青少年到社会上去，相当的比例走向了犯罪。浙江台州就是这样，高校扩招了，办了民营机制的二级学院，招了 10 万个学生，第一个赞成的是公安局长，理由是你收了 10 万学生到了学校里，监狱里就少了 4 000 犯人。10 万比 4 000，这样的比例是很大的。目前尤其是未成年人被开除，父母没有时间管，要上班，自己在家里，学做了坏事。在学校里还是在教育机构里，就多一份受教育的机会。再有，受教育权利的问题，新闻媒体很关注。对开除问题，要放在一个更加广阔的社会环境上来看，既要考虑到学校的立场，还要考虑到社会对青少年关心保护的立场。

另外，在开除学生的时候，要有一个正当的程序。原先有些学校开除学生的时候就贴个布告，某某人打架，违反学校的纪律，经过多少次校长办公会讨论，予以开除。田勇就是一个例子，也没有通知系里，他本人当然应该知道，但他后来说自己不知道，没看见，布告几天就给撕掉了，没有一个通知的送达机制。今后这一类处理行为，要把通知文本送达给学生，否则这个行为就没发生效力。还有一点，按照《中华人民共和国行政复议法》、《中华人民共和国行政诉讼法》，要有听证制度。如果学生提出不同意见，学校应该成立一个机构，应该有一个让学生申诉的机会——进行听证。当然，这决定也可能是对的，但是如果学生有不同意见，要给他申诉、争辩的机会，要进行听证。这样才能保证程序上没有问题。再有，按照教育部现行的《学生学籍管理暂行办法》，就是要对学生进行教育。屡教不改的当然要予以开除，但如果确有悔改表现的，可以重新处理，或者从宽处理，不一定都开除。现在学校的做法可以理解，扩招以后，大量的作弊现象，群体作弊都有。这就要求我们一方面要加强正面教育，另外一方面也要加强教学方法的改进。本人认为，今后要寻求一种更多样化的考试办法，让学生从制度上根本没法作弊。本人在国外学习过，感觉那样的课程和考核方法之下，学生就很难有作弊的机会。上一门课，比如说教育管理，可能有十五讲，教授只讲第一讲，顶多讲到第二讲就不讲了，谁来听课谁来讲课。我们班有 15 个学生，你讲第二讲，他讲第三讲，教授把书目开给你，到学校图书馆随便借，学生自己准备，到时候由学生来讲。我们的很多学生就不适应，拿到书以后不知道该怎么做。讲这次课，对整个学科的有关知识都必须了解，否则怎么能讲。讲完以后同学讨论，教授评论，这门课就算完了。在国外讲这堂课，连教师都会当了，哪像我们的学生，平时很轻松，干什么的都有，一到考试的时候复习、背一下，背都不想背的就抄袭、就作弊。应该有一种机制让你抄都没法抄，除非你不来，不来上课或者考试就得不到注册的学分，而注册学分是要钱的。这样怎么还能作弊？从机制上予以杜绝。从教育部门来讲，或者社会部门来讲，不愿意看到很多诉讼，这是社会不安定的表现，而且学校各个部门都要为此投入很大的精力。

最后讲教师的问题。学校和教师的关系也是平等聘任的关系。学校在聘任教师的时候要签订聘任合同，按合同来聘任教师，双方要有对等的权利、义务和职责。依法治校的问题很多，我们的学校要有法律意识。对学生、对教师，方方面面的管理都要依法进行，否则各种各样的官司会使学校不得安宁。学校一方面要落实自己的自主权。另外，加强司法机关对学校的监督，也很有必要。依法治校任重道远，让我们大家一起努力。

附录

高等学校章程制定暂行办法

（2011年教育部令第31号）

第一章 总 则

第一条 为完善中国特色现代大学制度，指导和规范高等学校章程建设，促进高等学校依法治校、科学发展，依据教育法、高等教育法及其他有关规定，制定本办法。

第二条 国家举办的高等学校章程的起草、审议、修订以及核准、备案等，适用本办法。

第三条 章程是高等学校依法自主办学、实施管理和履行公共职能的基本准则。高等学校应当以章程为依据，制定内部管理制度及规范性文件、实施办学和管理活动、开展社会合作。

高等学校应当公开章程，接受举办者、教育主管部门、其他有关机关以及教师、学生、社会公众依据章程实施的监督、评估。

第四条 高等学校制定章程应当以中国特色社会主义理论体系为指导，以宪法、法律法规为依据，坚持社会主义办学方向，遵循高等教育规律，推进高等学校科学发展；应当促进改革创新，围绕人才培养、科学研究、服务社会、推进文化传承创新的任务，依法完善内部法人治理结构，体现和保护学校改革创新的成功经验与制度成果；应当着重完善学校自主管理、自我约束的体制、机制，反映学校的办学特色。

第五条 高等学校的举办者、主管教育行政部门应当按照政校分开、管办分离的原则，以章程明确界定与学校的关系，明确学校的办学方向与发展原则，落实举办者权利义务，保障学校的办学自主权。

第六条　章程用语应当准确、简洁、规范，条文内容应当明确、具体，具有可操作性。

章程根据内容需要，可以分编、章、节、条、款、项、目。

第二章　章程内容

第七条　章程应当按照高等教育法的规定，载明以下内容：

（一）学校的登记名称、简称、英文译名等，学校办学地点、住所地；

（二）学校的机构性质、发展定位，培养目标、办学方向；

（三）经审批机关核定的办学层次、规模；

（四）学校的主要学科门类，以及设置和调整的原则、程序；

（五）学校实施的全日制与非全日制、学历教育与非学历教育、远程教育、中外合作办学等不同教育形式的性质、目的、要求；

（六）学校的领导体制、法定代表人，组织结构、决策机制、民主管理和监督机制，内设机构的组成、职责、管理体制；

（七）学校经费的来源渠道、财产属性、使用原则和管理制度，接受捐赠的规则与办法；

（八）学校的举办者，举办者对学校进行管理或考核的方式、标准等，学校负责人的产生与任命机制，举办者的投入与保障义务；

（九）章程修改的启动、审议程序，以及章程解释权的归属；

（十）学校的分立、合并及终止事由，校徽、校歌等学校标志物、学校与相关社会组织关系等学校认为必要的事项，以及本办法规定的需要在章程中规定的重大事项。

第八条　章程应当按照高等教育法的规定，健全学校办学自主权的行使与监督机制，明确以下事项的基本规则、决策程序与监督机制：

（一）开展教学活动、科学研究、技术开发和社会服务；

（二）设置和调整学科、专业；

（三）制订招生方案，调节系科招生比例，确定选拔学生的条件、标准、办法和程序；

（四）制定学校规划并组织实施；

（五）设置教学、科研及行政职能部门；

（六）确定内部收入分配原则；

（七）招聘、管理和使用人才；

（八）学校财产和经费的使用与管理；

（九）其他学校可以自主决定的重大事项。

第九条　章程应当依照法律及其他有关规定，健全中国共产党高等学校基层委员会领导下的校长负责制的具体实施规则、实施意见，规范学校党委集体领导的议事规则、决策程序，明确支持校长独立负责地行使职权的制度规范。

章程应当明确校长作为学校法定代表人和主要行政负责人，全面负责教学、科学研究和其他管理工作的职权范围；规范校长办公会议或者校务会议的组成、职责、议事规则等内容。

第十条　章程应当根据学校实际与发展需要，科学设计学校的内部治理结构和组织框架，明确学校与内设机构，以及各管理层级、系统之间的职责权限，管理的程序与规则。

章程根据学校实际，可以按照有利于推进教授治学、民主管理，有利于调动基层组织积极性的原则，设置并规范学院（学部、系）、其他内设机构以及教学、科研基层组织的领导体制、管理制度。

第十一条　章程应当明确规定学校学术委员会、学位评定委员会以及其他学术组织的组成原则、负责人产生机制、运行规则与监督机制，保障学术组织在学校的学科建设、专业设置、学术评价、学术发展、教学科研计划方案制订、教师队伍建设等方面充分发挥咨询、审议、决策作用，维护学术活动的独立性。

章程应当明确学校学术评价和学位授予的基本规则和办法；明确尊重和保障教师、学生在教学、研究和学习方面依法享有的学术自由、探索自由，营造宽松的学术环境。

第十二条　章程应当明确规定教职工代表大会、学生代表大会的地位作用、职责权限、组成与负责人产生规则，以及议事程序等，维护师生员工通过教职工代表大会、学生代表大会参与学校相关事项的民主决策、实施监督的权利。

对学校根据发展需要自主设置的各类组织机构，如校务委员会、教授委员会、校友会等，章程中应明确其地位、宗旨以及基本的组织与议事规则。

第十三条　章程应当明确学校开展社会服务、获得社会支持、接受社会监督的原则与办法，健全社会支持和监督学校发展的长效机制。

学校根据发展需要和办学特色，自主设置有政府、行业、企事业单位以及其他社会组织代表参加的学校理事会或者董事会的，应当在章程中明确理事会或者董事会的地位作用、组成和议事规则。

第十四条　章程应当围绕提高质量的核心任务，明确学校保障和提高教育教学质量的原则与制度，规定学校对学科、专业、课程以及教学、科研的水平与质量进行评价、考核的基本规则，建立科学、规范的质量保障体系和评价机制。

第十五条　章程应当体现以人为本的办学理念，健全教师、学生权益的救济机制，突出对教师、学生权益、地位的确认与保护，明确其权利义务；明确学校受理教师、学生申诉的机构与程序。

第三章　章程制定程序

第十六条　高等学校应当按照民主、公开的原则，成立专门起草组织开展章程起草工作。

章程起草组织应当由学校党政领导、学术组织负责人、教师代表、学生代表、相关专家，以及学校举办者或者主管部门的代表组成，可以邀请社会相关方面的代表、社会知名人士、退休教职工代表、校友代表等参加。

第十七条　高等学校起草章程，应当深入研究、分析学校的特色与需求，总结实践经验，广泛听取政府有关部门、学校内部组织、师生员工的意见，充分反映学校举办者、管理者、办学者，以及教职员工、学生的要求与意愿，使章程起草成为学校凝聚共识、促进管理、增进和谐的过程。

第十八条　章程起草过程中，应当在校内公开听取意见；涉及关系学校发展定位、办学方向、培养目标、管理体制，以及与教职工、学生切身利益相关的重大问题，应当采取多种方式，征求意见、充分论证。

第十九条　起草章程，涉及与举办者权利关系的内容，高等学校应当与举办者、主管教育行政部门及其他相关部门充分沟通、协商。

第二十条　章程草案应提交教职工代表大会讨论。学校章程起草组织负责人，应当就章程起草情况与主要问题，向教职工代表大会做出说明。

第二十一条　章程草案征求意见结束后，起草组织应当将章程草案及其起草说明，以及征求意见的情况、主要问题的不同意见等，提交校长办公会议审议。

第二十二条　章程草案经校长办公会议讨论通过后，由学校党委会讨论审定。

章程草案经讨论审定后，应当形成章程核准稿和说明，由学校法定代表人签发，报核准机关。

第四章　章程核准与监督

第二十三条　地方政府举办的高等学校的章程由省级教育行政部门核准，其中本科以上高等学校的章程核准后，应当报教育部备案；教育部直属高等学校的章程由教育部核准；其他中央部门所属高校的章程，经主管部门同意，报教育部核准。

第二十四条　章程报送核准应当提交以下材料：

（一）核准申请书；

（二）章程核准稿；

（三）对章程制定程序和主要内容的说明。

第二十五条　核准机关应当指定专门机构依照本办法的要求，对章程核准稿的合法性、适当性、规范性以及制定程序，进行初步审查。审查通过的，提交核准机关组织的章程核准委员会评议。

章程核准委员会由核准机关、有关主管部门推荐代表，高校、社会代表以及相关领域的专家组成。

第二十六条　核准机关应当自收到核准申请 2 个月内完成初步审查。涉及对核准稿条款、文字进行修改的，核准机关应当及时与学校进行沟通，提出修改意见。

有下列情形之一的，核准机关可以提出时限，要求学校修改后，重新申请核准：

（一）违反法律、法规的；

（二）超越高等学校职权的；

（三）章程核准委员会未予通过或者提出重大修改意见的；

（四）违反本办法相关规定的；

（五）核准期间发现学校内部存在重大分歧的；

（六）有其他不宜核准情形的。

第二十七条　经核准机关核准的章程文本为正式文本。高等学校应当以学校名义发布章程的正式文本，并向本校和社会公开。

第二十八条　高等学校应当保持章程的稳定。

高等学校发生分立、合并、终止，或者名称、类别层次、办学宗旨、发展目标、举办与管理体制变化等重大事项的，可以依据章程规定的程序，对章程进行修订。

第二十九条　高等学校章程的修订案，应当依法报原核准机关核准。

章程修订案经核准后，高等学校应当重新发布章程。

第三十条　高等学校应当指定专门机构监督章程的执行情况，依据章程审查学校内部规章制度、规范性文件，受理对违反章程的管理行为、办学活动的举报和投诉。

第三十一条　高等学校的主管教育行政部门对章程中自主确定的不违反法律和国家政策强制性规定的办学形式、管理办法等，应当予以认可；对高等学校履行章程情况应当进行指导、监督；对高等学校不执行章程的情况或者违反章程规定自行实施的管理行为，应当责令限期改正。

第五章　附　则

第三十二条　新设立的高等学校，由学校举办者或者其委托的筹设机构，依法制定章程，并报审批机关批准；其中新设立的国家举办的高等学校，其章程应当具备本办法规定的内容；民办高等学校和中外合作举办的高等学校，依据相关法律法规制定章程，章程内容可参照本办法的规定。

第三十三条　本办法自 2012 年 1 月 1 日起施行。

学校教职工代表大会规定

（2011 年教育部令第 32 号）

第一章　总　则

第一条　为依法保障教职工参与学校民主管理和监督，完善现代学校制度，促进学校依法治校，依据教育法、教师法、工会法等法律，制定本规定。

第二条　本规定适用于中国境内公办的幼儿园和各级各类学校（以下统称学校）。

民办学校、中外合作办学机构参照本规定执行。

第三条　学校教职工代表大会（以下简称教职工代表大会）是教职工依法参与学校民主管理和监督的基本形式。

学校应当建立和完善教职工代表大会制度。

第四条　教职工代表大会应当高举中国特色社会主义伟大旗帜，以马克思列宁主义、毛泽东思想、邓小平理论和“三个代表”重要思想为指导，深入贯彻落实科学发展观，全面贯彻执行党的基本路线和教育方针，认真参与学校民主管理和监督。

第五条　教职工代表大会和教职工代表大会代表应当遵守国家法律法规，遵守学校规章制度，正确处理国家、学校、集体和教职工的利益关系。

第六条　教职工代表大会在中国共产党学校基层组织的领导下开展工作。教职工代表大会的组织原则是民主集中制。

第二章　职　权

第七条　教职工代表大会的职权是：

（一）听取学校章程草案的制定和修订情况报告，提出修改意见和建议；

（二）听取学校发展规划、教职工队伍建设、教育教学改革、校园建设以及其他重大改革和重大问题解决方案的报告，提出意见和建议；

（三）听取学校年度工作、财务工作、工会工作报告以及其他专项工作报告，提出意见和建议；

（四）讨论通过学校提出的与教职工利益直接相关的福利、校内分配实施方案以及相应的教职工聘任、考核、奖惩办法；

（五）审议学校上一届（次）教职工代表大会提案的办理情况报告；

（六）按照有关工作规定和安排评议学校领导干部；

（七）通过多种方式对学校工作提出意见和建议，监督学校章程、规章制度和决策的落实，提出整改意见和建议；

（八）讨论法律法规规章规定的以及学校与学校工会商定的其他事项。

教职工代表大会的意见和建议，以会议决议的方式做出。

第八条　学校应当建立健全沟通机制，全面听取教职工代表大会提出的意见和建议，并合理吸收采纳；不能吸收采纳的，应当做出说明。

第三章　教职工代表大会代表

第九条　凡与学校签订聘任聘用合同、具有聘任聘用关系的教职工，均可当选为教职工代表大会代表。

教职工代表大会代表占全体教职工的比例，由地方省级教育等部门确定；地方省级教育等部门没有确定的，由学校自主确定。

第十条　教职工代表大会代表以学院、系（所、年级）、室（组）等为单位，由教职工直接选举产生。

教职工代表大会代表可以按照选举单位组成代表团（组），并推选出团（组）长。

第十一条　教职工代表大会代表以教师为主体，教师代表不得低于代表总数的60%，并应当根据学校实际，保证一定比例的青年教师和女教师代表。民族地区的学校和民族学校，少数民族代表应当占有一定比例。

教职工代表大会代表接受选举单位教职工的监督。

第十二条　教职工代表大会代表实行任期制，任期 3 年或 5 年，可以连选连任。

选举、更换和撤换教职工代表大会代表的程序，由学校根据相关规定，并结合本校实际予以明确规定。

第十三条　教职工代表大会代表享有以下权利：

（一）在教职工代表大会上享有选举权、被选举权和表决权；

（二）在教职工代表大会上充分发表意见和建议；

（三）提出提案并对提案办理情况进行询问和监督；

（四）就学校工作向学校领导和学校有关机构反映教职工的意见和要求；

（五）因履行职责受到压制、阻挠或者打击报复时，向有关部门提出申诉和控告。

第十四条　教职工代表大会代表应当履行以下义务：

（一）努力学习并认真执行党的路线方针政策、国家的法律法规、党和国家关于教育改革发展的方针政策，不断提高思想政治素质和参与民主管理的能力；

（二）积极参加教职工代表大会的活动，认真宣传、贯彻教职工代表大会决议，完成教职工代表大会交给的任务；

（三）办事公正，为人正派，密切联系教职工群众，如实反映群众的意见和要求；

（四）及时向本部门教职工通报参加教职工代表大会活动和履行职责的情况，接受评议监督；

（五）自觉遵守学校的规章制度和职业道德，提高业务水平，做好本职工作。

第四章　组织规则

第十五条　有教职工 80 人以上的学校，应当建立教职工代表大会制度；不足 80 人的学校，建立由全体教职工直接参加的教职工大会制度。

学校根据实际情况，可在其内部单位建立教职工代表大会制度或者教职工大会制度，在该范围内行使相应的职权。

教职工大会制度的性质、领导关系、组织制度、运行规则等，与教职工代表大会制度相同。

第十六条　学校应当遵守教职工代表大会的组织规则，定期召开教职工代表大会，支持教职工代表大会的活动。

第十七条　教职工代表大会每学年至少召开一次。

遇有重大事项，经学校、学校工会或1/3以上教职工代表大会代表提议，可以临时召开教职工代表大会。

第十八条　教职工代表大会每3年或5年为一届。期满应当进行换届选举。

第十九条　教职工代表大会须有2/3以上教职工代表大会代表出席。

教职工代表大会根据需要可以邀请离退休教职工等非教职工代表大会代表，作为特邀或列席代表参加会议。特邀或列席代表在教职工代表大会上不具有选举权、被选举权和表决权。

第二十条　教职工代表大会的议题，应当根据学校的中心工作、教职工的普遍要求，由学校工会提交学校研究确定，并提请教职工代表大会表决通过。

第二十一条　教职工代表大会的选举和表决，须经教职工代表大会代表总数半数以上通过方为有效。

第二十二条　教职工代表大会在教职工代表大会代表中推选人员，组成主席团主持会议。

主席团应当由学校各方面人员组成，其中包括学校、学校工会主要领导，教师代表应占多数。

第二十三条　教职工代表大会可根据实际情况和需要设立若干专门委员会（工作小组），完成教职工代表大会交办的有关任务。专门委员会（工作小组）对教职工代表大会负责。

第二十四条　教职工代表大会根据实际情况和需要，可以在教职工代表大会代表中选举产生执行委员会。执行委员会中，教师代表应占多数。

教职工代表大会闭会期间，遇有急需解决的重要问题，可由执行委员会联系有关专门委员会（工作小组）与学校有关机构协商处理。其结果向下一次教职工代表大会报告。

第五章 工作机构

第二十五条 学校工会为教职工代表大会的工作机构。

第二十六条 学校工会承担以下与教职工代表大会相关的工作职责：

（一）做好教职工代表大会的筹备工作和会务工作，组织选举教职工代表大会代表，征集和整理提案，提出会议议题、方案和主席团建议人选；

（二）教职工代表大会闭会期间，组织传达贯彻教职工代表大会精神，督促检查教职工代表大会决议的落实，组织各代表团（组）及专门委员会（工作小组）的活动，主持召开教职工代表团（组）长、专门委员会（工作小组）负责人联席会议；

（三）组织教职工代表大会代表的培训，接受和处理教职工代表大会代表的建议和申诉；

（四）就学校民主管理工作向学校党组织汇报，与学校沟通；

（五）完成教职工代表大会委托的其他任务。

选举产生执行委员会的学校，其执行委员会根据教职工代表大会的授权，可承担前款有关职责。

第二十七条 学校应当为学校工会承担教职工代表大会工作机构的职责提供必要的工作条件和经费保障。

第六章 附 则

第二十八条 学校可以在其下属单位建立教职工代表大会制度，在该单位范围内实行民主管理和监督。

第二十九条 省、自治区、直辖市人民政府教育行政部门，可以与本地区有关组织联合制定本行政区域内学校教职工代表大会的相关规定。

有关学校根据本规定和所在地区的相关规定，可以制定相应的教职工代表大会或者教职工大会的实施办法。

第三十条 本规定自 2012 年 1 月 1 日起施行。1985 年 1 月 28 日教育部、原中国教育工会印发的《高等学校教职工代表大会暂行条例》同时废止。

后　记

我长期以来从事教育政策、法制工作，也一直关注高等教育的改革发展的探索研究。中国特色现代大学制度建设试点工作开展以来，进行现代大学制度的探索研究，就不仅是学术兴趣，而且成为推进工作的客观需要了。

在工作的过程中，我不断深化对现代大学制度的思考，也有了一些新的认识和体会，本书就是这种思考和探索的结果。书中主要汇集了我近两年围绕高等教育改革发展特别是现代大学制度建设所写的论文和所作的讲话。其中，有学术论文，有学术演讲，有工作讲话，还有一些是研讨会上的发言。先前发表的部分有关高等教育的论文，相关性较强的，也一并收录。

本书的写作编辑工作，得到了我的家人和朋友们的支持鼓励，也得到了韩燕凤、王猛、舒刚波、翟刚学等同志的无私帮助。出版社编辑祖晶同志为本书的出版付出了辛勤的劳动。借此机会，向他们表示衷心的感谢。

2012 年 3 月 8 日

出 版 人　所广一
责任编辑　孔明丽　宋崇义
版式设计　北京博祥图文设计中心
责任校对　贾静芳
责任印制　曲凤玲

图书在版编目（CIP）数据

中国特色现代大学制度建设研究／孙霄兵著．—北京：教育科学出版社，2012.4

ISBN 978－7－5041－6385－1

Ⅰ.①中…　Ⅱ.①孙…　Ⅲ.①高等教育—教育制度—研究—中国　Ⅳ.①G649.22

中国版本图书馆 CIP 数据核字（2012）第 062489 号

中国特色现代大学制度建设研究

ZHONGGUO TESE XIANDAI DAXUE ZHIDU JIANSHE YANJIU

出版发行	教育科学出版社		
社　　址	北京·朝阳区安慧北里安园甲 9 号	**市场部电话**	010－64989009
邮　　编	100101	**编辑部电话**	010－64981321
传　　真	010－64891796	**网　　址**	http：//www.esph.com.cn
经　　销	各地新华书店		
制　　作	北京博祥图文设计中心		
印　　刷	保定市中画美凯印刷有限公司	**版　　次**	2012 年 4 月第 1 版
开　　本	169 毫米×239 毫米　16 开	**印　　次**	2012 年 4 月第 1 次印刷
印　　张	19.75		
字　　数	278 千	**定　　价**	38.00 元